Georg Baudler

Gewalt in den Weltreligionen

Georg Baudler

Gewalt in den Weltreligionen

Wissenschaftliche Buchgesellschaft

Einbandgestaltung: Peter Lohse, Büttelborn.

Einbandabbildung: Ausschnitt aus einer Buchmalerei des 13. Jahrhunderts:
Illustrationen zum Buch der Makkabäer (Der Kampf zwischen Juden und Römern,
dargestellt als Kampf zwischen Kreuzfahrern und Sarazenen)
aus der „Bible abregé en français“, Arsenal 5211, fol. 339.
© akg-images.

Die Deutsche Bibliothek verzeichnet diese Publikation
in der Deutschen Nationalbibliografie;
detaillierte bibliografische Daten sind im Internet über
http://dnb.ddb.de abrufbar.

Gedruckt auf säurefreiem und alterungsbeständigem Papier
Printed in Germany

Besuchen Sie uns im Internet: www.wbg-darmstadt.de

ISBN 3-534-15995-0

Inhalt

C. Die heutigen fünf großen Weltreligionen

Vorwort

Was gegenwärtig die Weltlage bestimmt, ist der Terror und der (selbst teilweise mit Terrormitteln geführte) Krieg gegen den Terror. Dabei machen die Terroranschläge islamischer Fundamentalisten, die häufig mit dem Selbstmord der Attentäter verbunden sind, auf die untergründige Beziehung von Gewalt und Religion aufmerksam. Die vorliegende Arbeit möchte geschichtlich dieser Beziehung, die, Jahrtausende zurückliegend, in den Terrorakten der Gegenwart neu zum Vorschein kommt, nachgehen und die in der Menschheitsgeschichte auftauchenden Impulse aufzeigen, die der vorgeschichtlichen Verbindung von Religion und Gewalt entgegenwirken. Auf diesem Hintergrund sucht sie darzustellen, welche Rolle Gewalt und Gewaltüberwindung in den heute lebendigen fünf großen Weltreligionen *Hinduismus, Buddhismus, Judentum, Christentum* und *Islam* spielen. Eine Schlussbetrachtung reflektiert das Verhältnis zwischen Gewalt und Wahrheit in der Religion.

Ich danke meiner früheren Sekretärin Angelika Weingärtner sowie meinem Nachfolger an der RWTH Aachen, Prof. Dr. Guido Meyer, und vor allem seiner wissenschaftlichen Mitarbeiterin Eva Conrads für die große Unterstützung, durch welche nach meiner Emeritierung und nach einem schweren Unfall, der meine Arbeitsmöglichkeiten für längere Zeit stark beeinträchtigte, die Erstellung des Manuskripts dennoch ermöglicht wurde.

Georg Baudler

A.
Der Ursprung: Gewalt als das Heilig-Göttliche

Der Terroranschlag islamistischer Fundamentalisten am 11. September 2001 auf das World Trade Center in New York brachte der Welt schlaglichtartig zu Bewusstsein, dass Religion und Gewalt eine gemeinsame Wurzel haben. Gewalt beinhaltet Schrecken und Tod, die einen religiösen Schauder erzeugen. Kriege sind deshalb stets im Namen Gottes geführt worden. Wie hängen Religion und Gewalt vom Ursprung her zusammen, welche Kräfte und Strömungen suchen in der Geschichte diese beiden Elemente zu trennen und wie stehen diese Elemente in den heutigen fünf großen Weltreligionen zueinander in Beziehung? Um diese Fragen geht es in der vorliegenden Studie.

Zur Einführung: Religion als Reaktion auf Symbolerfahrung

Die abendländische Anthropologie sieht den Menschen als geschichtliches Wesen. Der Mensch ist das, was er im Laufe seiner Geschichte geworden ist. Dies gilt jedoch nicht nur für das einzelne Individuum und seine Lebensgeschichte, sondern auch für die Menschheit im ganzen, in die das einzelne Individuum eingebettet ist. Das heute lebende Individuum fußt auf einer etwa zwei Millionen Jahre alten Menschheitsgeschichte, innerhalb deren sich seine Lebensgeschichte abspielt. Dabei gilt der Grundsatz: Alles Erste ist prägend, sowohl das erste Lebensjahr der Individualgeschichte als auch die ersten Jahrhunderttausende der Menschheitsgeschichte. Wir können in unserem Nachdenken über Charakter und Wesen des Menschen diese Jahrhunderttausende nicht bloß als „Vorgeschichte" abtun und den Menschen, wie er heute vor uns erscheint, unabhängig davon zu beschreiben suchen. Was ist, verstehen wir nur wirklich, wenn wir wenigstens ahnen, wie es geworden ist. Freilich liegen diese Jahrhunderttausende im Dunkeln. Die wenigen archäologischen Funde aus frühester Zeit erlauben es der Wissenschaft nicht, wissenschaftlich exakt aus ihnen zu erschließen, wie diese frühen menschlichen Lebewesen fühlten und dachten. Allenfalls kann eine gewisse Analogie zum Fühlen und Denken, wie wir es heute bei Kindern wahrnehmen, ein Licht in das Dunkel der Vorgeschichte werfen.

Gewiss gibt es keine Parallelität zwischen den Entwicklungslinien des einzelnen Individuums (also der Ontogenese) und denen der Menschheit (der Phylogenese). Aber einiges am kindlichen Verhalten kann doch wohl auch auf die Kindheit der Menschheit zurückprojiziert werden. Dazu gehört wesentlich die Beobachtung, dass Kinder sehr gut damit umgehen können, wenn in Märchen und Mythen erzählt wird, dass Tiere, Pflanzen, ja sogar Steine zu den Menschen reden, sie ansprechen können. Es gibt für kleinere Kinder eigentlich nichts, was nur dinghaften Charakter besitzt und nur unter Nützlichkeitsgesichtspunkten betrachtet wird. Alles Vorhandene und alles Tun und Lassen hat über seine bloße Daseins- oder Nützlichkeitsfunktion hinaus noch einen immateriellen Wert und die Fähigkeit eines menschlichen Zuspruchs und Anspruchs.

Man kann diesen Sachverhalt nicht psychologistisch als bei Kindern und Primitiven sich findenden „Animismus" abtun, als Glauben an ein All-Beseeltsein, so, als ob diese frühen und kindlichen Menschen dabei nur ihr innerseelisches Empfinden in die Außenwelt projizieren würden. Der Vater der Lehre von den seelischen Archetypen, C. G. Jung, sagt selbst, dass in dieser Sachlage das Wort „Projektion" eigentlich schlecht passe, „denn es ist nichts aus der Seele hinausgeworfen worden, sondern vielmehr ist die Psyche durch eine Reihe von Introjektionsakten zu der Komplexität geworden, als die wir sie heute kennen".[1] Gottheiten und Götter, wie sie im innerpsychischen Erleben als Archetypen auftauchen, wurden nur dadurch zu psychischen Faktoren, dass der Mensch die ursprüngliche und kindliche Fähigkeit verlor, an den Dingen und Vorgängen eine Dimension wahrzunehmen, die das bloße Vorhandensein und die bloße Funktion übersteigt. Verloren ging die Fähigkeit, die Wirklichkeit in ihrer symbolischen, Zweck und bloßes Vorhandensein übersteigenden Dimension wahrzunehmen. Erst dadurch entstand das kollektive Unbewusste, das C. G. Jung in das Zentrum seiner Arbeiten stellt: „Es bedurfte schon einer beispiellosen Verarmung an Symbolik, um die Götter als psychische Faktoren, nämlich als Archetypen des Unbewussten, wieder zu entdecken."[2] Erst „seit die Sterne vom Himmel gefallen und unsere höchsten Symbole verblasst sind, herrscht geheimes Leben im Unbewussten. Deshalb haben wir heutzutage eine Psychologie und deshalb reden wir vom Unbewussten. All dies wäre und ist auch in der Tat ganz überflüssig in einer Zeit und in einer Kulturform, welche Symbole hat."[3]

Nicht die Kinder und nicht der Urmensch, die noch wie selbstverständlich mit dem Leben und der sprachlichen Ausdrucksfähigkeit der Dinge und Vorgänge in der Welt umgehen, sind „primitiv", sondern primitiv, d.h. in ihrer Wahrnehmungsfähigkeit geschädigt, sind *wir*, die wir die Fähigkeit, die uns begegnende Welt in ihrem symbolischen Ausdruck wahrzunehmen, weitgehend verloren haben.

Was zum Verlust dieser Fähigkeit geführt hat, kann hier nicht im Einzelnen erörtert werden. Es ist leicht einzusehen, dass dieser Verlust einerseits die exakt beschreibende Naturwissenschaft und die daraus folgende Technik gefördert und ermöglicht hat, damit andererseits aber auch Natur und Welt dem direkten Zugriff des Menschen, seiner zerstörerischen Ausbeutung, ausgesetzt hat.

Religionsgeschichtlich steht dabei die These eines Übergangs vom Polytheismus zum biblisch-prophetischen und philosophischen Monotheismus im Hintergrund. Die vorgefundenen Phänomene weisen darauf hin, dass am Ursprung der menschlichen Religiosität ein gleichsam uferloser Polytheismus stand, wobei sich auch der biblische Gottesglaube erst langsam und allmählich auf dem Weg über die *Monolatrie*, d.h. die Anbetung nur *eines* Gottes unter mehreren als gegeben angesehenen Gottheiten zu dem strengen philosophischen Monotheismus des Judentums, Christentums und Islam hin entwickelt hat.

Alles, was dem Menschen in seiner Welt begegnet, „alles was der Mensch tut, erlebt oder liebt“, kann zu einer *Hierophanie*, einer Erscheinung des Göttlichen und des Heiligen, werden, sagt der Religionswissenschaftler Mircea Eliade.[4] Dem entspricht, dass in der sehr alten japanischen Religion des Shintoismus achtzig „Myriaden“ sogenannte *kami*-Gottheiten verehrt werden. Allerdings zeigt sich auch in dieser Religion die überall zu beobachtende Tendenz, diese uferlosen Hierophanien zu strukturieren und eine Art Hierarchie zu bilden. So ist im Shintoismus vor allem die vom Kaiser, vom *Tenno*, ausstrahlende *kami*-Gottheit zuerst als Ahnengottheit und später als die Sonnengottheit *Amaterasu* den anderen Gottheiten übergeordnet worden. Allerdings ist dies weit entfernt von der Verehrung nur *eines* Gottes; auch die übrigen Wirklichkeiten behielten ihre numinose Qualität. Die Ausbildung dieser Hierarchie ist vielmehr Ausdruck der Erfahrung, welch ungeheure Macht der Kaiser auf das Leben der japanischen Menschen ausüben konnte.

Es ist anzunehmen, dass auch am Ursprung des Menschseins ähnliche Verhältnisse herrschten. Zwar ist alles beseelt und spricht lebendig zum Menschen, doch einige dieser begegnenden Wirklichkeiten sind dem Menschen näher und prägen stärker sein Leben, sein Denken und Fühlen als andere Wirklichkeiten. Der immaterielle Wert, die symbolische Botschaft dieser besonders wichtigen Wirklichkeiten ist deshalb auch in besonderer Stärke und Ausdruckskraft wahrgenommen worden. In der Evolution bildeten die Mutter und das Raubtier solche Wirklichkeiten. Möglicherweise liegt hier der Ursprung für die enge, aber nicht unaufhebbare Verbindung von Religion und Gewalt.

I. Mutter und Raubtier: Älteste Gottessymbole

Die Mutter-Kind-Beziehung

Der älteste Anspruch der Wirklichkeit, der auch zur Entstehung des spezifisch menschlichen Denkens und Fühlens geführt hat, entstammt sehr wahrscheinlich der Mutter-Kind-Beziehung. Das Kind war für die Mutter und die Mutter war für das Kind die wichtigste, sie emotional am stärksten ansprechende Wirklichkeit. In der von Raubtieren bevölkerten Savanne ein noch völlig hilfloses Kind zu gebären, zu ernähren und großzuziehen, war eine Aufgabe, deren Mühe und Schwierigkeit für uns heutige Menschen kaum mehr vorstellbar sind, insbesondere wenn man bedenkt, dass das menschenartige Wesen weder mit Hörnern oder Reißzähnen ausgestattet, noch zu einer so schnellen Flucht fähig war wie eine Antilope oder ein Zebra. Die amerikanische Paläoanthropologin Nancy Makepeace Tanner, die viele Jahre lang selbst Feldforschungen durchführte, hat detailliert die Lebensumstände dieser frühen Hominiden erforscht und die Bedeutung der Mutter-Kind-Beziehung für die Entstehung des Menschen beschrieben.[5] Es ist kennzeichnend für die Gewaltverhaftetheit und die Gewaltfaszination unserer Gesellschaft, dass die Interpretation der Vormensch-Funde in Südafrika, wie sie Raymund Dart[6] gegeben hat – der Vormensch als brutal-gewaltiger „Killeraffe" –, eine breite Resonanz in den Medien gefunden hat und noch heute das Bewusstsein vieler Menschen prägt. Das Menschsein hat sich nach dieser Vorstellung einbahnig durch eine immer stärkere Verfeinerung der Jagdwerkzeuge und Jagdmethoden ergeben. Wenig später wurde indes klar, dass Dart die Knochenfunde falsch interpretiert hatte. Das häufige Zusammentreffen von Hominiden- und Raubtierknochen weist nicht darauf hin, dass diese frühen Hominiden schon Raubtiere gejagt haben, sondern umgekehrt darauf, dass sie Beute der Raubtiere geworden sind. Der *Australopithecus*, aus dem heraus sich der Mensch entwickelt hat, war kein gewaltiger Jäger, sondern ein Sammler und Aasesser, der für Raubtiere leicht erjagbar war. Diese Sammeltätigkeit, zu der auch das Aufsuchen von Fleischüberresten an den Fressplätzen der Raubtiere gehörte, war vor allem die Aufgabe der Frau, die nicht nur für sich selbst, sondern auch für ihre Kinder Nahrung herbeischaffen musste. Doch als Adrienne L. Zihlmann und Makepeace Tanner dem falschen Bild vom *Man the Hunter* das richtige Bild von der Frau als Sammlerin – *Woman the Gatherer* – gegenüberstellten, wurde dies nur von feministischen Kreisen hauptsächlich in Amerika beachtet. Dass man in allen bisherigen Evolutionstheorien den Anteil der Frau vergessen hatte, führte zu keinen Schlagzeilen in der Presse.

Dabei ist genau hier das Terrain, wo jener *Rubikon* verläuft, jener Grenzfluss, an dem sich das Leben zum Menschsein hin öffnet.[7] Gewiss kann *alles*, was dem Menschen in seiner Welt begegnet, für ihn eine symbolische, Sterblichkeit und Tod transzendierende Bedeutung bekommen. Aber es ist naheliegend, dass für das Kind die Mutter und für die Mutter das Kind stärker noch als Steine, Bäume, Tiere und Wolken eine symbolische, das bloß Gegenständliche transzendierende Bedeutung ausstrahlen. Durch den aufrechten Gang des *Australopithecus* und die wachsende Gehirngröße bedingt, ist nicht nur das Menschenkind, sondern auch schon das Hominidenkind eine „biologische Frühgeburt“[8]. Die Zuwendung und Fürsorge der Mutter blieb auch noch nach der Geburt eine Art geistig-symbolischer „Uterus“, ohne den das Kind nicht leben konnte; und umgekehrt lenkt das kleine, hilflose Wesen, das die Mutter gebar, alle Kräfte und alle Aufmerksamkeit der Mutter auf sich und motiviert sie zu ihrem mütterlichen Handeln.

Von Anfang an ist dieses Handeln ein Kampf gegen den stets drohenden Tod und umgekehrt befreit die Fürsorge der Mutter das Kind von seiner kreatürlichen Einsamkeits- und Todesangst. Dieses Angehen gegen den Tod, das spätestens beim Neandertaler auch zu einem ausgebildeten Bestattungskult führt, überschreitet das instinkthafte, rein biologisch bedingte Verhalten in dem Augenblick und in dem Maße, als infolge der zunehmenden Intelligenz dem Hominiden die eigene Sterblichkeit, der Tod, als allenfalls aufschiebbare, aber nicht überwindbare Grenze aufgeht. Die Drohung des Todes – hauptsächlich durch das Gefressenwerden von einem Raubtier – ist für diese hoch entwickelten Lebewesen stets gegenwärtig. Deshalb hört für die Mutter ihre Sorge und Fürsorge für das Kind nicht mit dessen Erwachsenwerden auf. Die Aufmerksamkeit bleibt weiter auf es gerichtet; und umgekehrt spürt auch noch der erwachsene Hominide den Drang, sich bei Gefahr in die Fürsorge der Mutter zu flüchten. Auf diese Weise bewirkt die Wahrnehmung des Todes als bleibender Gefahr, dass Mutter und Kind lebenslang verbunden bleiben und sich lebenslang gegenseitig erkennen; ähnliches ist auch schon bei Schimpansen beobachtbar.

Auf diese Weise entsteht ein sich aufschaukelnder Regelkreis: Die bleibende Verbundenheit lässt den Tod der Mutter oder den Tod des Kindes immer als etwas erfahren, das in gewisser Weise den beobachtenden Hominiden selber trifft. Es ist nicht nur *irgendein* Lebewesen derselben Art und derselben Horde, das stirbt, sondern die Mutter bzw. das Kind als immer noch bleibender Teil der eigenen Existenz. Die Regelmäßigkeit, in der dieses Sterben erfahren wird, lässt die Absolutheit des Todes und damit die Sterblichkeit des eigenen Wesens aufdämmern. Auf diese Weise entsteht das nicht mehr zu verdrängende Bewusstsein, dass sowohl die Mutter wie auch das von der Mutter umsorgte Kind notwendig einmal sterben werden. Wenn trotz dieses Todesbewusstseins die Mutter unter Aufbietung aller ihrer Kräfte für das Kind sorgt und das Kind sich zur Mutter als dem Ort einer scheinbar absoluten Sicherheit flüchtet, dann bringt dieses Handeln eine neue Stufe des Bewusstseins zum Ausdruck, ein Bewusstsein, das den Tod als absolutes Ende negiert.

Dieses Bewusstsein, das vielleicht erst in Jahrmillionen in einen ausgeprägten Bestattungskult mündete, ist wahrscheinlich die früheste Form dessen, was Ulrich Lüke als „Transzendenzbewusstsein" bezeichnet, in dem sich das Leben zum Menschsein hin öffnet.[9] Versuche mit höheren Primaten, vor allem Schimpansen, zeigen, dass diese Lebewesen durchaus auch schon ein Ich-Bewusstsein besitzen. Sie können sich im Spiegel und auf dem Bildschirm selbst erkennen, ja sogar Abbildungen einzelner Körperteile ohne den übrigen Körper als zu ihnen gehörig identifizieren.[10] Auch Werkzeuggebrauch und rudimentäre Werkzeugherstellung können schon bei Schimpansen beobachtet werden. Wenn Jane Goodall, die zwanzig Jahre lang in einem Reservat in Tansania das Leben wilder Schimpansen beobachtete, berichtet, dass auch hier die Mutter und ihre Kinder sich lebenslang erkennen und miteinander verbunden bleiben, und bei Schimpansenkindern hospitalismusähnliche Erscheinungen auftreten, wenn sie ihre Mutter verloren haben, dann scheint auch hier schon ein durch die Mutter-Kind-Beziehung gestiftetes Transzendenzbewusstsein aufzudämmern. Dies gilt besonders hinsichtlich ihrer Beobachtung, dass Schimpansenmütter ihr Kind, wenn es gestorben ist, oft noch tagelang mit sich herumtragen und Pflegehandlungen an ihm ausführen.[11] Dieses auf einen späteren Bestattungsritus vorausweisende Verhalten – Pflege über den Tod hinaus – so zu interpretieren, als würden dabei nur „Gewohnheitsaktivitäten der Mutter langsam abklingen"[12], ist unlogisch, weil dann bei weniger intelligenten Säugetieren dieses Verhalten auch oder sogar noch stärker zu beobachten sein müsste. Die höheren Primaten befinden sich vielmehr in einer Art Tier-Mensch-Übergangsfeld, das bei einer offenen, vom Menschen unbeeinflussten Evolution möglicherweise zu einer neuen Form von Menschwerdung führen könnte.[13] Transzendenzbewusstsein, dieser *Rubikon* zum Menschsein, ist ein das Lebewesen umgreifendes und es in das Leben einbettende Todesbewusstsein. Die Mutter-Kind-Beziehung ist der Ort, wo dieses Bewusstsein aufwachen und sich festigen kann.

Die in allen frühen Religionen und Kulturen anzutreffenden *Muttergottheiten* und deren Mythen haben ihren Ursprung im transzendenten Anspruch der Mutter-Kind-Beziehung. Die Mutter ist für das Kind in den frühen Phasen unabweisbar ein Gottessymbol. Das Kind erfährt sich in allen seinen Lebensbezügen – Essen, Trinken, Schlafen, Sauberkeit, körperliches Wohlbefinden – an die Mutter verwiesen und von ihr abhängig. Wenn die Mutter oder der die Mutterfunktion übernehmende Vater als nicht unmittelbar anwesend erfahren werden, erwacht im Kind eine Angst vor der Einsamkeit und dem Alleinsein, die unbewusst eine Todesangst darstellt. Mutter und Vater sind für das Kind die Garanten des Lebens, des Heils und der Sicherheit. Wenn Kinder im Alter des Spracherwerbs abends im verdunkelten Raum einschlafen, wünschen sie Mutter oder Vater in zugewandter Nähe. Oft sprechen sie in dieser Situation litaneiartig den Mama-Namen aus (oder auch Mama-Papa), wahrscheinlich um sich mit dem Namen auch die Person zu vergegenwärtigen und in dieser Gegenwart die Angst vor dem Alleinsein zu überwinden. Solche Mama-Papa-Litaneien bilden die ersten Gebete eines Menschen. Denn die konkrete Mutter und der konkrete Vater können das Leben nicht garantieren. Sie werden vom Kind als *Symbole* eines absoluten Lebensschutzes angesprochen, d.h. als mütterliches Gottessymbol.

In Mutter und Vater lebt gegenüber dem kleinen Kind auch selbst ein starker unbewusster Drang, diese religiöse Symbolfunktion auszuüben. Der Religionssoziologe P. L. Berger sieht im Verhalten der ihr Kind tröstenden Mutter eine „Spur der Transzendenz".[14] Wenn die Mutter in dem bekannten Beispiel Bergers ihr ängstlich weinendes Kind in den Arm nimmt und schon allein durch diese Geste sagt: „Hab' keine Angst, alles ist gut", dann übt sie damit die „zeitlose Gebärde der *Magna Mater*"[15] aus, wobei es gleichgültig ist, ob sie sich selbst als gläubige Christin oder als Atheistin und Agnostizistin versteht. Mit Recht fragt Berger angesichts dieser Geste: *„Belügt die Mutter das Kind?"*[16] Die konkrete Frau weiß ja, dass sie trotz stärkster Bemühung das Kind weder vor Krankheit und Unglück noch vor Alter und Tod schützen kann. Indem sie wie selbstverständlich die Geste vollzieht – es *nicht* zu tun wäre unmenschlich –, fungiert sie dem Kind gegenüber bewusst oder unbewusst, gewollt oder ungewollt eben als *Magna Mater*, als eine Leiden und Tod überwindende Muttergottheit, gleichgültig ob sie an die Wirklichkeit einer solchen „Macht" glaubt oder nicht.

Natürlich ist dies kein „Gottesbeweis". Naturwissenschaftlich könnte man das Phänomen wahrscheinlich als einen überstarken Mutterinstinkt erklären, als ein Überschießen der in der Evolution der Lebewesen wirkenden Kraft, die zur Fortpflanzung der eigenen Gene drängt. Diese Kraft wäre dann eben stärker als das Wissen um die eigene Endlichkeit und die Sterblichkeit des Lebewesens Mensch. Die biologische Kraft, die zur Lebenserhaltung und Lebensfortpflanzung drängt, würde dieses dunkle Wissen gleichsam überblenden und das geschilderte Verhalten auslösen. Die Leben spendende und Leben erhaltende Muttergottheit, wie sie durch Funde schon aus der Vorgeschichte der Menschheit belegt ist, wäre dann die nachträgliche Ideologisierung des biologisch bedingten in sich widersprüchlichen Handelns.

Gewiss legt sich dem Naturwissenschaftler eine solche Erklärung nahe. Doch auch sie hebt den aufgedeckten Widerspruch nicht wirklich auf. Denn auch die biologische Erklärung arbeitet mit einem Lebenstrieb, der sich durch die Tatsache der Sterblichkeit und des Todes nicht eindämmen lässt, sondern über beides hinausgreift. Die Frage, die über eine agnostisch-atheistische oder eine religiös-gläubige Lebenshaltung entscheidet, ist, ob ich bereit und fähig bin, eine symbolische Dimension in den Vorgängen und Dingen der Wirklichkeit wahrzunehmen und mit ihr umzugehen, oder ob mir diese Bereitschaft und Fähigkeit fehlt. Die Muttergottheit ist ja nichts anderes als das, was im todumgreifenden Symbol des Lebens zum Ausdruck kommt.

Tiefenpsychologisch geschulten Lesern mag der hier entwickelte Begriff der Muttergottheit zu einseitig positiv erscheinen. Denn tiefenpsychologisch gehört zum sogenannten „Archetypus" der Mutter auch der verschlingende Aspekt, wie er in den Hexen der Märchen sowie in Göttinnen wie *Kali*, *Gorgo* oder *Anat* zum Ausdruck kommt. Doch in der tiefenpsychologischen Anthropologie wird die geschichtliche Entwicklung des Menschseins eingeebnet. Ein nur etwa drei- bis fünftausend Jahre zurückreichender Querschnitt durch die Menschheitsgeschichte liefert die Bausteine und Versatzstücke zu einer statischen Anthropologie, die für alle Völker aller Zeiten festgeschrieben wird. Doch was sind drei- bis fünftausend Jahre menschlicher Geschichte gegenüber den Jahrmillionen, in denen sich das Menschenwesen entwickelt hat? Unter den vielen gefundenen Frauenstatuetten der Jüngeren Altsteinzeit, räumlich verteilt von Nordsibirien über den Mittelmeerraum bis Südfrankreich und Nordspanien und zeitlich aus vielen Jahrtausenden stammend, findet sich keine *Gorgo* und keine *Kali*.[17] Offenbar ist der negative Aspekt des Mütterlichen nicht ein weiblicher „Elementarcharakter", wie dies E. NEUMANN in der Nachfolge C. G. Jungs konstruiert.[18] Solche Gestaltungen sind vielmehr der symbolische Ausdruck jener geschichtlichen

Erfahrungen, wie sie während einiger Jahrtausende besonders in matriarchal geprägten Gesellschaften durch eine Muttergottheit, die grausame Menschenopfer fordert, gemacht wurden.[19]

Jedenfalls aber war vom Ursprung her die Mutter-Kind-Beziehung der Königsweg zur Entwicklung eines Transzendenzbewusstseins.

Der Raubtier-Gott

In der griechischen Sage verschlingt der Himmelsgott *Kronos* seine eigenen Kinder; erst durch *Zeus*, den jüngsten Sohn der Mutter *Rhea*, den diese vor dem Rachen des Unholds rettet, wird – im Zusammenspiel von Mutter und Kind – der raubtierhafte Gott besiegt. In der biblischen Urgeschichte wird Feindschaft zwischen der Drachenschlange und der Frau mit ihrem Nachwuchs gesetzt (Gen 3,15); und in der letzten und möglicherweise spätesten Schrift der biblischen Tradition steht die Drachenschlange „vor der Frau, die gebären sollte; sie wollte das Kind verschlingen, sobald es geboren war" (Offb 12,4b).

Welche Rolle spielt das Raubtier in der Entstehung des menschlichen Transzendenzbewusstseins? Der Hominide, der aufrecht gehend den Urwald verließ und in der afrikanischen Savanne seinen Lebensunterhalt suchte, war eine bevorzugte Beute der dort lebenden Raubtiere. Er verfügte nicht über Abwehrwaffen, noch war er zu einer schnellen und rettenden Flucht fähig. Die einzige Möglichkeit, das Raubtier abzuwehren, bestand darin, dass sich die Hominidenhorde eng zusammenschloss, so dass sie dem Raubtier als großer Gesamtkörper erschien, den es nicht anzugreifen wagte; auch ausgewachsene Elefanten werden im Allgemeinen nicht von Raubtieren angegriffen. Dauerte die Belagerung aber zu lange, wurde die Nervenanspannung zu groß und die Horde stob auseinander. Das schwächste Glied der Gruppe, ein älterer Hominide oder ein Kind, das nicht von seiner Mutter mitgetragen wurde, wurde dann ein Opfer des Raubtiers, das den anderen die Flucht ermöglichte. Die Analyse der Knochenfunde aus dieser frühen Zeit und der Region lassen solche Vorgänge erahnen.[20]

Das Raubtier war der Todbringer für den werdenden Menschen. Hinzu kommt jedoch, dass der Hominide als Sammler *und* Aasesser lebte. Eine proteinhaltige Nahrung war für ihn überlebensnotwendig, weil nur durch sie die relativ rasche Gehirnentwicklung, jene Steigerung seiner Gehirnkapazität, die zum Menschen hinführte und die ihm Überlebensvorteile gegenüber den anderen Lebewesen gewährte, möglich war. Wie begehrt die Aasnahrung war, lässt sich an den Knochen rekonstruieren, von denen die Hominiden mit ihren scharfkantigen Steinschabern die vom Raubtier übrig gelassenen Reste abschabten; mit größeren Steinen schlugen sie auch die Röhrenknochen auf, um das darin befindliche Knochenmark ebenfalls noch als Nahrung zu gewinnen.

Diese wertvolle und kostbare Nahrung aber wurde dem Hominiden durch das Raubtier bereitet. Deshalb konnte der Hominide das Raubtier nicht bloß als seinen großen Feind und Gegenspieler betrachten und meiden. Es zog ihn vielmehr zu Plätzen, wo Raubtiere zu jagen pflegten und noch warme Kadaver hinterließen. Diese neben Hyänen und anderen Aasessern mit seinen feinen Steinwerkzeugen auszuschlachten, war die Nische der Natur, die ihm das Überleben im Daseinskampf der Lebewesen ermöglichte.

So war das Raubtier für den frühen Menschen gleichzeitig Todbringer und Lebensspender. Der Hominide stand zu ihm in einer äußerst engen Beziehung. Er bewunderte die Kraft und Geschmeidigkeit, mit der es seine – auch von ihm so begehrte – Beute jagte, und beobachtete in einer Art Ehrfurcht, dass es, das Raubtier, am Ende der Nahrungskette stand und selbst nicht noch einmal von einem größeren und stärkeren Lebewesen zur Beute gemacht wurde. Infolge der nahtlosen Eingebundenheit in den Naturkreislauf bedeutete „Sterben“ für den Hominiden: zur Beute gemacht und gefressen werden. Ein Lebewesen, das ganz offensichtlich von diesem Schicksal ausgenommen war, musste ihm in seiner Vorstellungswelt als „unsterblich“ erscheinen. Ähnliches galt deshalb auch von riesigen und starken Pflanzenfressern wie Mammut, Nashorn und Bison, die aufgrund ihrer Größe und Stärke nur ganz selten von Raubtieren angegriffen wurden. Gerade diese Tiere jedoch wurden, wie viele Motive auf altsteinzeitlichen Höhlenmalereien zeigen, später vom Superraubtier Mensch – in einer Art opferkultischer Jagd – angegriffen und getötet.

Indem der Hominide den Unterschied zwischen dem eigenen Schicksal, dem Verschlungenwerden durch das Raubtier, und der Erhabenheit des Raubtiers über dieses Geschick feststellte, eröffnete sich ihm auch hier ein Weg zum Transzendenzbewusstsein. Die Möglichkeit eines ewigen Lebens leuchtete vor ihm auf, verbunden mit dem Bild ungeheurer Stärke und Kraft, die ihm, dem Hominiden selber, zum Schicksal wurde.

Von dieser Erfahrung her wurde auch das Raubtier zum Gottessymbol. Tatsächlich spielen Löwe und Panther, Bär, Leopard und Jaguar, auch Hai, Adler und Geier, weltweit verbreitet in archaischen Religionen und Mythen die Rolle von Gottheiten. Der älteste Fund dieser Art ist vielleicht das sogenannte „Wildimännlisloch" bei Sankt Gallen in der Schweiz, der in die Altsteinzeit zurückreicht. Man fand dort in einer Steinkiste kunstvoll übereinander geschichtete Bärenknochen und Bärenschädel, die den Eindruck einer Bestattung erwecken. Die Steinkiste wirkt wie ein Sarg. Offenbar gab es in dieser Höhle einen Kult, bei dem Bären getötet, verzehrt und sorgfältig bestattet wurden. Bei dem in Japan lebenden Volk der *Ainu*, das noch auf einer sehr frühen Kulturstufe lebte, konnte man noch in der Neuzeit einen solchen Bärenkult beobachten: Das Junge einer Bärin wurde im Dorf wie ein Menschenkind großgezogen, teilweise sogar von Frauen gestillt, und so in den menschlichen Bereich hineingenommen. Nachdem es jedoch ausgewachsen war, wurde ein religiöses Fest gefeiert, bei dem der Bär als Gott verehrt und angebetet wurde. Durch Pfeilschüsse wurde er wild und rasend gemacht und dann zwischen zusammengepressten Balken erdrosselt. Der „Gott" wurde getötet und als Opfermahl verzehrt. Man versuchte sich die göttliche Bärenkraft einzuverleiben. Im antiken Kult der griechischen Göttin Artemis traten deren Priesterinnen teilweise noch als Bärinnen verkleidet auf.

Im indogermanisch-germanischen Bereich ist vor allem der *Wolf* das göttliche Raubtier. Der in Religion und Mythologie zu findende, von Platon, Vergil, Horaz und anderen antiken Autoren berichtete Glaube an die behexende Kraft seines Blickes, die tödliche Wirkung seines Trittes und die Zauberkraft seines Fells „weist auf älteste Schichten zurück"[21]. Im griechischen Lykaion-Gebirge – der Name hängt mit *lykos*, „Wolf", zusammen – befand sich ein uraltes Heiligtum, das später dem Zeus, dem sogenannten *Zeus-Lykaios*, zugeschrieben wurde. Im offenen Bezirk dieses Heiligtums, dessen Betreten außerhalb der Kultfeier verboten war und worin angeblich Menschen und Tiere keine Schatten warfen, wurden auf dem großen Aschenaltar noch in historischer Zeit neben Tieren auch Menschen geopfert.[22] Wer bei der Opfermahlzeit zufällig auch ein Stück Menschenfleisch aß, wurde der Sage nach in einen Wolf verwandelt. Er wurde zu einem „Werwolf", einem Menschen in Wolfsgestalt, wie er auch in deutschen Sagen vorkommt und in früher Zeit wohl ein göttliches Wesen darstellte. Durch die rituelle Menschentötung und das (Menschen-)Opfermahl erfuhr der Mensch eine Vergöttlichung zum Raubtier. Bei Homer ist sogar noch Apollo, der strahlende griechische Lichtgott, zuweilen auch *lykaios*, der „Wölfische", der Pest und Tod in das Lager der Griechen vor Troja sendet.

Auch in der Sagenwelt Roms sind Wolf und Wölfin fest verwurzelt. Die Wölfin, die Romulus und Remus in der Wildnis ernährt, heißt *Lupa Martia*; dies und die übrigen Umstände der Sage „deuten auf die Heiligkeit des Wolfes und seine Zugehörigkeit zu Mars".[23] Die Wölfin erscheint in der Sage als

„'degradierte' Wolfs-Gottheit".[24] Es gab eine Priestergruppe mit dem Namen *Luperci*, ein Name, der wahrscheinlich von lateinisch *lupus*, „Wolf", abgeleitet ist. In den Grimm'schen Märchen ist der Wolf der große Todbringer, der durch das Zusammenspiel von Mutter und Kind oder, wie bei „Rotkäppchen", durch den männlichen Lichthelden überwunden wird.

Der auf die vorarische Religion in Griechenland zurückgehende Gott *Dionysos*, der Gott des Weins (früher wahrscheinlich ein Vegetationsgott), trägt deutlich noch raubtierhafte Züge. Er ist der „rasende Gott", der in den winterlichen Festen, wenn die Lebens- und Vegetationskraft neu geweckt werden soll, mit seinen Begleiterinnen in den Wäldern Tiere jagt, die mit den Händen zerrissen und roh verschlungen werden; sogar kleine Kinder der Begleiterinnen sollen dieses Schicksal erfahren haben. Nach einer Sage wird Dionysos selbst von den Titanen zerrissen, ohne dass dadurch seine Lebenskraft zerstört werden konnte.[25]

Mythen, Sagen, auch ethnologische Beobachtungen, die sich in dieser Weise auf Raubtiere beziehen, lassen sich in allen Kulturen nachweisen, wobei häufig das für die jeweilige Gegend gefährlichste Raubtier im Mittelpunkt steht. So gibt es in den tigerreichen Sundarbans in Indien den vorvedischen Tigergott *Daksin Ray*, dem der Sage nach ursprünglich Menschen geopfert wurden und der noch in der Neuzeit in blutigen und orgiastischen Tieropfern verehrt wurde.[26] Im alten Hawaii wurden dagegen Haie als Götter verehrt, auch ihnen wurden Menschen geopfert.[27] Aus Mittel- und Südamerika kennen wir Jaguar-Götter. Der Toltekengott *Tezcatlipoca* wurde manchmal als Jaguar dargestellt. Auch bei den Mayas galten die Jaguare in der klassischen Zeit als hochrangige Gottheiten. Die ranghöchsten Priester, die die Menschenopfer durchführten, hießen „Jaguarpriester" und arbeiteten bei diesem Kult mit einem sogenannten „Klauenmesser", das ähnlich gebogen war wie eine Klaue und ähnliche Verletzungen verursachte.[28] Auch die delphischen Priester sollen Messer dieser Art besessen haben.

Es ist klar, dass das Wort „Gott", bezogen auf diese frühe Zeit, nicht im heutigen christlichen oder auch philosophischen Sinn verstanden werden darf. Bär, Wolf und auch die Mutter symbolisieren nicht ein höchstes geistiges Wesen, das die Welt geschaffen hat. Durch sie spricht vielmehr eine Wirklichkeit zum Menschen, die ihn in seinen tiefsten Ängsten, seiner Angst vor dem Verschlungenwerden im Tod, trifft bzw. (als Mutter) Hoffnungen in ihm weckt, dieses Schicksal zu überwinden. „Gott" meint, wenn auch durchaus persönlich ansprechbar (etwa im Bärenkult der *Ainu*), die Wahrnehmung einer Dimension der Wirklichkeit, die sein mühseliges, gefährdetes und angsterfülltes Leben übersteigt und letztlich nicht vom Verschlungenwerden bedroht ist. In diese Dimension des Daseins einzutauchen, sie für sich und sein Leben zu gewinnen, ist seine tiefste Sehnsucht. In dieser Erfahrung einer übersteigenden Dimension der Lebenswirklichkeit entspringen gleichzeitig das Menschsein und die Religiosität des Menschen; was die Religionen viele Jahrhunderttausende später „Gott“ nennen, hat hier seine Wurzeln.

Die Nachahmung des Raubtiergottes

Höhere Säugetiere lernen durch Nachahmung. In besonders starker Weise gilt dies für den Menschen, weil dieser biologisch eine Frühgeburt darstellt und weil er nur mit schwachen Instinkten ausgestattet ist. Für ihn entsteht dadurch im Leben eine Orientierungslosigkeit, die er durch die *Mimesis* der Lebewesen, die ihm nahe stehen und ihm als stark und überlebensfähig erscheinen, auszugleichen sucht. Das Neugeborene ahmt das Verhalten seiner Mutter und der übrigen erwachsenen Mitglieder seiner Horde in seinem Tun und Verhalten nach. Je stärker die Beziehung ist, die den Lernenden mit seinem Vorbild, seinem Modell, verbindet, desto stärker ist der Impuls zur *Mimesis.* Die Mutter – in höher entwickelten Kulturen auch der Vater – wird in allem, was sie tun, vom Kind mit starkem innerem Antrieb spielerisch imitiert. Unbewusst sind sie das Gottessymbol, dem nachzueifern höchste Vollendung des Lebens bedeutet. Mit großer Mühe schlüpft das zweijährige Mädchen in die Schuhe der Mutter und sucht mit ihnen zu laufen, obwohl es dabei stolpert und ständig hinfällt; es will aber sein und gehen wie die Mutter, es will sich „ihren Schuh anziehen“. Alles, was die Mutter tut – z. B. den Boden oder das Fenster putzen, die Geschirrspülmaschine ein- und ausräumen –, ebenfalls zu tun oder dabei mitzuhelfen, ist für das kleine Kind ein sehr starker Antrieb.

Die Nachahmung des Muttersymbols ist tief in die menschliche Kultur eingedrungen. „Kultur“ kommt von lateinisch *colere*, mit der Grundbedeutung „pflegen“; es heißt auch, „etwas bewohnen und bewohnbar machen“, den Acker „bebauen“ und das Feld „bestellen“. Im Hintergrund dieses „Pflegens“ steht die Fürsorge der Frau und Mutter um das Leben ihres Kindes. Nahrung zu sammeln, aufzubewahren und sie auszuteilen, Nahrungsquellen und Wasserstellen im Kopf zu behalten und zu ihnen hinzuführen, mit Hilfe der Mondphasen die Zeit einzuteilen und planend in die Zukunft vorauszuschauen, um auch später noch genügend Nahrung zu haben, geschützte Wohn- und Lagerplätze zu suchen, bei Kälte die Anvertrauten mit Kleidung zu versorgen, das kranke Kind zu pflegen und ihm Heilmittel zu geben – all dies sind vom Ursprung her mütterliche Tätigkeiten, die im Laufe der Jahrmillionen und Jahrhunderttausende auf je spezifische Weise in den verschiedenen Kulturen der Menschheit ausdifferenziert und entfaltet wurden.

Doch nicht nur das aus der Mutter-Kind-Beziehung erwachsene Gottessymbol wurde vom Menschen nachgeahmt, sondern auch das aus den Lebensumständen der südostafrikanischen Savanne ihm zuwachsende Gottessymbol des Raubtiers. Dieses Lebewesen verfügte über die von ihm so begehrte Fleischnahrung und schien ihm unsterblich; es zu imitieren, musste für ihn ein starker Anreiz sein. Auf welche Weise und in welchen Phasen in Jahrtausenden oder vielleicht Jahrhunderttausenden diese Nachahmung des Raubtiers erfolgte, wissen wir nicht. Fest steht jedoch, dass sich spätestens der Menschentyp des *homo erectus* vor etwa 1,7 Millionen Jahren nicht mehr als *Sammler und Aasesser*, sondern als *Sammler und Großwildjäger* in der Savanne bewegte. Er wartete nicht mehr, bis das Raubtier seine Beute schlug und Fleischreste für ihn übrig ließ, sondern er übernahm die Tätigkeit des Raubtiers selbst. Irgendwann hatte er begonnen, seinen Grabstock als Stoßlanze zu verwenden und die scharfkantigen Steinschaber zu Faustkeilen zu formen. Er entwickelte Jagdstrategien, mit deren Hilfe er die Tiere in Fallgruben lockte; oder – wie aus Funden in Mittelfrankreich und Nordspanien zu ersehen – er jagte ganze Herden von Wildpferden über einen Steilhang, an dem sie sich zu Tode stürzten, und trieb Rinderherden in Sumpfgebiete, wo sie hilflos stecken blieben und er sie mit seinen Jagdwerkzeugen mühsam und auf grausame Weise töten konnte.

Welch furchtbares Gemetzel diese Großwildjagd bedeutete, kann man sich veranschaulichen, wenn man den Bericht des christlichen Missionars SCHEBESTA in seinem Buch über die Bambuti-Pygmäen liest[29]: Die Pygmäen sind wegen ihrer Friedlichkeit und Toleranz bekannt, verkörpern aber eine sehr alte Kulturstufe. Trotz ihrer Friedlichkeit bricht in größeren aber regelmäßigen Zeitabständen eine Art orgiastischer Blutgier aus. Die Männer sondern sich mehrere Tage lang von den Frauen und Kindern ab, leben sexuell enthaltsam und steigern sich durch das Schlagen der Trommel, durch aggressive Tänze und durch Zufügung von Verletzungen in eine aggressive Trance hinein. Dann ziehen sie in den Busch und suchen nach einer Elefantenherde. Von zwei Seiten schleichen sie sich an eines der riesigen Tiere heran und stoßen mit beiden Händen mit Widerhaken versehene Harpunen in den Leib des Tieres. Am Ende der Harpunen sind Seile befestigt. Wenn der Elefant nun, blindwütig vor Schmerz, zu rasen beginnt, wird das Ende dieser Seile immer wieder locker um Bäume geschlungen, so dass sich die Widerhaken der Harpunen immer tiefer in das Fleisch des Tieres eingraben und ihm schließlich die Därme herausreißen. Wenn dann das riesige Tier schwer atmend am Boden liegt, wird ihm mit Steinbeilen der Rüssel abgehackt, so dass es elend verblutet. Der Mensch ist zum *Super-Raubtier* geworden, das sogar ausgewachsene Elefanten schlägt.

Was steht hinter diesem Verhalten? Gewiss hat auch der als Sammler und Aasesser lebende *Australopithecus* – wie von Jane Goodall auch bei wildlebenden Schimpansen beobachtet wurde – bei seinen Wanderzügen schon auf kleinere Tiere wie Buschschweine und Nagetiere Jagd gemacht; Fleisch war für ihn ein wichtiges und heißbegehrtes Nahrungsmittel. Doch diese Art, Fleischnahrung zu erwerben, unterschied sich grundlegend von der Großwildjagd. Sie gehörte ihrer Art nach unter die Kategorie „Sammeln“. So, wie man essbare Wurzeln, Beeren und Früchte gesammelt hat, so hat man auch kleinere Tiere als Fleischnahrung gesammelt. Wie bei wildlebenden Schimpansen zu beobachten, ist der Akt des Tötens dabei nur nebensächlich. Bisweilen wird ein gefangenes Tier lebend aufgezehrt; wenn es zu sehr zappelt und sich bewegt, wird es so lange an einen Stein geschlagen, bis die Fleischmasse ruhig ist und verzehrt werden kann.

Die Großwildjagd unterscheidet sich grundlegend von dieser Sammeltätigkeit. Sie zielt in erster Linie auf den Akt des Tötens. Die vielen Pferdeleiber, die sich über den Felsabhang zu Tode stürzten, und die Rinderherde, die im Sumpf stecken blieb, konnten niemals völlig aufgezehrt werden. An der Großwildjagd faszinierte die Fähigkeit des kleinen von der Natur nicht mit Waffen versorgten, dafür aber wendigen und einfallsreichen Menschen, wie ein Riesen-Raubtier zuzuschlagen. Die Großwildjagd ist eine Nachahmung des Raubtiers, wobei der Mensch dieses an Tötungsgewalt noch übertraf.

II. Vergöttlichung durch Aneignung des Raubtierstatus

Sich Göttliches einverleiben

Da das Raubtier dem Menschen als Gottessymbol begegnete, war seine Nachahmung ein Akt der Vergöttlichung. Der Mensch gewann dadurch eine grundlegende Änderung seines Seinsstatus. Er war in diesem Verhalten nicht mehr ein hilfloses Beutetier, sondern trat an die Seite der Raubtiergottheiten, die in seiner Perspektive unsterblich waren und die er in seinem Gewaltpotenzial noch überragte.

Die Jagd auf das große, gewaltige Tier war so gesehen ein religiöser Akt. Es war ein kultischer Vollzug, der den Menschen in einen neuen, göttlichen Seinsstatus versetzte. An möglichst wichtiger Stelle in diesen kultischen Akt einbezogen zu sein, war ein existentielles Verlangen des Menschen. Sosehr die Frau und Mutter selbst Gottessymbol war und von daher einen hohen gesellschaftlichen Status besaß – sie gilt bei manchen Naturvölkern noch heute als die natürliche Verbindung des Menschen zur Geisterwelt –, ist sie durch die kultische Großwildjagd andererseits doch auch zurückgesetzt. Denn einmal aufgrund ihrer körperlichen Konstitution, vor allem aber wegen der Andersgeartetheit ihrer Symbolik, die auf Fürsorge und Lebenserhalt gerichtet ist, konnte sie in der kultischen Großwildjagd keine bevorzugte Position einnehmen. Nur indem sie sich an der Zubereitung und am Verzehr des kultisch getöteten Tieres beteiligte, konnte auch sie am göttlichen Seinsstatus Anteil gewinnen. Das Essen des großen gewaltigen Tieres war eine Einverleibung seiner Stärke und Göttlichkeit, die den Essenden auch an den neuen göttlichen Seinsstatus heranführte.

Die sogenannte „Patrophagie“ ist ein dunkles und vielfach verdrängtes Kapitel in der Vorgeschichte des Menschen. Es bezieht sich auf die Beobachtung, dass Menschenschädel schon in der Frühen Altsteinzeit besonders behandelt, in Höhlen deponiert und aufbewahrt wurden. Bei vielen dieser Schädelfunde – u.a. auch bei dem fast eine halbe Million Jahre alten Fund von *homo erectus*-Schädeln in der Höhle *Chou-K‘ou-Tien* bei Peking – ist das Hinterhauptloch künstlich erweitert. Aus der Beobachtung an Schimpansen wissen wir, dass auch diese bei erjagten und getöteten Tieren das Hinterhaupt aufbrechen und auf diesem Weg das Gehirn herausnehmen, um es zu verzehren. Viele der deponierten Schädel weisen Hiebspuren auf, die auf eine gewaltsame Tötung hindeuten. Deshalb liegt die Vermutung nahe, dass ein verehrter Vorfahre, ein mächtiger Feind oder ein nachträglich sakralisiertes Menschenopfer auf diese Weise behandelt wurden, um sich dessen Kraft und Stärke, seine „Göttlichkeit", die ja besonders vom Kopf ausstrahlte, einzuverleiben.

Das Motiv, Gott zu töten und sich seine Macht und Stärke essend anzueignen, ist in der Religionsgeschichte weit verbreitet. Im alten Mexiko wurde die Statue des Gottes *Omacatl* in Teig nachgebildet, dann durch einen Lanzenstich „getötet" und als Gottesspeise verzehrt. „Diese in Gebäckform nachgebildeten Götter spielten auch bei anderen Festen eine Rolle [...] Man 'tötete' (opferte) sie, indem man ihnen mit dem Webemesser der Frauen den Kopf abschnitt."[30] Ähnliche Empfindungsmuster liegen wohl auch zugrunde, wenn zu Ostern Christus als Gotteslamm in feinem Biskuitteig gebacken und verzehrt wird.

Beim Bärenopfer der *Ainu* wird der göttlich verehrte Bär getötet, gehäutet und man trinkt sein Blut, „um die Kraft, Tapferkeit und alle guten animalisch-göttlich gedachten Eigenschaften des Bären in sich aufzunehmen. [...] Das Fleisch wird in kleinen Stücken an die ganze Festgemeinde verteilt, an der auch die Frauen und Kinder Anteil haben. Alle sollen sich etwas von der 'Bärenkraft' einverleiben und auf diese Weise mit der Gottheit in enge Verbindung treten." Dies berichtet John Batchelor, der das Opferfest der *Ainu* auf der nordjapanischen Halbinsel Hokkaido noch selbst miterlebt hat.[31]

Adolf Ellegard Jensen hat das Töten und Einverleiben der Gottheit als das gemeinsame Wesen des Opfers in den frühen Pflanzerkulturen herausgearbeitet. Bekannt ist der Mythos von *Hainuwele*, der sich bei den *Wemale* auf der Insel Ceram findet, in Variationen aber in vielen über die ganze Erde verstreuten archaischen Pflanzerkulturen nachweisbar ist.[32] Hainuwele ist das vom Himmel zu den Menschen gekommene göttliche Mädchen, das alle durch seine Schönheit und Anmut bezaubert und den Menschen Schmuck und andere göttliche Geschenke bringt. Bei einem nächtlichen Tanz wird es getötet, später wird sein Leichnam ausgegraben und zerstückelt, die Leichenteile werden auf den Feldern vergraben. Aus ihnen wachsen die Früchte und die Nahrung, wie die Menschen sie essen. Essen ist deshalb für sie grundsätzlich nicht bloß der biologische Vorgang notwendiger Nahrungsaufnahme, sondern eine Einverleibung der vom Himmel herab zu ihnen gekommenen Gottheit.

In der vedischen Religion wird die Pflanze *Soma*, aus deren Schösslingen ein heiliger Rauschtrank gewonnen wird, als Gottheit verehrt. Das Zerschlagen und Keltern dieser Schösslinge wird dabei als Töten der Gottheit interpretiert, und wenn der Mensch beim Opferfest den heiligen Rauschtrank trinkt, nimmt er die Gottheit, ihre Kraft und Lebensfülle in sich auf.[33] Es scheint in der Menschheit eine Art gedanklicher Zwang vorzuliegen, das eigene Tun als raubtierhaftes Verhalten darzustellen; nur dadurch scheint der Mensch sich seiner göttlichen Identität vergewissern zu können. Der Krieger, der die meisten Skalps an seinem Gürtel hängen hat, oder der Papua, dessen Knotenschnur am längsten ist, d.h. die größte Zahl getöteter Menschen anzeigt, haben den höchsten Rang. Die Tötungsgewalt, die der Mensch sich aneignet, ist das Kriterium seiner Ranghöhe.

Der Rausch des Tötens

Wie hat sich diese Entwicklung vollzogen? Wie kam der Mensch dazu, seinen Grabstock als Lanze und seine scharfkantigen Steine als Faustkeile zu benutzen? Woher nahm er dazu den Mut und den Impuls?

Die amerikanische Wissenschaftsjournalistin Barbara Ehrenreich hat sicher recht, wenn sie in diesem Übergang des Menschen zum Großwildjäger nicht das Ergebnis einer kontinuierlich verlaufenden Evolution sieht, sondern eine „Grenzüberschreitung", einen revolutionären Akt, eine „Rebellion" gegen das als göttlich verehrte Raubtier. Dabei ist, sagt sie, „diese Auflehnung sicherlich mit dem Aufstand Luzifers gegen den Himmel vergleichbar; der Unterschied ist, dass diesmal die Rebellen siegten".[34] Tatsächlich gibt es viele Kulturen, in denen der Mythos den Sieg des Menschen über das Raubtier als *das* erlösende Ereignis erzählt: *Perseus* besiegt die menschenverschlingende *Gorgo*, in Sumer tötet *Marduk* das Chaosungeheuer *Tiamat*, der heldenhafte indische Gott *Indra* besiegt den Wolkendrachen *Vitra*, der den fruchtbringenden Regen zurückhält, und im christlichen Bereich ist es der *heilige Georg*, der den feuerspeienden und menschenverschlingenden Drachen besiegt. Ob der „Aufstand Luzifers gegen den Himmel", also der Übergang zur Großwildjagd vor etwa 1,7 Millionen Jahren jedoch wirklich ein „Sieg" der Menschen, ein aufbauendes und weiterführendes Ereignis war, bleibt eine offene Frage. Der Mensch wurde dadurch – biologisch gesprochen – zum „Beschädigungskämpfer", der sich so sehr in die von ihm ausgeübte Tötungsgewalt verliebte, dass er immer mörderischere Waffen schuf und ein Arsenal an Zerstörungsgewalt ansammelte, mit dem die Menschheit heutzutage sich selber mehrfach vernichten kann. Potenziell beinhaltet der „Sieg“ des Menschen über das Raubtier die Selbstvernichtung der Gattung Mensch.

Sicher hat der Übergang des Menschen vom Status des Beutetiers zum Raubtierstatus viele Jahrhunderttausende gedauert. Ehrenreich versucht diese langandauernde Revolution in ihren möglichen Phasen nachzuzeichnen. Dabei geht sie von der Notwendigkeit aus, dass der Hominide sich – wie dies heute auch bei Primaten in der Wildbahn zu beobachten ist – immer schon gegen Raubtiere verteidigen musste. Die Abwehr des angreifenden Raubtiers mit Hilfe von Stöcken und Steinen ist sicher ein Verhaltensmuster, das die Hominiden auch schon als Sammler und Aasesser (ebenso wie die heutigen Primaten) praktizierten; anders hätten sie nicht überleben können. Doch durch eine kontinuierliche Verbesserung der Verteidigungsstrategien mit Hilfe der im Gehirnwachstum sich dokumentierenden ansteigenden Intelligenz wird aus dem Sammler und Aasesser kein Raubtier. Woher kommt die für den Menschen spezifische, *im Verletzen und Töten* sich ausdrückende „sexuell-aggressive Rangdemonstration“?[35] Wie hat sich dieses Verhaltensmuster, das die psychische Grundlage für die Lust des Menschen an Kampf und Krieg darstellt, herausgebildet?

Diese Frage ist allein vom Biologischen her nicht zu klären. In jedem Kampf auf Leben und Tod, in jedem Krieg, bei dem das massenhafte Töten von Menschen zur Tagesordnung gehört, ist ein existentiell-religiöses Motiv am Werk. Mag sein, dass für diejenigen, die vom Schreibtisch und vom Verhandlungstisch aus täglich Kämpfe und Kriege planen, der Krieg, wie Clausewitz sagte, nur „Politik mit anderen Mitteln“ bedeutet. Für diejenigen aber, die sich begeistert in ein Schlachtengetümmel stürzen oder auf ein militärisches Kommando hin aus dem schützenden Graben springen und geradewegs in ein Maschinengewehrfeuer hineinlaufen, ist dies nicht eine politische Aktion. Es ist vielmehr das Eintauchen in eine Art Orgie der Gewalt, in welcher der Mensch endlich seinen tief eingewurzelten Beutetierstatus vergisst und sich in dem Gefühl verliert, den göttlichen Seinsstatus erlangt zu haben. „Eine plötzliche Leichtigkeit erfasst den Täter“, schreibt der Soziologe WOLFGANG SOFSKY, „der Schwung der Gewalt trägt ihn fort [...] er verschmilzt mit den Bewegungen der Gewalt, der Körper verfällt in einen motorischen Rhythmus. Das Rattern der automatischen Waffe überträgt sich auf die Hände, die Arme, den Rumpf des Schützen. Im Takt der Feuerstöße fahren die Schreie aus ihm heraus.“[36] Selber tötend dem Tod konfrontiert, vergisst er das Gefühl seiner Endlichkeit. „Die Not der Individuation, die Angst zum Tode, ist auf einmal abgestreift. Das Fest des Gewaltrauschs ist ein Sprung in den utopischen Zustand.“[37]

Was der Soziologe den „utopischen Zustand“ nennt, ist für den Religionswissenschaftler die Erfüllung einer religiösen Sehnsucht. Es ist ein Zustand, in dem der Mensch Gott oder dem Göttlichen „von Angesicht zu Angesicht“ (1 Kor 13,12) begegnet und in dieser Begegnung seiner Endlichkeit und Sterblichkeit enthoben ist. Nur von diesen religiösen Elementen her ist das künstliche Super-Raubtier Mensch hinreichend erklärbar.

Es ist ein schwieriges Unterfangen, Ansatzpunkte für diese Verwandlung in der Jahrmillionen zurückliegenden Evolution des Menschen zu suchen. Archäologische Funde helfen hier kaum weiter, weil sie, obwohl aus der Altsteinzeit stammend, doch Dokumente einer Zeit sind, die viele Jahrhunderttausende später liegt. Einen gewissen Hinweis geben sie nur insofern, als in dieser frühen vorgeschichtlichen Epoche die Zeit gleichsam „stehen blieb“, d.h. Veränderungen auch kleinster Art nur sehr langsam, eben in Jahrtausenden und Jahrhunderttausenden erfolgten. So ist wohl doch die Tatsache bedeutsam, dass die Forschung bezüglich der Vorgeschichte des Menschen von der „gesicherten Tatsache von Ritualtötungen“ ausgeht.[38] „Ritualtötung“ ist dabei nur ein anderes Wort für Opfertötung.

Die Jagd nach dem Sündenbock

Die Forschungen des Franko-Amerikaners René Girard zum Phänomen des Opfers und seine Interpretation entsprechender Mythen[39] legen die Vermutung nahe, dass in der Opfertötung der Ursprung für den Übergang des Sammlers und Aasessers zum Großwildjäger zu suchen ist. Hinter der Opfertötung steht nämlich, wie Girard an vielen Mythen aus der ganzen Welt aufzeigt, der *Sündenbock-Mechanismus*, der bei allen Völkern der Erde tief eingewurzelt ist und nach Girard das Grundmuster unserer Kultur und Zivilisation darstellt: Immer wenn eine menschliche Gemeinschaft in eine schwere, aussichtslos erscheinende Situation und Krise gerät, wird einem Einzelnen oder einer Minderheit innerhalb der Gemeinschaft die Schuld für die Krise aufgebürdet und er wird aus der Gemeinschaft ausgestoßen, zumeist getötet. Als im Mittelalter die großen Pestwellen ausbrachen, beschuldigte man die Juden, die Brunnen vergiftet zu haben, und ging in fürchterlichen Pogromen gegen sie vor. Wenn eine Regierung in die Krise gerät, müssen „Köpfe rollen“, d.h., ein oder mehrere Minister verlieren ihre Posten, in archaischen Verhältnissen wohl auch ihr Leben. Die Kraft und Gewalt, mit der sich die Menschen zusammentun, um den Sündenbock zu definieren und zu vernichten, verbindet die Mitglieder der Gemeinschaft neu und lässt sie anschließend die Krise bewältigen.

Die Schwierigkeit menschlicher Krisen – auch dies ist eine sicher zutreffende Beobachtung Girards – liegt darin, dass das menschliche Begehren nicht eindeutig von einem bestimmten Objekt ausgelöst und gesteuert wird. Wäre dies so, könnte man sich durch die entsprechende Verteilung der vorhandenen Objekte verständigen. Die Objekte haben für den Menschen ihren Wert aber nicht allein in sich, sondern sie werden wertvoll oder weniger wertvoll je nachdem, ob auch der andere sie begehrt oder nicht. *Menschen ahmen einander im Begehren nach.* Im nächtlichen Spuk von Shakespeares *Sommernachtstraum* ist Hermia, Lysanders Geliebte, auch für Demetrius begehrenswert, während er von Helena, die umgekehrt ihn liebt, nichts wissen will. Als jedoch Lysander Interesse an Helena zeigt, wird diese auch für Demetrius begehrenswert und Hermia bleibt unbeachtet. Erst das Morgengrauen verscheucht den komödiantischen Spuk, in dem Shakespeare jedoch eine tiefe menschliche Wahrheit gestaltet: Wenn Kinder in ein Spielzimmer kommen, wollen alle mit genau *dem* Spielzeug spielen, nach dem zuerst eines der Kinder ausgreift. Zwar haben alle Elemente der Wirklichkeit, materielle Dinge ebenso wie Pflanzen, Tiere und Menschen, eine „Ausstrahlung", eine „übersteigende Dimension", die sie existentiell begehrenswert macht. Doch diese „Ausstrahlung" ist fluktuierend, vielfältig und oft nur latent wirksam. Erst wenn ich sehe, wie der Andere ein bestimmtes Objekt begehrt, wird meine Aufmerksamkeit für dieses Objekt geweckt, und ich werde von seiner „Ausstrahlung" erfasst. Girard nennt dies das nachahmende oder „mimetische Begehren".

Das mimetische Begehren entsteht dort, wo Menschen in einer Gruppe versammelt sind. Darwin äußerte die Vermutung, dass die Bedrohung durch Raubtiere Ursache dafür war, dass die Hominiden sich zu geselligen Tieren entwickelten.[40] Denn für diese relativ leicht erbeutbaren Lebewesen kann letztlich nur der Zusammenschluss in einer Gruppe Schutz vor Raubtieren bieten, sofern diese eine in sich geschlossene Horde als großen Gesamtkörper sehen und nicht angreifen. Ehrenreich vermutet, dass die vor allem bei Kleinkindern feststellbare Trennungsangst hier ihren entwicklungsgeschichtlichen Ursprung hat. Das teilweise hysterische Schreien der Kinder, wenn sie sich alleingelassen fühlen, könnte seinen Ursprung darin haben, dass ein Moment des Alleingelassenwerdens für den Hominiden die unmittelbare Gefahr beinhaltete, von einem Raubtier gefressen zu werden.[41]

Der Zusammenschluss zur Horde beinhaltete jedoch auch die Gefahr des mimetischen Begehrens, das den einen zum Rivalen des anderen macht. Eine Situation dieser Art entsteht beim Angriff der Raubtiere. Eine von Raubtieren – Panthern, Löwen oder Leoparden – umzingelte Gruppe schließt sich eng zusammen, wobei die jüngeren Männchen den Rand der Gruppe bilden und mit Stöcken und Steinen die Raubtiere abzuwehren versuchen. Doch die Situation ist eine ungeheuere Anspannung der Nerven für die umzingelten Hominiden. Wenn bei zu langer Belagerung die Horde nach dem Motto „Rette sich wer kann!“ auseinanderstiebt, werden ein oder mehrere besonders schwache Mitglieder der Gruppe zur Beute der Raubtiere. Sie bilden das *Opfer*, das den anderen Flucht und Rettung ermöglicht.

Wahrscheinlich ist dies der Ursprung des Sündenbockmechanismus. Der frühe Mensch hat ja oft genug gesehen, dass das Opfer des einen oder einiger das Überleben und die Rettung der anderen ermöglichte. Früh schon kann sich bei den immer intelligenter werdenden Lebewesen das Verhalten entwickelt haben, eine solche „Rettung durch Opfer“ nicht dem Zufall zu überlassen, sondern sie selbst zu organisieren. Das Raubtier als Nahrungsspender und schicksalhafter Todbringer war ja Gottessymbol für den Menschen. Ihm ein Opfer darzubringen, das den anderen das Überleben ermöglicht, ist ein nahe liegender Gedanke. Bei der Auswahl des Opfers freilich entsteht eine mimetische Krise äußersten Ausmaßes. Denn jede und jeder spürt nicht nur bei sich selbst, sondern auch beim anderen den Wunsch zu überleben, so dass sich dieser Wunsch gleichsam ins Unendliche steigert. Der Wunsch ist bei jeder und jedem so stark und elementar, dass jeder Versuch, nach rationalen Kriterien – etwa Alter und Fitness – eine Auswahl zu treffen, scheitern muss. Die „Bestimmung“ des Opfers konnte deshalb nur so geschehen, dass völlig zufällig ein Mitglied der Gruppe – vielleicht nur durch eine Äußerlichkeit wie die Haarfarbe – die Aufmerksamkeit der anderen erregte und sich daraufhin alle auf ihn als den Sündenbock stürzten. In der Irrationalität dieses Vorgangs liegt wohl der Ursprung für die Brutalität und Grausamkeit, mit der Sündenböcke verfolgt und zu Tode gebracht werden; es geschieht dies als *Mimesis* des Raubtierverhaltens. Gleichzeitig jedoch liegt hier auch der Grund für die Tatsache, dass Sündenböcke, nachdem man sie gewaltsam getötet hat, nachträglich oft zu religiösen Ehren gelangen. Girard spricht von der *Sakralisierung* des Sündenbocks. Sie werden ja, wenn auch ungewollt, zu „Märtyrern“, die den anderen das Leben retten. Gleichzeitig sind sie stellvertretend für jeden oder jede aus der Gruppe gestorben; sie haben stellvertretend deren drohenden Tod auf sich genommen.

III. Gewaltrituale in der archaischen Religiosität

Der Sündenbockmechanismus als Ursprung des Opferrituals

In seinen späteren Schriften – nicht schon in *Homo Necans*[42] – sieht der Altphilologe und Mythenforscher Walter Burkert in der Bedrohung der Hominidenhorde durch das Raubtier eine reale Situation, aus der sich wahrscheinlich die in allen archaischen Religionen vorhandenen Opferrituale entwickelt haben: „Ein Mitglied der Gruppe wird Opfer der hungrigen Fleischfresser, dann sind die anderen eine Zeitlang außer Gefahr. Zum Opfer wird am ehesten ein Fremder, ein Gebrechlicher oder ein junges Tier. Diese Situation – Verfolgung durch Raubtiere – muss in der Entwicklung der Kultur eine bedeutende Rolle gespielt haben, während der Mensch als Jäger selbst zum Raubtier wurde."[43] Da sich diese Art der „Rettung" im Leben der frühen Menschen sehr oft wiederholt hat, ist es verständlich, dass daraus ein Ritus entstand, der immer dann angewandt wird, wenn die Gemeinschaft von einer Gefahr bedroht ist oder der Gottheit für eine Errettung aus der Gefahr gedankt werden soll. Wenn Dürre und Trockenheit oder umgekehrt Sturm und Überschwemmung drohten, wenn die Vegetation im Winter erlosch und man ihr neues Erblühen sehnsüchtig und angstvoll erwartete, wenn Feinde das Land bedrohten: In all diesen Situationen wurden auf vielfältige Weise Opfer dargebracht. In archaischer Zeit waren dies auch nicht selten Menschenopfer. Der sogenannte *Pharmakos* etwa war zum Teil noch in historischer Zeit bei den Griechen eine Person, die als zum Opfer auserwählt in einer Stadt lebte und bei einer besonderen Gefährdung der Stadt entweder getötet oder vertrieben wurde. Im Alten Testament wird erzählt, dass der König von Moab, als er sah, dass er dem Angriff der Israeliten nicht mehr standhalten könne, seinen erstgeborenen Sohn, der nach ihm König werden sollte, auf der Stadtmauer als Brandopfer darbrachte, worauf die belagernden Israeliten abzogen (2 Kön 3,27).

Auf vielfältige Weise geschah die Ritualisierung des Sündenbockmechanismus zum kultischen Opfer. In seinem Hauptwerk *Das Heilige und die Gewalt* hat Girard den Sündenbockmechanismus als die Urform und das Grundmuster des religiösen Opfers aufgezeigt.[44] Auf den genaueren Charakter des Opfers soll jedoch später eingegangen werden. Hier geht es zunächst um die Frage, wie es psychologisch möglich ist, dass aus einem Sammler und Aasesser ein „Raubtier", ein Wesen, das ein – biologisch natürlich unrealistisches – Raubtierverhalten nachahmt, werden kann. Nur festzustellen, der Mensch sei von seinem Wesen her gewalttätig und aggressiv, ist eine blanke Behauptung, die keinen Erklärungswert besitzt. Um sinnvolle Methoden und menschliche Haltungen zur Eindämmung der Gewalt zu suchen, muss danach gefragt werden, woher sie kommt.

Wie schon aufgezeigt, ist, im weitesten Sinne des Wortes verstanden, das *Religiöse* die Fähigkeit des menschlichen Wesens, eine das faktisch Gegebene *übersteigende Dimension*, eine symbolische Ausstrahlung in der begegnenden Wirklichkeit wahrzunehmen und darauf zu reagieren. Die Mutter und die Mutter-Kind-Beziehung als Zentrum solcher Ausstrahlung führen, wenn sie nachgeahmt werden, zu gegenseitiger Hilfe und zu einer friedlichen Vergesellschaftung des Menschen. Aufgrund der biologischen Lebenssituation am Ursprung des Menschseins ist jedoch auch das Raubtier als Nahrungsbeschaffer und schicksalhafter Todbringer des Menschen eine symbolisch hoch besetzte Wirklichkeit, die als solche im Menschen den Wunsch weckt, sie nachzuahmen. Die Nachahmung *dieses* Symbols aber führt zu einer aggressiven Rivalität innerhalb der menschlichen Gemeinschaft, die sich durch gegenseitige Nachahmung der Rivalen schier ins Unendliche steigert, bis schließlich Aggressionen und Frustrationen an einem Sündenbock abreagiert werden, dessen Tod wenigstens für eine Zeitlang wieder Frieden und Eintracht unter den Menschen herstellt.

Der Ursprung der Gewalt liegt also in der religiösen Fähigkeit des Menschen. Innerhalb des Religiösen muss deshalb auch nach Wegen zur Überwindung der Gewalt gesucht werden. Zunächst aber gilt es genauer zu betrachten, wie Religion und Gewalt innerhalb der vielen Hunderttausenden von Jahren in der archaischen Menschheit zusammengespielt haben.

Initiation als Verwandlung zum Raubtier

Dabei muss zunächst ein Blick auf die in allen archaischen Religionen – mehr oder weniger stark – ausgeprägte *Initiation* der männlichen Jugendlichen geworfen werden. Mircea Eliade beschreibt als Grundmuster aller archaischen Initiationsprozesse dieser Art die Verwandlung des Jugendlichen in ein Raubtier. In Australien wie in Afrika und in anderen Erdteilen werden die göttlichen Wesen, die in den Initiationszeremonien wirksam sind, meistens als wilde Tiere dargestellt. In Afrika sind vor allem Löwen und Leoparden die Initiationstiere, in Südamerika Jaguare, in Ozeanien Krokodile und Meeresungeheuer. Besonders in den afrikanischen Initiationszeremonien kommt auch für Eliade deutlich zum Ausdruck, dass die Initiation auf die archaische Kultur der Jäger zurückgreift.[45] Eliade sieht dies besonders in der weltweit verbreiteten Initiationszeremonie der *Beschneidung*. Er sieht in ihr ein symbolisches Kastriert- und Getötetwerden. Die Initiationsmeister, welche die Operation ausführen, sind mit Löwen- und Leopardenfellen bekleidet und mit Tierkrallen ausgerüstet. Die Messer, mit denen sie auf die jungen Menschen losgehen, sind krallenförmig gebogen. Die Initiationsmeister werden manchmal „Löwen" genannt; sie verkörpern Gottheiten in Gestalt von Raubtieren. Die Beschneidung wird durch das Verb „töten" ausgedrückt. Nach der Beschneidung werden die Jugendlichen selbst mit Leoparden- oder Löwenfellen bekleidet und in die Gruppe der Jäger und Krieger aufgenommen. Sie haben sich dem göttlichen Wesen der in der Initiation wirkenden Raubtiergottheiten angeglichen.[46]

Das Ziel der Initiation ist der Wandel vom Beutetierstatus in den Raubtier-, Krieger- und Jägerstatus. Vor der Initiation ist der Jugendliche noch in der Sphäre und Fürsorge der Mutter beheimatet. Muttersymbol und Raubtiersymbol sind hier deutlich voneinander abgegrenzt. Der Initiationsvorgang beginnt damit, dass der Jugendliche aus dem mütterlichen Bereich herausgenommen wird. Häufig geschieht dies sehr hart und gewalttätig. Die Jugendlichen werden vom Dorf weg in den Urwald hineingeführt und in einer Initiationshütte eingeschlossen. Oft bleiben sie dort mehrere Wochen lang. Der Eingang zur Initiationshütte ist manchmal wie der geöffnete Rachen eines Raubtiers gestaltet; d.h., die Jugendlichen werden symbolisch vom Raubtier verschlungen. In der Hütte selbst werden sie harten Proben und Maßnahmen unterzogen. Sie müssen fasten, Schläge und Schmerzen verschiedener Art erdulden. Ein Beispiel ist die Beschneidung. Bei anderen Stämmen werden dem Jugendlichen Zähne ausgeschlagen. Der Einfluss der Mutter soll möglichst radikal getilgt werden. Bei manchen Stämmen bekommen die Jugendlichen neue Namen und wissen nach ihrer Initiation offiziell nicht mehr, aus welcher Familie sie ursprünglich stammen und wer ihre Mutter ist. Hermann Schulz spricht in seinem Buch *Stammesreligionen* bei den Initiationsriten von symbolischen Identitäts-Transformationen: „In diesen formen die Väter die Söhne ritualsymbolisch zu Männern um und töten die kindliche, eng mit den Müttern verwobene Identität."[47]

Auch der *Schamanismus* ist unter diesem Aspekt zu sehen. Die Initiation zum Schamanen dauert noch wesentlich länger als die gewöhnliche Initiation und beinhaltet ein Übermaß an Stress und Zerreißproben. Tagelang, oft durch Drogeneinnahme bewirkt, liegt der künftige Schamane wie tot am Boden und erfährt dabei seine Einweihung. Er wird von dämonischen, fratzenhaften Ungeheuern zerrissen, zerstückelt, gekocht. Er erleidet seine völlige Auflösung. Im zweiten Teil der Initiation wird er zu einer neuen Identität zusammengefügt. Auf seiner magisch-visionären Initiationsreise hat er alle Übel, Qualen und Krankheiten der Menschen an sich selbst erlitten und kann, von dieser Reise zurückgekehrt, nun mit diesen umgehen und sie auch bei anderen Stammesmitgliedern bekämpfen. Krankheiten und Übel sind in diesem Verständnis als gefährliche Tier-Geister gesehen, und der Schamane ist der Bändiger dieser Geister-Tierwelt, der sie durch seine Rituale in Schach hält oder vertreibt.

Natürlich wäre es falsch, archaische Religiosität nur unter diesem Gewalt- und Raubtieraspekt zu sehen. Immer ist in ihr – einmal weniger, einmal stärker – auch das Muttersymbol wirksam. Es verbindet sich auf verschiedenartige und oft sehr diffizile Weise mit der Gewaltsymbolik. Das Wirken des Schamanen, auch wenn es teilweise mit Hilfe gewaltverhafteter Rituale – etwa in Form einer Dämonenaustreibung – geschieht, steht im Ganzen doch unter dem Aspekt der Fürsorge. Schon der Zusammenschluss der Hominiden zu einer Gruppe zur Abwehr der Raubtierbedrohung ist eine Verstärkung der Muttersymbolik, auch wenn sich in dieser Gruppe die Sündenbock-Jagd als Initialzündung zur Verwandlung des Hominiden in den Raubtier-Status entwickelte. Auch wird zusammen mit der Initiation das mythische und lebenspraktische Wissen des Stammes von Generation zu Generation weitergegeben und damit die Gemeinschaft gestärkt und erhalten.

Dennoch zeigen die angeführten teilweise recht drastischen Methoden der Initiation sowie deren Grundstruktur, dass die Verwandlung des noch in die Muttersphäre eingebundenen männlichen Jugendlichen in einen Jäger- und Stammeskrieger, also die Verwandlung vom Beutetier-Status in den Raubtier-Status, eine harte und mühselige Arbeit ist, die zielstrebig angegangen werden muss. Religiös-kulturelle Vorstellungen und Techniken müssen Denk-, Gefühls- und Verhaltensmuster schaffen, die von der natürlichen Evolution her nicht im Hominiden angelegt sind und die der ebenfalls wirksamen Muttersymbolik entgegenlaufen. Nachdem diese Arbeit überall auf der Erde – bei manchen Stämmen ausgeprägter, bei anderen eher unterschwellig – seit Jahrhunderttausenden ausgeübt wurde und nachdem sich die entsprechenden Verhaltensmuster in allen Lebensbereichen und auf eine unübersehbar vielfältige Art und Weise herausgebildet haben, kann tatsächlich der Eindruck erwachsen, Gewalttätigkeit und zerstörerische Aggressivität gehörten „naturgegeben" zum Menschsein. Jetzt ist klar, dass eine Frau „erobert", eine erwünschte Situation scharf „ins Visier genommen" und „strategisch" angegangen werden muss, wobei wie im Krieg auf Gefühle kaum Rücksicht genommen werden kann. Auch dort, wo die Lebensbezüge heute nicht im Entferntesten etwas mit Religion zu tun haben, etwa in der Wirtschaft, denken, fühlen und handeln wir in ihnen doch nach Mustern, die vom Ursprung her religiös-kulturell geprägt sind. Bis in seine intimsten Träume hinein ist der Mensch ein geschichtliches Wesen.

Opfern als Gewalthandlung

Das Opfer ist neben der Bestattung das älteste als solches feststellbare religiöse Ritual. Es ist in allen archaischen Religionen zu finden und überall auf der Erde verbreitet. Seine jahrhunderttausendelange Geschichte und seine Verbreitung bei allen Völkern der Erde hat zu einer fast unübersehbaren Vielfalt der Formen, Sinngebungen und Anlässe des Opfers geführt. In archaischer Zeit ist fast jedes wichtige Ereignis im Leben der Menschen durch ein Opfer begangen und besiegelt worden. Es gibt Totenopfer bei Begräbnissen, Schwuropfer beim Abschluss von Verträgen, Dankopfer, Sühnopfer, Erstlingsopfer, Devotionsopfer und Bauopfer; der Opfermaterie nach gibt es Menschenopfer, Tieropfer und Speiseopfer. Der Opferritus kennzeichnet weltweit und jahrhunderttausendelang die archaische Religiosität.

Entsprechend dieser Vielfalt gibt es auch sehr unterschiedliche Theorien über die Funktion und die psychologische Ursache des Opfers, die zu referieren hier zu weit führen würde.[48] Wie aufgezeigt, ist nach den Analysen Girards die lynchmordartige Tötung und Auslieferung eines Sündenbocks – zuerst wohl in der Bedrohung der Hominidenhorde durch Raubtiere – die Urform des religiösen Opfers.

Für die Klärung des Verhältnisses von Religion und Gewalt ist hinsichtlich des Opferphänomens vor allem die Frage wichtig, ob in der Übereignung der Opfergabe in den Bereich des Heiligen und Transzendenten notwendig die *Zerstörung* dieser Gabe mit beinhaltet ist. In Psalm 50 sagt *Jahwe*, er nehme von Israel keine „Stiere und Böcke" – die in der frühen Religiosität häufigsten Opfertiere – an, weil ihm diese Wirklichkeiten immer schon gehören (vgl. Ps 50,9–13); und er fügt hinzu: „Bring *Elohim* als Opfer dein Lob und erfülle dem Höchsten deine Gelübde!" (Ps 50,14). Vor allem in der christlichen Theologie (die weithin den Kreuzestod Jesu noch als Sühnopfer interpretiert) ist es eine umstrittene Frage, ob Dank, Lobpreis und Bitte in sich selbst als „Opfer“ bezeichnet werden können oder ob die Destruktion einer irdischen Wirklichkeit notwendig dazugehört. Im Zusammenhang gelesen, müsste bei der Forderung: „Bring Gott als Opfer dein Lob und halte dem Höchsten deine Gelübde“, das Wort „Opfer“ in Anführungszeichen stehen. Denn mit diesem Satz grenzt der Sprecher Dank und Gelübde positiv von dem ab, was er im Vorausgehenden als „Opfer“ kritisiert hat. Dank und Bundestreue, nicht Opfer, sagt der Text, seien für dich das religiöse Ritual.

Dass der Gewaltaspekt konstitutiv zum archaischen religiösen Opfer gehört, zeigt vor allem die Auskunft der alten Sprachen. Im Hebräischen bezeichnen vor allem die Wörter *sebach* und *ola* das Opfer. Es gibt kein Wort im Hebräischen, das die vielen verschiedenen Opferformen zusammenfasst. *Sebach* und *ola* können aber zusammengenommen für das Opfergeschehen im Ganzen stehen: „*Hesed* (Liebe, Bundestreue, Barmherzigkeit) will ich, nicht *sebachim*, Gotteserkenntnis, nicht *olot* (Brandopfer)“, so fasst der Prophet Hosea seine Kritik am gesamten alttestamentlichen Opferwesen zusammen (Hos 6,6).

Das Hauptwort *sebach* ist abgeleitet von dem Tätigkeitswort *sabach*, das die Grundbedeutung von „schlachten“ hat. Der Prophet Jesaja droht dem untreuen Israel, dass *Jahwe* unter ihnen ein *sebach* abhalten werde:

> „*Jahwe* hält in Bozra ein *sebach* ab,
> ein großes Schlachtfest in Edom.
> Da fallen die Büffel und Kälber,
> die Stiere und Ochsen.
> Ihr Land wird betrunken vom Blut [...]“
> (Jes 34,7)

Beim *sebach* wird nur ein Teil des geschlachteten Tieres verbrannt, der übrige Teil dient für das gemeinsame Opfermahl. Die *ola* dagegen ist das „Brandopfer“, bei dem das gesamte Tier, einschließlich seiner Knochen „in Rauch aufgeht“. *Ola* ist das Vernichtungsopfer. Die Etymologie des Wortes *ola* ist ungeklärt. Wahrscheinlich ist die Grundbedeutung „verbrennen“.

Im Griechischen entsprechen dem *sebach* und der *ola* die Ausdrücke *thysia* und *sphagion*. *Thysia* ist das olympische Speiseopfer, bei dem das Tier getötet, teilweise verbrannt und teilweise zu einer Opfermahlzeit zubereitet wird. *Sphagion* dagegen bezeichnet das sogenannte „chthonische Vernichtungsopfer“, bei dem nichts für eine Opfermahlzeit übrig bleibt. *Thysia* ist abgeleitet von dem Tätigkeitswort *thyein*, das für „opfern“ verwendet wird, von seiner indogermanischen Sprachwurzel her aber „brausen“, (Staub) „aufwirbeln“, „erregen“, auch „anstürmen“, „wüten“, „toben“, „rasen“ bedeutet. Es ist an den aufwirbelnden Staub bei Kampf und Schlacht und an die damit verbundene Erregung zu denken. *Thyein* kann auch die Bedeutung „schlachten“, „abschlachten“, „morden“, „niedermetzeln“ annehmen. Das Wort *sphagion* ist abgeleitet von dem Tätigkeitswort *sphage*, das unmittelbar „schlachten“, „niedermetzeln“, ein gejagtes Tier „zur Strecke bringen“ bedeutet.

Im Lateinischen wird das Wort „Opfer“ durch die Ausdrücke *immolatio* und *sacrificium* bezeichnet. *Immolatio* ist abgeleitet von dem Wort *mola*, „Mühlstein“. *Immolare* heißt „zermalmen“, „töten“. *Sacrificium* ist zusammengesetzt aus den Wörtern *sacrum* und *facere*. *Sacrum* bedeutet das „Heilige“ oder auch das „Verfluchte“, *facere* heißt „machen“, „tun“, „herstellen“. Wie *artificium* die hergestellte, ins Werk gesetzte *ars* („Kunst“), also „Kunstwerk“ bedeutet, so bezeichnet *sacrificium* das hergestellte Heilige bzw. Verfluchte. Die Parallele zu *immolare*, *immolatio* zeigt dabei eindeutig, dass das Heilige durch einen Zerstörungsakt hergestellt wird.

In den germanischen Sprachen wurden die Wörter *blotan* (gotisch und angelsächsisch), *bluazan*, *blozan* (althochdeutsch) für „opfern“ verwendet. Ihre Grundbedeutung ist „verbrennen“, „vernichten“. Diese Ausdrücke wurden jedoch von den christlichen Missionaren nicht übernommen. Um *thysia* und *sacrificium* einzudeutschen, bildeten sie das Wort „Opfer“ als lateinisches Lehnwort. Es ist wahrscheinlich aus lateinisch *offere* abgeleitet, ein Wort, das „darbringen“, „darbieten“, „geben“ heißt, im Lateinischen jedoch *nicht* für „opfern“ verwendet wurde. Durch diese Neubildung haben die Wörter „Opfer“ und „opfern“ im Deutschen nicht den gewalttätigen, blutigen und zerstörerischen Klang wie in den alten Sprachen. „Opfer“ kann im Deutschen im Unterschied zu den antiken Sprachen auch die „Opfergabe“, das zu Opfernde, bedeuten. Im Lateinischen dagegen heißt „Opfer“ im Sinne von „Opfergabe“, „Opfermaterie“ *victima*, ein Wort, das mit *victoria*, „Sieg“, und *victor*, „Sieger“, zusammenhängt und also das Opfer als das besiegte und unterlegene Wesen charakterisiert.

Zusammen mit den religionsgeschichtlichen, aus Mythen und archäologischen Funden zu gewinnenden Erkenntnissen, die das Opferhandeln in archaischer Zeit als ein blutiges und zerstörerisches Tun aufzeigen, ergibt auch dieser hier nur kurz referierte sprachliche Befund,[49] dass der Gewaltaspekt ganz ursprünglich zum Opfer gehört. Dem entspricht auch sein oben dargestellter Ursprung im Sündenbockmechanismus besonders im Zusammenhang des Raubtiergeschehens. Die Niedermachung und Auslieferung des

Sündenbocks an das – als göttlich verehrte – Raubtier ist dann die älteste und ursprünglichste Form einer Opferhandlung. In dieser Handlung gleicht sich der frühe Mensch dem verehrten Raubtier an und tritt mit ihm in Kommunikation. Er erwirbt dessen Seinsstatus, den zu besitzen und zu erhalten fortan sein religiöses Anliegen darstellt. Der Mensch ist in seiner religiösen Entwicklung zum künstlichen Super-Raubtier geworden. Seine Großwildjagd ist eine Opfertötung: die Aneignung und Einverleibung der Gotteskraft. Dieser Ritus steht am Ursprung des Menschseins und prägt von diesem Ursprung her in Spuren bis heute das Verhalten und die Religiosität des Menschen.

IV. Auswirkungen der archaischen Gewaltvergöttlichung auf gesellschaftliche Strukturen und Verhaltensweisen

Blutrache und Krieg

Die Blutrache ist in der Menschheitsgeschichte wahrscheinlich der Ursprung lange andauernder Fehden und Kriege. Der Mensch lebte in dieser frühen Zeit nicht als Einzelwesen. Er war Teil einer Horde, die vor allem durch ihre weiblichen Mitglieder eine relativ enge Verwandtschaft darstellte. Außerhalb dieser Gruppe gab es für ihn in der von Raubtieren bevölkerten Umgebung keine Überlebenschance. Noch in der Neuzeit ist dieses Existenzgefühl unter den Naturvölkern bei den Mitgliedern mancher Stämme so stark ausgebildet, dass der Ausstoß aus der Gemeinschaft von ihnen als Todesurteil verstanden wird und sie auch ohne äußeren Eingriff nach relativ kurzer Zeit an depressiver Erkrankung sterben. Der durch die Tötung des Sündenbocks und durch die Großwildjagd erworbene göttliche Raubtierstatus eignet deshalb nicht dem Einzelnen, sondern der Gruppe, in der er lebt. Die in der Gruppe wirksamen großen Krieger und Jäger garantieren diesen Status für die Gruppe und haben deshalb auch ein entsprechend hohes Ansehen.

Da der göttliche Raubtierstatus – fiktiv – auch die Unsterblichkeit einschließt, ist jeder Tod, der in die Gruppe einbricht, eine Infragestellung dieses Seinsstatus. Er fordert dazu heraus, dass die Gruppenmitglieder durch ein erneutes möglichst wild-gewaltiges Tötungsverhalten diesen Status aufbauen und für die Gruppe garantieren. „Rache“ hat deshalb, wie die Rechtsgeschichte festgestellt hat, ursprünglich nicht die Bedeutung von „Vergeltung“.[50] Dass es bei der Blutrache *ursprünglich* nicht um Recht und Gerechtigkeit geht, ergibt sich aus mehreren ethnologischen Beobachtungen, die nicht unter dem Aspekt der Vergeltung und des Rechts erklärbar sind.

So wurde bei einigen Stämmen beobachtet, dass der Racheakt ursprünglich *ungerichtet* ist. Es war nicht notwendig, einen Angehörigen der Sippe des Mörders oder den Mörder selbst zu töten, sondern nur, überhaupt zu töten. „Irgendein unglücklicher Fremder, der dem Rächer zufällig in die Hände läuft, ist dazu geeignet."[51] Es ging nicht um Schuld und Vergeltung, sondern darum, dass der angegriffene „göttliche" Krieger- und Jägerstatus der Sippe neu aufgerichtet wurde. Bei vielen Stämmen wurde die Blutrache auch nicht nur durch Mord oder Totschlag ausgelöst, sondern auch dann, wenn ein Angehöriger der Sippe durch Krankheit, Unfall oder Alter starb. Für diese Gesellschaften war der Tod, wie immer er eintrat, ein Akt der Gewalt. Die im Kriegerstatus stehende Gruppe lebte in der Ideologie, sie und ihre Mitglieder seien unsterblich; es müssen deshalb magische Kräfte eines Feindes, eines Hexenmeisters oder eines bösen Geistes sein, die den Tod verursachen. So ist jeder Tod ein Angriff auf den als göttlich erachteten Seinsstatus der Gruppe, und diese musste diesen Status durch erneutes Töten wiederherstellen und dokumentieren.[52]

Vielfach galt ursprünglich auch keineswegs das sogenannte *Talionsrecht* „Auge um Auge, Zahn um Zahn", das um einen gerechten Ausgleich besorgt ist. „Wir sind stark", sagte der Angehörige einer von Rache bedrohten Sippe im Rahmen einer soziologischen Feldstudie im heutigen Nordalbanien, „töten die einen von uns, töten wir zehn von denen";[53] und im *Alten Testament* dokumentiert Lamech, der Nachkomme Kains, seinen hohen Rang, indem er sagt: „Wird Kain siebenfach gerächt, dann Lamech siebenundsiebzigfach" (Gen 4,24). Je höherrangig der Verstorbene war – gleichgültig durch welchen Tod er gestorben war –, desto stärker müssen die betroffene Sippe oder der betroffene Stamm neu ihre Tötungsgewalt demonstrieren: In Homers *Ilias* tötet Achill bei der Bestattung seines gefallenen Freundes Patroklos mit eigener Hand zwölf gefangene Trojaner und eine Unmenge von Rindern, Schafen und Ziegen; von einigen Aztekenherrschern wird erzählt, dass bei ihrem Tod und bei der Krönung des Nachfolgers eigene Kriege geführt wurden, um Gefangene zu machen, denen dann zu Hunderten das Herz aus der Brust gerissen wurde.[54] Hier geht es nicht um ausgleichende Vergeltung, sondern um die möglichst starke Festigung des eigenen als göttlich erachteten Jäger- und Kriegerstatus. Deshalb erfolgt die Blutrache-Tötung auch stets durch direkte, allen sichtbare Gewaltanwendung; die typische Tötungswaffe ist das Messer, der gebogene Dolch, der an die Reißzähne des Raubtiers erinnert. Einen anderen heimlich zu vergiften, ist keine Ausübung von Blutrache.

Völlig unverständlich im Sinne des herkömmlichen Begriffs von „Rache" erscheinen Berichte von den Trobriandinseln oder auch von westafrikanischen Stämmen, wonach eine mögliche Form der Blutrache darin besteht, dass der Rächer *sich selber* tötet.[55] Hier ist mit Händen greifbar, worum es bei der Blutrache ursprünglich ging: Der in die Sippe eingebrochene Tod muss durch eigenes Töten kompensiert werden; wer dabei getötet wird, spielt eine untergeordnete Rolle. Worauf es ankommt, ist, gewaltsam zu töten. Die Mentalität heutiger Selbstmordattentäter ist eine Regression in diese archaischen Denk- und Verhaltensmuster.

Oft entwickeln sich aus Blutrache-Konflikten größere, über mehrere Generationen hinweg andauernde Blutfehden. Bei dieser Ausweitung des Konflikts wird im Laufe der Zeit meistens nach einem unblutigen Ausgleich – etwa durch Zahlung eines *Wergeldes* – gesucht. In geschichtlicher Zeit werden Kriege meistens dadurch ausgelöst, dass ein Herrscher seinen Machtanspruch ausweiten will und auf Eroberung auszieht. Dabei stößt er das eroberte Volk zurück in den Beutetierstatus. Die unterworfenen Menschen werden versklavt, bilden so aber eine ständige Quelle möglichen Aufruhrs, der wiederum brutal niedergeschlagen werden muss. Einmal begonnen, entwickelt jeder Krieg bei Siegern wie Besiegten eine eigene, nur noch schwer aufzuhaltende Dynamik der Gewalt. In der blutigen Schlacht, im Sturmangriff, im vernichtenden Bombardement der Städte entwickelt sich ein Tötungs- und Vernichtungsrausch, der den Krieger und Soldaten erst zu seinem Tun befähigt. In diesem Vernichtungsrausch ereignet sich die jahrhunderttausendealte Verwandlung des Menschen aus dem Beutetier- in den göttlichen Raubtierstatus, der Unsterblichkeit suggeriert. In der Schlacht und im Sturmangriff „sterben“ die Soldaten nicht; sie „fallen“. Nach germanischer Mythologie werden sie, Sieger wie Besiegte, direkt vom Schlachtfeld weg von den Walküren nach Wallhall getragen, wo sie am Festmahl der Götter teilnehmen. Nur durch diesen letztlich religiös begründeten Tötungsrausch funktioniert der Krieg.

Egalitäre Gesellschaften

In der gewaltsamen Tötung des Opfers, das zur Rettung der Gruppe dem Raubtier vorgeworfen wurde, wurde die Gruppe als Ganzes zum Raubtier. Durch die Opferhandlung erwarb sie den Jäger- und Raubtierstatus. Im Beutetierstatus befand sich dagegen das ausgewählte Opfer, das dem Raubtier vorgeworfen wurde. Dieses aber wurde nach seinem Tod (als stellvertretend für alle anderen gestorben) sakralisiert und zum göttlichen Retter hochstilisiert. Auch später, als der neu gewonnene göttliche Status in der Großwildjagd, in der Blutrache-Tötung und im Krieg aufgebaut, erhalten und gefestigt wurde, eignete dieser Status der Gruppe als Ganzem. Es gab noch nicht das von der Gruppe losgelöste Individuum. Der Einzelne war das, was er für die Gruppe und in der Gruppe war. Zwar hatte der todgewaltige Jäger und Krieger das höchste Ansehen. Bei in der Gruppe zu treffenden Entscheidungen fiel seine Stimme besonders ins Gewicht. Frauen und Kinder, die bei Jagd, Blutrache und Krieg im Hintergrund standen, dabei aber notwendige und wichtige Hilfsfunktionen ausübten, bezogen von der Muttersymbolik her ebenfalls einen göttlichen Status, der allerdings im Rasen des männlichen Vernichtungsrausches oft unterdrückt und hintangestellt wurde.

Insgesamt aber gibt es bei Völkerstämmen, die noch als Sammler und Jäger leben, innerhalb des Stammes keine Klassenunterschiede. Diese Gesellschaften sind egalitär. Dies änderte sich erst mit der Sesshaftwerdung vor etwa zehn- bis zwölftausend Jahren, vor allem aber mit der späteren Gründung von Großreichen.

Nach der „Urrebellion" (Ehrenreich) des frühmenschlichen Beutetiers gegenüber dem Raubtier und der Erringung des Raubtierstatus bestand die zweite menschheitsgeschichtliche Revolution im Übergang vom Nomadendasein zur Sesshaftwerdung. Gewiss spielten dabei Klimaänderungen und Beobachtungen des Pflanzenwachstums auf vormals verlassenen und später wieder aufgesuchten Lagerplätzen eine bedeutende Rolle. Doch die Frage, wie dieser gravierende Wandel der Lebensweise *von innen her*, gewissermaßen „psychologisch", möglich wurde, ist damit nicht geklärt. Sofern der Mensch von innen her aus seiner Symbolerfahrung lebt, ereignete sich in der Sesshaftwerdung ein Vordringen des Muttersymbols gegenüber der Raubtiersymbolik. Die früheste Kultur nach der Sesshaftwerdung war eine ausgesprochene Bestattungskultur. Im Mittelpunkt standen die Toten, denen mit riesigen Steinen (*Megalithen*) monumentale Grabmäler errichtet wurden. Bekannt sind *Stonehenge* in England und die sehr frühe Stadtkultur von *Catal Hüyük* in Anatolien, wo die Skelette Verstorbener teilweise unter den Schlafplattformen begraben wurden, die Menschen also gleichsam auf den Gräbern ihrer Ahnen schliefen. Sich nicht mehr von diesen Gräbern der Vorfahren lösen und weiterziehen zu müssen, sondern bei ihnen bleiben und wohnen zu können, war eine starke innere Motivation zur Sesshaftwerdung. Das aus der Muttersymbolik entspringende Beziehungserleben stand also im Mittelpunkt.

Außerdem war eine innere Voraussetzung für die Sesshaftwerdung des Menschen sein Vertrauen auf die Kräfte des Wachstums und der periodischen Erneuerung des Wildgetreides und anderer Pflanzen, von denen die Sammlerinnen und Sammler ihre Nahrung bezogen. Die Frau und Mutter in ihrer Fähigkeit, neues Leben in ihrem Leib wachsen zu lassen und zu gebären, symbolisierte auch diese Kräfte der Vegetation. In diesem tiefgreifenden Übergang der Lebensweise des Menschen hat das Muttersymbol eine entscheidende Wirksamkeit entfaltet. Tatsächlich bestätigen die Funde, dass in den Pflanzer- und Bauernkulturen die Muttergottheit im Zentrum des religiösen Kults stand. Der seine Äste schützend ausbreitende große Baum, das an der Quelle aus der Erde hervorsprudelnde Wasser, Seen und Teiche sowie die fruchtbare Erde und ihre Höhlen symbolisierten die Große Mutter. Wahrscheinlich haben die erstmals von J. J. BACHOFEN anhand historischer Quellen und Mythen beschriebenen sowie die von der gegenwärtigen Feminismusforschung anhand ethnologischen Materials in allen Teilen der Erde teilweise sehr detailliert dargestellten matriarchal geprägten Gesellschaften hier ihren Ursprung.[56] In diesen Gesellschaften war das Erbrecht durch die Mutter definiert und die Männer zogen bei der Eheschließung in den von der Mutter bestimmten Clan ein. Die Jagd spielte nur noch eine untergeordnete Rolle. Vor Raubtieren und räuberischen Überfällen schützte man sich durch die Art des Häuserbaus – in *Catal Hüyük* konnte man die Häuser nur über eine Leiter vom Dach aus betreten – sowie durch starke Stadtmauern (etwa in Jericho oder in Uruk).

Wie der Grundriss der Häuser und die gefundenen Grabbeigaben zeigen, gab es anfangs auch in diesen Gesellschaften keine größeren sozialen Unterschiede. Diese entstanden erst durch die Entwicklung größerer Siedlungen, durch die Entstehung von Tochtersiedlungen sowie durch die aufkommende Arbeitsteilung in Bauern, Hirten, Handwerker und Händler. Diese allmählich herauswachsenden sozialen Unterschiede bedingten aber nicht Unterschiede des Seinsstatus, wie sie in der Antike zwischen Freien und Sklaven, in Indien zwischen den Angehörigen einer Kaste und den Kastenlosen bestanden. Auch der Angehörige einer relativ niederen sozialen Schicht – etwa der Bauer – war nicht statusmäßig vom handwerklichen Spezialisten (etwa in der Metallgewinnung) oder von den führenden Familien unterschieden. Niemand befand sich im Beutetierstatus.

Versklavung

Unterschiede dieser Art entstanden durch Blutrache und Krieg. Auch die sesshaft werdenden Sippen gaben ja durch die Sesshaftwerdung ihren als göttlich erachteten Jäger- und Kriegerstatus nicht auf. Zwar lebten und dokumentierten sie diesen Status nicht mehr durch Ausübung der Großwildjagd, durch den Kampf gegen Raubtiere und durch Krieg. Stattdessen entwickelten sie jedoch einen ausgeprägten, teilweise exzessiven Opferkult, der auch das Menschenopfer einschloss. Bei der Aussaat und Ernte des Getreides, beim Wechsel der Jahreszeiten, bei der Ausführung größerer Bauten, bei drohender Dürre und Trockenheit und ähnlichen Bedrohungen wurden öffentlich blutige Opfer dargebracht, durch die einerseits die Gottheit versöhnt und ihre Drohung abgewendet werden sollte, durch die sie jedoch andererseits auch dokumentierten, dass sie selbst über göttliche Tötungsgewalt verfügten und sich im Opfermahl mit der beschenkten Gottheit gemeinsam an einen Tisch setzen konnten.

Die ursprünglich im Raubtier symbolisierte Gottheit verändert in dieser Phase der Menschheitsgeschichte zwar ihre Symbolik, aber nicht ihren Charakter. Das Raubtier war ursprünglich gleichzeitig lebensnotwendiger Nahrungsspender und schicksalhafter Todbringer. Jetzt übernimmt der *Himmel* diese Funktion. Von ihm her kommen der fruchtbare Regen und der die Pflanzen zum Aufblühen bringende Sonnenschein. Die Menschen leben von seiner Güte. Von ihm her kommen aber auch immer wieder die verheerenden Unwetter und Stürme sowie die mitleidlos alles versengende Hitze, Dürre und Trockenheit, in der die Menschen dem Hungertod ausgeliefert waren. An die Stelle der Raubtiergottheit trat deshalb in den sesshaft gewordenen Bauern- und Hirtenkulturen der Himmelsgott, von dem alles Leben abhing.

Doch auch dieser wurde – neben seiner Güte – als willkürlich und oft mitleidlos gewalttätig erfahren. Deshalb geschah auch die Nachahmung dieser Gottheit und der Versuch, sie – nunmehr magisch – zu manipulieren durch ein gewalttätiges Opferhandeln: In einer Art „zuvorkommenden Gehorsams" lieferte man ihr freiwillig aus, was sie sich sonst auf furchtbare Weise in weitaus größerer Zahl selber holte: Kinder und Lebenskraft. Vor allem James G. Frazer bringt in seinen materialreichen ethnologischen Studien eine Fülle von Belegen aus der ganzen Welt, besonders aber aus dem Vorderen Orient, dass bei Aussaat und Ernte oft sehr grausame Menschenopfer, insbesondere Kinderopfer, dargebracht wurden.[57] Auch die Hinrichtungsart der Kreuzigung ist ursprünglich aus einem solchen Ritus entstanden.[58] Der Opferkult ist in dieser Phase der Menschheitsgeschichte so ausgeprägt, dass einige Forscher – darunter auch A. E. Jensen – die Meinung vertreten, diese Art von Religiosität habe sich erst in Pflanzer- und Ackerbaukulturen entwickelt. Sie übersehen dabei jedoch den kultischen Charakter der Großwildjagd, der vor allem durch die eiszeitlichen Höhlenmalereien und durch die Bärenkulte belegt ist. Beim Opfern der sesshaft gewordenen Pflanzer wie bei der Großwildjagd geht es darum, die als göttlich erachtete Tötungsgewalt auszuleben und in ihrer Ausübung einen göttlichen Seinsstatus aufzurichten. Beides sind Opferhandlungen.

Eine besondere Infragestellung des „göttlichen" Krieger- und Jägerstatus ist der Krieg. Sippen, Stämme und Völker, die gegeneinander Krieg führen, bewegen sich beide in diesem als göttlich erachteten Seinsstatus. Im gegenseitigen Töten und Getötetwerden richten beide Kriegsparteien diesen Status auf. Der in der Schlacht *Fallende* – man sagt dazu bezeichnenderweise nicht der „Sterbende" – erwirbt diesen Status ebenso wie der Sieger. Wurden in der Schlacht Menschen nicht sofort getötet, sondern gefangen genommen, wurden sie ursprünglich anschließend den Göttern geopfert und konnten auf diese Weise ihren Status erhalten. Als man jedoch anfing, Kriegsgefangene nicht mehr zu töten, sondern sie mit Frau und Kindern für sich arbeiten zu lassen, war auf diese Weise der Stand des Sklaven und Leibeigenen geschaffen: der im Beutetierstatus lebende Mensch.

Menschheitsgeschichtlich geschah dies vor allem in der sogenannten „Steppenvölkerinvasion".[59] Im Laufe der Jahrtausende hatten sich die Hirten als Viehzüchter von den matriarchalen Bauernkulturen abgetrennt und bildeten eigene Völkerstämme. Da sie mit ihren Herden ständig auf der Suche nach günstigen Weideplätzen waren, nahmen sie die nomadisierende Lebensweise wieder auf. Sie mussten ihre Herde auch ständig gegen Raubtiere und räuberische Sippen verteidigen. Ihr Jäger- und Kriegerstatus war deshalb stets aktuell. Als Viehzüchter lernten sie außerdem auf breiter Basis, dass bei Säugetieren und Menschen neues Leben durch Zeugung entsteht; sie lernten die Rolle des Mannes in der Entstehung neuen menschlichen Lebens kennen. Da auch das Töten beim Menschen eine „sexuell-aggressive Rangdemonstration" (Eibl-Eibesfeldt) ist, wurde der „Rang" dieser Hirtenkrieger, ihr als göttlich erachteter Seinsstatus, gleichzeitig durch sexuelle Zeugung und durch Gewaltanwendung erworben und demonstriert. Die in Kriegen auch heute noch immer wieder vorkommenden Vergewaltigungen haben hier ihre menschheitsgeschichtliche Wurzel.

Die Raubtiersymbolik gewann in diesen Hirtenstämmen wieder die Oberhand und es entwickelte sich in ihnen ein strenges und oftmals auch sehr gewalttätiges Patriarchat. Vom Weideland der Steppen kommend, fielen sie in die mutterrechtlich organisierten Pflanzer- und Bauernkulturen ein und eroberten sie. Dabei töteten sie die Besiegten nicht – zumindest nicht generell –, sondern zwangen sie, die für sie ungewohnte körperlich schwere Bauernarbeit weiter zu verrichten und die Erträge an sie abzuliefern. Auf diese Weise entstand der versklavte, im nördlichen Europa „leibeigene" Bauer, der im Gegensatz zum kriegerischen Eroberer, dem freiem Adeligen, im Beutetierstatus lebte. Am härtesten verlief dieser Prozess in Indien, wo die unterworfene Urbevölkerung zu den kastenlosen *Parias*, den

„Unberührbaren", degradiert wurde. Dort jedoch, wo später Bauern auch zum Kriegsdienst herangezogen wurden – im antiken Griechenland und Rom sowie im deutschen Rittertum –, gewannen sie ihren göttlichen Kriegerstatus zurück; es entstanden im Altertum die Hopliten und im Mittelalter der niedere Adel.

B.
Geschichtliche Befreiungsimpulse

Das Wirken der gewaltfreien Gottessymbolik

Wenn auch als *homo erectus* vor etwa 1,7 Millionen Jahren zu einem mit Lanze, Speer und Faustkeil bewehrten künstlichen Super-Raubtier geworden, hat der Mensch doch seine noch früheren, in der Mutter-Kind-Beziehung begründeten Ursprünge niemals und an keinem Ort der Erde völlig vergessen. Immer und überall ist in der Menschheitsgeschichte eine zwar leise, aber doch kraftvolle Faszination auch anderer Art am Werk als die Gewaltsymbolik sie ausstrahlt. Unablässig wirkt diese Macht im religiösen wie im profanen Raum und in der religiösen Phantasie und zielt hin auf eine Reduzierung der Gewalt und des Schreckens.

Selbst in der gewaltverhafteten, durch exzessive Menschenopfer geprägten Gesellschaft der Azteken ist deutlich die Sehnsucht, ja das konkrete Bemühen greifbar, hinter die nur mit Opfer und Schrecken zu besänftigenden Gottheiten zurückzugehen, um zu einem gewaltfreien Raum des Lebens vorzudringen. So ist der Reformversuch des Herrschers *Nezalhualcoyotl* (1431–1472) dokumentiert, der alle Gottheiten, die Opfer fordern, als Dämonen bezeichnete. Diesen stellte er den immer auch im Volk (ohne Opfer) verehrten fernen Hochgott *Ipalnemoa* als den einzig wahren Gott gegenüber als den einen Gott und Schöpfer aller Dinge, der im Gebet sowohl als Vater wie auch als Mutter angerufen wird und keines Opfers bedarf.

Überall in den Völkern und Religionen gibt es die Sehnsucht nach dem kommenden Friedensfürsten, die korrespondiert mit der Erinnerung an eine friedliche Vorzeit, ein goldenes Zeitalter, ein Paradies. Gerade wenn gewalthafte Strukturen das Leben prägen und einschnüren, wachen diese Kräfte, Erinnerungen, Hoffnungen und Sehnsüchte auf. 1973, als die Welt noch in zwei ungeheuere Machtblöcke gespalten war, die mit ihrem angehäuften Vernichtungspotenzial die Menschheit mehrfach vernichten konnten, versammelten sich die Angehörigen aller Religionen und Nationen, vom indianischen Schamanen über den Dalai-Lama bis hin zum römischen Papst in Assisi, um dort auf je ihre Weise um den einen Frieden für alle zu beten: ein sinnfälliges Zeichen des Wirkens der Muttersymbolik. So ist es wohl auch zu erklären, dass sich im Zeitraum von 800–200 v. Chr., als überall auf der Welt härteste patriarchale Gewaltstrukturen die zaghaft in der Zeit der Sesshaftwerdung auftauchenden matriarchalen Traditionen scheinbar endgültig zugeschüttet und zum Vergessen gebracht hatten, aus diesem Patriarchat selbst heraus diese alten Kräfte neu sich regten und in den verschiedensten Kulturen unabhängig voneinander an einem neuen gewaltfreien Denken, Fühlen und Leben arbeiteten.

Die denkerische Suchbewegung des Menschen dieser Zeit geht unabhängig voneinander überall in den betroffenen Hochkulturen in diese Richtung. Bei Konfuzius, Laotse, Buddha sowie bei den griechischen Philosophen und Tragödiendichtern tritt dabei die Gottesfrage in den Hintergrund. Gott ist ja in ihrer Welt und Zeit der blutige Opfer fordernde Gott der Gewalt, den zu verlassen ihr Denken und Handeln bemüht ist. Dennoch ist es geschichtlich gesehen falsch, diese geistigen Aufbrüche der Menschheitsgeschichte als „bloßen Humanismus“ und als „Philosophie“ dem religiösen Denken gegenüberzustellen. Es ist zwar ein *anderes*, aber ebenfalls genuin religiöses Denken, gespeist von einer *anderen* Symbolerfahrung als der des Stier- und Raubtiergottes. Wie schon erwähnt, haben alle fünf großen Weltreligionen, deren Gewaltpotenzial zu untersuchen ist, ihren Ursprung in diesen geistigen Aufbrüchen. Das gilt sowohl für die in Indien und China aufbrechenden *fern*östlichen Traditionen, die sich im Hinduismus und Buddhismus als Weltreligionen auskristallisieren, als auch für die *nah*östliche Tradition, die in die monotheistischen Abrahamreligionen Judentum, Christentum und Islam mündet. Alle diese Religionen sind Kinder jener neuen humanistisch-ethisch geprägten Impulse, wie sie unabhängig voneinander in den Hochkulturen der Erde um die Mitte des ersten Jahrtausends vor Beginn der christlichen Zeitrechnung aufbrechen. Karl Jaspers sieht in dieser Zeit den „tiefsten Einschnitt“ der Menschheitsgeschichte.[60] Er nennt sie „Achsenzeit“. In ihr, sagt er, „wurden die Grundkategorien hervorgebracht, in denen wir bis heute denken, und es wurden die Ansätze der Weltreligionen geschaffen, aus denen die Menschen bis heute leben“[61].

Im Folgenden soll die Geschichte dieser geistigen Aufbrüche verfolgt werden. Abgesehen vom Konfuzianismus und Taoismus, die heute keine Weltreligionen mehr darstellen, sowie vom geistigen Aufbruch in der griechischen Antike, ist dies gleichzeitig die Geschichte der Entstehung der heutigen fünf großen Weltreligionen; diese sollen dann im letzten Teil der Studie als Phänomene betrachtet und auf das in ihnen noch enthaltene archaische Gewaltpotenzial hin befragt werden.

I. Der geistige Aufbruch in Indien und Persien: *Ahimsa* (Parsva, Jain, Buddha, Zarathustra)

Die Upanishaden und das vor-buddhistische Asketentum

In den sog. Upanishaden, einer Literatur, die sich zuerst als Geheimlehre von den vedischen Büchern absetzte, dann aber von den Brahmanen als Anschlussliteratur an die Veden vereinnahmt wurde, wird der Urmensch *Purusha*, aus dessen Opfertötung und Zerstückelung nach einem alten Mythos die Welt entsteht, als der *innere* Mensch gedeutet. Damit vollzieht sich die für das nach-vedische indische Denken kennzeichnende Bewegung nach innen. Die innere Welt, das im Menschen wirkende *geistige* Sein und Leben, beinhaltet die eigentliche reale Welt. Alles Materielle, alles was die ausgreifende Hand fassen kann, ist diesem eigentlichen Sein gegenüber nur *Maya*, äußerer Schein. In den Upanishaden beschreitet der indische Mensch den Weg nach innen. *Upanishad* heißt dem Wort nach „sich danebensetzen". Nicht die große, in Kampf- und Opferrausch sich aufrichtende und den Menschen über seine irdische Begrenztheit hinausführende Gewalthandlung, sondern das ruhige gesammelte Sitzen neben dem Meister und das in sich versunkene Hören auf dessen Worte vermitteln dem Menschen einen göttlichen Seinsstatus.

In der Versenkung, deren Praxis die Yoga-Lehre reflektiert, kann der einzelne Mensch seine Einswerdung mit dem geistigen Sein des Universums (wie es *Purusha* als innerer Mensch darstellt) erfahren. Das *atman*, die Motivation, den Wind und Atem, die Seele, die mich als Einzelnen bewegt, erfahre ich in der Erleuchtung als eins mit dem *brahman*, der geistigen Seele, der inneren Bewegtheit, aus der das Universum entsteht. *Tat tvam asi*, „das bist du selbst", die Einheit von individuellem *atman* und universalem *brahman*, ist das „große Wort", das nach Friedrich Heiler als „Losungswort" über der ganzen Geistesgeschichte Indiens steht.[62] Es artikuliert die Befreiung des Menschen aus dem durch heilige Gewalt gestifteten Seinsstatus.

Dieses mystisch-asketische Denken, das den achsenzeitlichen Aufbruch in Indien kennzeichnet, entwickelte sich aus dem Brahmanentum. Der Brahmane war seinem Wesen nach Opferpriester. Seine Machtstellung entsprang seiner – anderen Menschen nicht zugänglichen – Kenntnis des richtigen Opferrituals. Opfern aber ist von seinem inneren Wesen her die „Herstellung“ heiliger Gewalt (vgl. lat. *sacrificium* aus *sacrum facere*). Der alternde Brahmane verfügt nicht mehr über die kämpferische Kraft und Vitalität zu diesem Tun. Er ist für diesen Dienst ungeeignet. Alt werdend zieht er sich deshalb zuerst in die Waldeinsamkeit zurück und verrichtet nur noch wenige Opferrituale. Dann, wenn er spürt, dass seine Lebenskraft versiegt, gibt er auch seine Waldheimat auf, vollzieht keinerlei Ritus mehr, sondern zieht nur noch als um Almosen bettelnder Wanderasket durch das Land. Diese Lebens- und Seinsweise ist eine gleichsam von der sterblichen Natur des Menschen erzwungene Abkehr von der archaischen Religiosität der Gewalt.

Der *bewusste* geistige Aufbruch in der Achsenzeit bestand jedoch darin, dass Männer, die mitten in der Kraft ihres Lebens standen, ebenfalls diese Lebensform wählten. Erst in diesem Schritt liegt eine nicht bloß von der Natur erzwungene, sondern aus innerer Einsicht vollzogene Abkehr von der archaischen Religiosität. Es waren bezeichnenderweise nicht Brahmanen, sondern Angehörige der Kriegerkaste, Königs- und Fürstensöhne, fähig und dazu auserwählt, ein Indra gleiches Leben zu führen, die das Sinnlose dieses durch Gewalt gestifteten Seinsstatus erkannten und vom Kämpfer und Opferherrn zum bedürfnislosen bettelnden Wanderasketen wurden. Parsva, der erste namentlich bekannte Fürstensohn, der mit 30 Jahren diesen Weg ging, lebte im 8. Jahrhundert v.Chr., also genau zu Beginn jenes Zeitraums, den Karl Jaspers die „Achsenzeit“ nennt. Er gründete den Orden der *nirgrantha*, der „Fessellosen“, d.h. die Gemeinschaft derer, die sich aus dem Kreislauf eines Lebens, das durch Gewaltstrukturen gekennzeichnet ist, herauslösen und dadurch frei werden von den Banden des *karma*, der Unheilsmacht, die der Mensch durch das gewalttätige Verletzen und Töten anderer Lebewesen ansammelt und durch die er in den leidvollen Geburtenkreislauf eingebunden ist.

Der Weg, der zu dieser Freiheit führt, ist von seinem Grundgedanken her einfach, er lautet: *ahimsa*. Das Wort bezeichnet das genaue Gegenteil dessen, was der Mensch in der Opferhandlung sowie in der Jagd und im Krieg vollzieht, nämlich das *Nicht*-Töten und *Nicht*-Verletzen eines Lebewesens, also absolute Gewaltlosigkeit. Damit verbunden ist die Absage an Sexualität und Besitz, denn um beides, um den Geschlechtspartner wie um das Hab und Gut, muss der Mensch kämpfen und mit anderen rivalisieren, bereit, sie in diesem Kampf zu verletzen. Hinzu kommt als grundlegende Forderung die wahrhaftige, sich schlicht an das Gegebene haltende Rede, die von ihrem Wesen her die Beleidigung und Verletzung eines anderen ausschließt. Auf diesem Weg findet der Mensch zur Einheit seines Selbst mit dem Ganzen des Universums und damit zur Erlösung.

Jain, der 250 Jahre später, im 6. Jahrhundert v. Chr., also etwa zur gleichen Zeit wie Buddha lebte, radikalisierte den Weg des Parsva. Er verwarf sogar das Mönchsgewand als letztes Eigentum und wanderte als *dig-ambara*, als „Luftgekleideter", nackt durch das Land. Er trug, wie heute noch strenge Jaina-Mönche, eine Binde vor dem Mund, um nicht versehentlich ein Insekt zu verschlucken, und kehrte mit einem Besen jeden Schritt des Weges ab, auf dem er ging, um nicht ein kleines Tierchen zu zertreten; aus demselben Grund seihte er das Wasser, das er trank, vorher ab. Ausdrücklich verwarf er die vedischen Opferriten und erlaubte seinen Anhängern nur die Verehrung der Bilder heiliger, im Lotossitz der Meditation versunkener Mönche. Im Alter von 72 Jahren verzichtet er darauf, bettelnd seine Hand nach Gaben auszustrecken, und starb einen freiwilligen Hungertod.

Für uns Abendländer verdunkelt sich hier der sonst so plausible Weg des *ahimsa*. Denn, so sind wir gedrängt zu fragen, ist dieses Ende nicht einerseits zwar durchaus konsequent, ist es nicht Ausdruck eines letzten Gewaltverzichts, auch auf die bettelnd ausgestreckte Hand zu verzichten, aber ist es andererseits nicht auch Gewalt gegen sich selbst, den freiwilligen Hungertod zu sterben? Jain, von Haus aus Angehöriger der Kriegerkaste, ging den Weg des Nicht-Verletzens und Nicht-Tötens in militärischer Strenge und Disziplin zu Ende. So sind seine Namen auch *Mahavira*, „großer Held", und *Jina*, „Sieger". Ist sein Tod ein siegreiches *Selbstopfer*?

Dass Askese tatsächlich auch gewalthafte Züge annehmen kann, zeigen masochistisch-exhibitionistische Auswüchse, wie sie nicht selten von indischen Wanderasketen der vorbuddhistischen Zeit berichtet werden. In einigen Legenden wird erzählt, dass solche Asketen mehrere Tage lang bis zur Hüfte in kaltem Wasser standen; von anderen, den sogenannten „Fledermausasketen", heißt es, dass sie stundenlang im Kniehang mit dem Kopf nach unten an einem Baum hingen. Einige standen, so sagt die Legende, ständig auf einem Bein, sodass sich Schlingpflanzen an ihnen emporrankten; auf verschiedenen Reliefs sind Asketen in dieser Stellung dargestellt. Hier wird Askese als Gewalt gegen sich selbst zu einer masochistisch-aggressiven Rangdemonstration; wieder wird das Bedeutende, das „Heilige", durch Gewalt gestiftet.

Buddha und der „mittlere Weg"

Immer, wenn in einem geistigen Aufbruch die bisher geltenden religiösen Grundlagen infrage gestellt werden, treten auch Menschen auf, die überhaupt *jede* übersteigende Dimension für Illusion und Irrtum erklären. So gab es damals auch in Indien wie etwa zur selben Zeit in Griechenland religiöse Skeptiker und „Materialisten". Sie betrachteten die vedischen Opferriten als leeren Ritualismus, durch den sich der Stand der Brahmanen seine Machtstellung und seine reichlichen Einkünfte sicherte. Mit der Erkenntnis, dass das im Opfer vergegenwärtigte Göttliche Gewalt und Betrug war, verwarfen sie *überhaupt* die Möglichkeit eines göttlichen, durch Symbole wahrnehmbaren Seins und Lebens. Man nannte diese Gruppe deshalb *nastika*, „Negierer", also Menschen, die eine höhere, symbolisch erfassbare Wirklichkeit, eine übersteigende Dimension des gegenständlich Gegebenen, verneinten. Selbst nannten sich diese Skeptiker *lokayata*, d.h. „die der Welt Zugewandten". Dieser Name ist Ausdruck ihrer Vorstellung, dass nur das unmittelbar sinnlich Gegebene existiert. Jenseits, Gott, Erlösung, Seele, sittliche Seinsordnung waren für sie Illusion. Sie lebten einzig in der Welt der Sinne. Zwar räumten sie ähnlich wie die Asketen ein, dass dem sinnlichen Genuss und der sinnlichen Freude immer auch Schmerz beigemischt ist, doch deshalb beides aufzugeben und bedürfnislos zu werden, bedeutete für sie, das Kind mit dem Bade auszuschütten: „Wirft man etwa das Reiskorn weg, weil es von der Spelze umschlossen ist?"[63] Ähnlich wie auf verfeinerte Weise Epikur und in gröberer Art die griechischen Hedonisten, suchten sie das Leben soweit wie möglich auszukosten. Dabei waren sie aber keine unsozialen Menschen, sondern fügten sich in die Stadt- und Dorfgemeinschaft ein.

Buddha, der „Erleuchtete", mit bürgerlichem Namen Gautama Siddharta, war wie Parsva und Jain ein Fürstensohn und trat aus diesem Milieu hervor. Aus den Legenden, die Buddhas Geburt und Jugend und seinen Aufbruch zum asketischen Leben umgeben, lässt sich erschließen, dass er den oben beschriebenen *lokayatas* nahe stand. Nach der bekannten Jugendlegende führte er mit der Königstochter Gopa ein Leben in Freude und Reichtum, bis er durch die Begegnung mit dem Alter, mit der Krankheit und mit dem Tod, die das auch ihm unausweichliche Schicksal sichtbar machte, innerlich erschüttert wurde und er sich dem Leben des Bettelmönchs zuwandte, der ohne Leidenschaft, Gier und Hass nach der inneren Ruhe der Seele und nach übergreifender Erkenntnis strebt. So verließ er nach der Legende seine Eltern, seine Paläste, seine Gattin und sein kleines Kind und zog aus der Heimat in die Heimatlosigkeit des Asketentums. Der Auszug aus der Heimat in die Heimatlosigkeit ist ein Grundmotiv der buddhistischen Existenz. Nachdem die Unterweisung in der Geheimlehre der Upanishaden und die konzentrierte Versenkung in der Yoga-Meditation ihm nicht die ersehnte Erlösung brachten, ging er mehrere Jahre lang den Weg der strengen, selbstquälerischen Askese.

Doch Buddha erkannte die radikale Askese als Gewalt gegen sich selbst, und unbekümmert um die Enttäuschung, Empörung und den Zorn seiner Bewunderer brach er seine extreme Askese ab, nahm wieder ausreichend Nahrung zu sich, pflegte und kleidete sich und gab sich, der Legende nach im Wald von Uruvela, der ruhigen, in sich selbst verweilenden, alle Gedanken sammelnden Versenkung hin. Nachdem er vier Versenkungsstufen durchlaufen hatte, kam die *bodhi*, die „Erleuchtung", die große Erkenntnis, die völlige Klarheit des Geistes, über ihn. Er erkannte die Ursache für das leidverhaftete menschliche Dasein, das sich durch die Wiedergeburt ins Unendliche ausdehnte, und fand den Weg, der von dieser Ursache des leidverhafteten Lebens befreit und zur Erlösung, zum Frieden, zum *nirwana* führt.

Auch über Buddhas Weg steht grundlegend das *ahimsa*. Der achtfache Pfad, der zum Verlöschen des Lebensdurstes und damit zur Aufhebung der Leidenschaften und des Leidens führt, beginnt zwar mit der Erkenntnis der „Vier Edlen Wahrheiten" über die Ursache und die Bedingungen des Leidens, doch dann folgt unmittelbar als erster der praktisch einzuschlagenden Wege der „rechte Entschluss", der in der Entscheidung besteht, *ahimsa* zu üben, d.h. kein lebendiges Wesen zu verletzen, zu schädigen oder gar zu töten. Die Abwendung von der Gewalt steht vom Ursprung her im Zentrum buddhistischer Lebensweise.

Die Ethisierung der indo-iranischen Religion durch Zarathustra

Die auf Zarathustra zurückgehende altiranische Religion ist heute keine Weltreligion. Sie war aber im Altertum weit verbreitet und beeinflusste sowohl die griechische Antike als auch die jüdisch-christliche Tradition. In diesem Sinne gehört sie wesentlich zur achsenzeitlichen Vorgeschichte der heutigen großen Weltreligionen. Ihre Entstehungszeit ist umstritten. Lange Zeit wurde das sechste Jahrhundert v.Chr. angenommen (also die Zeit, in der auch der Buddhismus entstand), in den letzten Jahren nehmen jedoch die meisten Forscher eine wesentlich frühere Zeit an, etwa 1200 v.Chr., also die Zeit, in der auch die Veden entstanden sind.

Die Grundelemente der in den Veden aufgezeichneten Religion finden sich auch in der altiranischen Religion vor dem Auftreten Zarathustras. Auch hier wurde der große Sturm-, Gewitter- und Kampfesgott Indra verehrt. Er war auch hier der Sieger über den Wolkendrachen und der große Soma-Trinker. Auch andere Götternamen und opferkultische Bezeichnungen gleichen, wenn auch mit geringfügigen sprachlichen Verschiebungen, denen der Veden. Dies gilt vor allem für den Gott der Vertragstreue, vedisch *Mitra*, altiranisch *Mithra*, und für den alten Himmelsgott, vedisch *Varuna*, altiranisch *Uruwna*, der in den Veden gleichermaßen die himmlische Ordnung aufrechterhält und für die ordnungsgemäße Durchführung der Opferriten sorgt. Das Erste wird ja durch das Zweite gewährleistet. Beide Mächte spielen auch eine wichtige Rolle in der auf Recht, Ordnung, Treue und Gerechtigkeit ausgerichteten Religion Zarathustras. (Doch die Namen haben sich in bezeichnender Weise verschoben.)

Zarathustra, griech. *Zoroaster*, ist ein mit prophetischem Eifer wirkender religiöser Reformer. Sein (latinisierter) Name Zarathustra ist durch das Werk des Philosophen Friedrich Nietzsche *Also sprach Zarathustra* bekannt geworden. Inhaltlich jedoch hat Nietzsches Philosophie mit der ethischen Verkündigung des historischen Zarathustra nichts zu tun. Was trotz der schwierigen Überlieferungslage als sicher gelten kann, ist, dass Zarathustras Reform zentral von ethischen Impulsen bestimmt war. Die mit den indoiranischen (und späteren vedischen) Opferritualen verbundenen Götter sind im Allgemeinen noch ethisch ambivalent. Der Götterkönig Indra tötet zwar den Wolkendämon und befreit dadurch die Fruchtbarkeit spendenden Wasser, ist aber auch ein Säufer und Wüstling, der nicht selten Schaden zufügt. Wie in der vedischen geht es auch in der altiranischen Opferreligion nicht um das sittlich richtige Verhalten, sondern darum, durch die richtig vollzogenen Opferrituale mit den Göttern in Verbindung zu treten und sich dadurch Erfolg und Lebensglück zu sichern. Einer glaubwürdigen Überlieferung nach war Zarathustra vor seinem prophetisch-kritischen Wirken ein *Zoatar*, d.h. ein Opferpriester und Sänger, also ein berufsmäßiger Kenner und Vollzieher dieser Opferrituale. In einer Art Berufungsvision erkannte er das Unmenschlich-Starre dieser magischen Opferspiritualität, vor der Gut und Böse gleichgültig sind. Mircea Eliade charakterisiert Zarathustra als „besessen" von der Einsicht in die Notwendigkeit einer Unterscheidung von Gut und Böse und einer Bestrafung der Bösen und Belohnung der Guten.[64]

Dieses Motiv durchzieht in vielfacher Weise die geistigen Aufbrüche der Achsenzeit. Konfuzius durchdringt alle Lebensbereiche mit der Lebenshaltung der Pietät. Laotse verurteilt jede Art von Waffen. In der Philosophie

Platons ist Gott das höchste Gute. Antigone gehorcht ihrem Gewissen entgegen dem Verbot des Königs. Auch die in den biblischen Erzählungen mit dem Namen Moses verbundene (Selbst-)Ausgrenzung Israels aus den umliegenden polytheistischen Religionen und seine monotheistische Verehrung allein des Bundesgottes *Jahwe* ist als Befreiung von Unrecht und Unterdrückung erzählt und motiviert; *Jahwe* ist der Gott der Gerechtigkeit.

Zarathustra verehrt nur einen einzigen höchsten Gott, der die Guten belohnt und die Bösen bestraft. Sein Name ist *Ahura Mazdah.* Das Wort *ahura* entspricht im Altindischen(Sanskrit) dem Wort *asura.* In den ältesten Teilen der Veden ist dieses Wort gleichbedeutend mit *daeva* als Bezeichnung der höchsten Gottheiten. In den jüngeren vedischen Texten und in der Hindu-Mythologie sind jedoch *asuras* Dämonen oder Titanen, die gegen die *daevas,* die Götter, kämpfen. Es ist bezeichnend für die ethisch orientierte Reform Zarathustras, dass in der von ihm vertretenen Religion umgekehrt die Dämonen als *daevas* und der höchste einzige Gott *Mazdah* als *ahura* (altindisch *asura*) bezeichnet werden. Die vielen Götter sind zu Dämonen geworden, und nur noch der eine – das Gute und Böse abwägende – Gott ist *ahura. Mazdah* bedeutet „Herr". *Ahura Mazdah* ist also der eine höchste Herr, der über Gut und Böse wacht und entscheidet. Er ist umgeben von sittlich guten Mächten, z.B. von *asha,* der „besten Ordnung", *vohu manh,* „gutem Denken", *sraosh,* „Gehorsam", *armaiti,* „heiliger Harmonie" und „frommer Ergebenheit". Der große Gegner und Widersacher dieses guten Gottes ist *Angra Mainju,* der „böse Geist", also eine Art Satan, wie er – möglicherweise von der Religion Zarathustras beeinflusst – auch in der jüdischen, christlichen und islamischen Tradition auftaucht.

Freilich liegt auch in dem Kampfeseifer, mit dem Zarathustra das Böse und die Bösen bekämpft, ein unterschwelliges Festhalten an der Gewalt. So entsteht die Vorstellung von einem großen endzeitlichen Opfergeschehen, durch das *Ahura Mazda* alle Bösen vernichtet. Es entsteht eine neue, unzerstörbare, nicht mehr durch das Böse verderbbare Schöpfung, in der die Guten, die mit einem neuen Leib von den Toten auferstehen, leben. Alle diese Bilder finden sich auch in den apokalyptischen Vorstellungen der jüdischen, christlichen und islamischen Tradition. Hier ist eine geschichtliche Beeinflussung durchaus möglich.

Die Reform des Priester-Propheten Zarathustra zeigt, dass es von der Religionsgeschichte her nicht möglich ist, das Ethische vom Religiösen abzutrennen. Lediglich die archaische Religiosität, in der die Gewalt als das Heilige verehrt wird, ist ethisch indifferent. Hier geht es nicht um gut oder böse, sondern um rein und unrein, stark und schwach, mächtig und ohnmächtig.

Im Hintergrund steht die Ideologie, dass Macht und Gewalt das Heilig-Göttliche sind, das mit keinem ethischen Maßstab gemessen werden kann. Wo sich der Mensch von dieser Macht- und Gewaltideologie absetzt und versucht, Gott gewaltfrei zu denken, öffnet sich notwendig der Bereich des Ethischen. Das Ethische erfließt aus der Absage an die archaische Gewaltreligiosität. Es ist als solche „Gegen-Religion“ stets auch selbst Religion. Wo in Diskussionen gegenüber theologischen oder weltanschaulichen Positionen der Vorwurf erhoben wird, hier handle es sich „nur“ um Ethik oder um „bloßen“ Humanismus, nicht aber um Theologie oder Religion, gibt der Sprechende zu erkennen, dass er selbst noch – bewusst oder unbewusst – von der archaischen Gewaltreligiosität aus argumentiert.

II. Der geistige Aufbruch in China: *Jen* (Konfuzius) und *Tao* (Laotse)

Auch der Konfuzianismus und der Taoismus sind heute keine Weltreligionen. Aber sie haben die ostasiatische Lebenshaltung geprägt und dem später eindringenden Buddhismus den Weg geebnet. Sie gaben den Formen des chinesischen Buddhismus ihr Gepräge. Auch sie vollziehen eine klare Absage an die archaische Vergöttlichung der Gewalt, wie sie sich noch in der Reichsreligion des alten China findet.

Die ethische Durchdringung aller Lebensbereiche durch Konfuzius

Karl Jaspers[65] stellt den chinesischen Denker als einen der „maßgebenden Menschen" neben Sokrates, Buddha und Jesus. Konfuzius (551–479 v. Chr.) war seinem Charakter und seiner Einstellung nach kein prophetischer Reformer. Die meiste Zeit seines Lebens verbrachte er mit dem Studium der alten Institutionen, Gebräuche und Überlieferungen. Nach seinem 50. Lebensjahr war er für einige Jahre Minister und Kanzler, überwarf sich dann aber mit dem Herrscher und zog anschließend vergeblich 12 Jahre lang von Staat zu Staat, um einen Fürsten zu finden, der seine Lehren politisch verwirklichen würde.

Konfuzius vollzieht die alten Riten und Gebräuche und lehrt die Menschen, sie zu vollziehen, weil sie alt und ehrwürdig sind. Nicht der Opfercharakter, sondern der Flair des Alters, des Althergebrachten, der mit dem Vollzug des Ritus verbunden ist, stehen für ihn im Zentrum. Die korrekte und richtige Durchführung der Riten ist für ihn weniger ein Dienst an den Gottheiten als vielmehr ein Mittel zur sittlich-humanen Erziehung des Menschen. Dabei geht es ihm wesentlich darum, Pietät, Ehrfurcht und Verantwortung für das Gemeinwohl als Werte zu verinnerlichen.

Man hat von der unbestimmten religiösen Haltung des Konfuzius gesprochen und die Frage diskutiert, ob Konfuzius überhaupt an Gottheiten und geistige Mächte geglaubt habe.[66] Dieser Vorwurf, die Existenz der Götter nicht ernst zu nehmen, also „unreligiös", ja atheistisch oder „bloß humanistisch" zu sein, ist weltweit und immer neu die Anklage der Vertreter einer alten gewaltverhafteten Religiosität gegenüber deren Kritikern: Buddhas (Hinayana-)Religion kritisierte man als „Religion ohne Gott", Sokrates wurde nach Platon wegen *asebeia*, „Gottlosigkeit", zum Tode verurteilt. Auch in Jesu Hinrichtung spielte bei seiner Auslieferung an die Römer der Vorwurf der „Gotteslästerung" (vgl. Mk 14,64) und der Profanisierung des Tempels als „nur mit Menschenhänden gebaut" (vgl. Mk 14,57f.) eine wichtige Rolle, und die frühen Christen, die (entsprechend der Kritik ihres Meisters) ursprünglich keine Tempel und Altäre hatten, galten ihren Zeitgenossen als „Atheisten".

Das Ethos des Konfuzius erwächst wesentlich aus der Kind-Eltern-Beziehung. Ähnlich wie bei den sesshaft werdenden Pflanzer- und Bauernkulturen ist die Verehrung der verstorbenen Ahnen und die Bestattung für ihn ein wichtiges Anliegen. Seine Gegner warfen ihm vor, durch die prunkvollen Begräbnisfeierlichkeiten, zu denen er die Menschen anleite, würde er den Staat verarmen lassen. Schon im Leben gebührt den Eltern höchste Ehrerbietung: „Ohne Ehrerbietung was ist da für ein Unterschied [zu den Tieren]."[67] Nach dem Tod der Eltern ist es die heilige Pflicht des Kindes, für eine würdige Bestattung zu sorgen. Dies ist Ausdruck jener über den Tod hinaus fortdauernden Ehrerbietung, die schon im Leben das Verhältnis zwischen Eltern und Kind prägt. Von daher gewinnt Konfuzius die für ihn kennzeichnende Haltung der *Pietät*, die in dem Althergebrachten, von den Ahnen her Überkommenen, einen religiösen Anspruch und eine religiöse Verpflichtung wahrnimmt.

Der zweite Bereich, zu dem Konfuzius seinen überlieferten Äußerungen nach in einer spezifisch religiösen Beziehung stand, war *T'ien*, der Himmel. Von ihm fühlte er sich beschützt und von ihm empfing er den Auftrag, zu lehren und zu erziehen. Seine Schüler empfanden ihn in seiner ganzen Person als Verlautbarung des „Himmels". Der „Himmel" ist für ihn die oberste gleichzeitig sittliche und persönliche Instanz: „Wer gegen den Himmel sündigt, hat niemand, zu dem er beten kann."[68] In seinem Kommentar zu dieser Stelle bezeichnet R. WILHELM diesen Ausspruch als einen der „Höhepunkte in der Religionsgeschichte, wo die unmittelbaren Forderungen des Gewissens mit elementarer Gewalt hervorbrechen".[69]

Den Inhalt dieser vom Himmel geforderten und von Konfuzius gelehrten und gelebten Botschaft fasst der Meister zusammen in dem Wort *Jen*. Dieses Schriftzeichen setzt sich zusammen aus dem Zeichen für „Mensch" und dem Zeichen für „zweimal". Die Bedeutung von *Jen* ist also in einem ganz elementaren Sinne „Mitmenschlichkeit". *Jen* ist „Güte", „Wohlergehen", „Menschlichkeit", „Menschenfreundlichkeit" und „Menschenliebe". Dieses Ethos ist die unmittelbare – zutiefst religiöse – Antwort des Menschen auf den Anspruch des „Himmels". Konfuzius ist deshalb nicht nur der große Morallehrer Ostasiens, sondern auch der Begründer einer Religiosität, die den Menschen von der Angst- und Gewaltfaszination befreit. Hier berührt sich Konfuzius mit Buddha, der ja auch vom Ansatz seines Denkens her nicht dem Menschen ein neues Gottesverhältnis vermittelt, sondern ihn lehrt, wie er zu leben und sich zu verhalten hat, um von der Angst und Gewalt, wie sie für den indischen Menschen im Eingebundensein in den Geburtenkreislauf zum Ausdruck kommt, erlöst zu werden und in den Frieden des *nirvana* einzugehen.

Konfuzius erkennt – ähnlich wie Buddha – noch nicht die *strukturelle* Gewalt, wie sie im feudalen Staatswesen enthalten ist. Sein ganzes Wanderleben hindurch sucht er den adeligen Fürsten, der mit seiner staatlichen Macht die von ihm als richtig erkannte Lebensweise in der Gemeinschaft durchsetzt. Trotz aller Enttäuschungen, die er dabei erfährt, proklamiert er die pietätvolle Unterordnung des Beamten und Dieners unter seinen jeweils Vorgesetzten. Tatsächlich erkannten denn auch spätere Fürsten und Kaiser, dass die Lehren des Konfuzius dazu geeignet sind, das Staatswesen zu stärken und zu stabilisieren, und erhoben deshalb seine religiöse Ethik zur Staatsreligion. Erst auf diese Weise entstand jener „Konfuzianismus", der durch die Starrheit seiner Staatsrituale und die absolute Subordination des Untertanen gekennzeichnet ist.

Die mystische Durchdringung allen Seins und Lebens durch Laotse

Die Zeit, in der Konfuzius und Laotse lebten, war durch Gewalt und politische Wirren gekennzeichnet. Die großen Dynastien waren zerfallen, das Reich hatte sich in viele Einzelstaaten aufgelöst, die miteinander rivalisierten und einander bekämpften. Statt in Ruhe und Frieden ihre Felder zu bestellen, mussten die Menschen in den Krieg ziehen. Die Felder verkamen, Hunger, Armut und Gewalttat bestimmten das Leben der Menschen. Konfuzius suchte aus dieser Situation einen Weg zu bahnen, indem er die alten Überlieferungen, Sitten und Bräuche und in ihnen das ewige Gesetz des Himmels den Menschen vor Augen stellte. Laotses Weg führte darüber hinaus. Er suchte nach dem, was noch hinter den pietätvoll geübten Sitten und Bräuchen und auch hinter der Ordnung des Himmels steht und all diesem erst Sinn und Geltung gibt.

Laotses genaue Lebensdaten sind unbekannt. Eine um 100 v. Chr. entstandene Legende erzählt, dass er Geschichtsschreiber eines Herrschers aus der Chou-Dynastie war und hauptsächlich wegen seiner pazifistischen Gedanken bei seinem Herrscher in Ungnade fiel und in hohem Alter, auf einem schwarzen Büffel nach Westen reitend, das Land verlassen musste. Der Grenzwächter am Gebirgspass bewog ihn, noch so lange zu bleiben, bis er in fünftausend Worten die Summe seiner Einsicht und Weisheit in einem Büchlein niedergeschrieben und der Nachwelt überlassen hatte.

Das Buch, das Laotse auf diese Weise hinterließ, heißt *Tao-te-king*, „das Buch vom *Tao* und von *Te*", der „Tugend" und „Kraft". *Tao* ist das Schlüsselwort des Werkes. Wörtlich übersetzt bedeutet es „Weg". Dies ist ein alter, schon lange vor Laotse verwendeter religiös-philosophischer Ausdruck, der die religiöse Sehnsucht und das religiöse Verlangen anklingen lässt, einen „Weg" zu finden, der aus den Bedrängnissen der Zeit und des Lebens, aus Enge und Gewalt, herausführt. Wahrscheinlich ist das Wort zuerst von den astronomischen Bahnen der Gestirne gebraucht worden. Schon Jahrhunderte vor Laotse sprach man vom „*Tao* des Himmels", dem das „*Tao* des Menschen" entsprechen sollte. Doch Laotse sucht das absolute *Tao*, das alles Übersteigende und Umgreifende. So, nicht mehr auf ein Einzelnes und Konkretes bezogen, gibt es dafür keinen Namen. „Der SINN [das *Tao*], der sich aussprechen lässt, ist nicht der ewige SINN. Der Name, der sich nennen lässt, ist nicht der ewige Name", sind die ersten Worte des *Tao-te-king*.[70]

Um zu diesem *Einen* zu finden, bedarf es der Beschränkung, der Konzentration und der Stille.

> „Die fünferlei Farben machen der Menschen Augen blind.
> Die fünferlei Töne machen der Menschen Ohren taub.
> Die fünferlei Würzen machen der Menschen Gaumen schal.
> Rennen und Jagen machen der Menschen Herzen toll."
>
> (ebd. 52; aus Spruch 12)

Es gilt, sich auf das Wesentliche zu beschränken. Hat man zum *Tao* gefunden, erlangt man die Haltung des *wu wei*. Dies meint ein Nichthandeln, das dennoch weit entfernt ist von stumpfer Passivität und bloßem Nichtstun. Es beinhaltet vielmehr jene Gelassenheit, in der und aus der heraus die wirklich wesentlichen Dinge geschehen. Es ist ein „Wirken ohne Handeln", ein „Nichtsmachen", bei dem nichts ungemacht bleibt. Wenn Fürsten und Könige diese Haltung einzunehmen verstehen, „so werden alle Dinge sich von selber gestalten [...] und die Welt wird von selber recht" (aus Spruch 37).

Dies gilt auch gegenüber dem eifrigen Streben nach Sittlichkeit, pietätvoller Pflichterfüllung und treuer Unterordnung, zu der Konfuzius die Menschen erziehen will. Der Spruch 18 erscheint fast als unmittelbar gegen Konfuzius gerichtet:

> „Geht der große SINN [das große *Tao*] zugrunde,
> so gibt es Sittlichkeit und Pflicht.
> Kommen Klugheit und Wissen auf,
> so gibt es die großen Lügen.
> Werden die Verwandten uneins,
> so gibt es Kindespflicht und Liebe.
> Geraten die Staaten in Verwirrung,
> so gibt es die treuen Beamten."

Wer zum absoluten *Tao* gefunden hat, bedarf keiner von alters her überkommenen Sitten, Riten und Gebräuche, um gewaltfrei und human zu leben. Ihm geht unmittelbar auf, dass alles Hochaufragend-Große und Gewaltig-Starke, alles einschneidend Harte, nur deshalb fasziniert, weil der Mensch in seiner Angst auf die Tötungsmacht fixiert ist und, von der Daseinsangst getrieben, seine infantilen Allmachtswünsche auf sie projiziert (als könne die Tötungsgewalt Sicherheit vor dem Tode geben).

Das *Tao* gleicht dem Wasser, das weich und schwach erscheint und doch das Starke und Harte besiegt (Spruch 78). Die Hinwendung zu ihm gleicht der Hinwendung des Kindes zur Mutter, die das Kind schützend in ihrem Schoß trägt (Spruch 52). „Besitzt man die Mutter der Welt, so gewinnt man ewige Dauer" (Spruch 59). Darum wird, wer zum *Tao* gefunden hat, „wieder wie ein Kind" (Spruch 28; ähnlich in Spruch 10 u. ö.).

Seit vielen Hunderttausenden von Jahren ist der Mensch fasziniert von der Vitalität und Kraft des Raubtieres, des Stieres und des Pferdes. Doch ein halbes Jahrtausend vor Jesus sagte Laotse:

> „Wenn der SINN [das *Tao*] herrscht auf Erden,
> so tut man die Rennpferde ab zum Dungführen."
> (Spruch 46)

Auch Gewitter und Regensturm faszinieren nicht in ihrer Gewalt:

> „Ein Wirbelsturm dauert keinen Morgen lang.
> Ein Platzregen dauert keinen Tag."
> (Spruch 23)

Die Faszination der Waffen und der Tötungsgewalt ist gebrochen:

> „Waffen sind unheilvolle Geräte,
> alle Wesen hassen sie wohl.
> Darum will der, der den rechten SINN [das rechte *Tao*] hat,
> nichts von ihnen wissen [...]"
>
> (Spruch 31)

Von daher gelangt Laotse zu einer generellen Ablehnung des Krieges:

> „Wer im rechten SINN [*Tao*] einem Menschenherrscher hilft,
> vergewaltigt nicht durch Waffen die Welt,
> denn die Handlungen kommen auf das eigene Haupt zurück.
> Wo die Heere geweilt haben, wachsen Disteln und Dornen.
> Hinter den Kämpfen her kommen immer Hungerjahre."
>
> (Spruch 30)

Das Wort erinnert an das sogenannte „Schwertwort" Jesu aus der Passionsgeschichte, das im frühen Christentum die Haltung der Gewaltfreiheit grundlegte: „Steck dein Schwert in die Scheide; denn alle, die zum Schwert greifen, werden durch das Schwert umkommen" (Mt 26,52).

So enthüllt sich das Wesen des *Tao* als unbedingtes Gutsein und unbegrenzte Liebe. Ein halbes Jahrtausend vor Jesus kommt Laotse zur höchsten Forderung von Jesu Bergpredigt, der Feindesliebe. Doch er fordert diese nicht als Gesetz, sondern spricht nur von sich:

> „Zu den Guten bin ich gut,
> zu den Nichtguten bin ich auch gut;
> denn das LEBEN ist die Güte."
>
> (Spruch 49)

Das *Tao* ist die „Mutter der Welt" (Spruch 52).

> „Alle Dinge verdanken ihm ihr Dasein,
> und es verweigert sich ihnen nicht."
>
> (Spruch 34)

Ähnlich wie Konfuzius, Buddha oder auch Platon und Aristoteles kritisiert Laotse nicht die strukturelle Gewalt der Staatsmacht. Alles hängt an der Weisheit des Herrschers, die darin zum Ausdruck kommt, dass dieser möglichst wenige Gesetze erlässt und wenig handelnd eingreift. Er soll für eine ausreichende Ernährung seiner Untertanen sorgen, diese aber nicht durch Aufklärung und Wissen unzufrieden machen (vgl. Spruch 65).

Doch auch er findet – ebenso wenig wie Konfuzius oder in Griechenland Platon – keinen Herrscher, der in dieser Weise das Volk lenkt. Am Ende verlässt er den Staat, dem er gedient hat, und zieht der Sage nach gen Westen, in das ferne, unbekannte Land der untergehenden Sonne. Der schwarze Stier, dieses Symbol der als göttlich verehrten Gewalt, wird in der Legende für ihn zum „Ochsen", zum zahmen Reittier, auf dem er von seiner gewaltverhafteten Heimat auszieht.

III. Der geistige Aufbruch in Griechenland: Das höchste Eine und Gute

Die griechische Antike hat besonders die abendländische Religiosität und Geistigkeit stark beeinflusst. Schon das Spätjudentum nahm – besonders in seiner Weisheitsliteratur – Züge des griechischen Denkens auf; und das Christentum kann weitgehend, schon beginnend im Wirken der Kirchenväter, als eine Verschmelzung von Judentum und griechischer Philosophie verstanden werden. Auch in der griechischen Antike vollzog sich die achsenzeitliche Abwendung von der archaischen Vergöttlichung der Gewalt.

Die Kritik der griechischen Dramendichter an den gewaltverhafteten Göttern

Die Tragödien-Dichter – alle im 6. und 5. Jahrhundert v. Chr. wirkend, also Zeitgenossen Jains, Buddhas, Zarathustras, Konfuzius' und Laotses – kritisieren das gewaltverhaftete religiöse Denken. Aus den *Dionysos*-Spielen zu Athen herausgewachsen, hat die griechische Tragödie zwar noch etwas vom alten Opfer-Ritual an sich: Im Mittelpunkt steht der leidende, vom Schicksal geschlagene Mensch. Durch Identifikation mit ihm und den Gang der Handlung werden beim Zuschauer jene Affekte der Anspannung, des Mitleids, der Angst und des Schauderns vor der dunkel sich aufrichtenden schicksalhaften Tötungsmacht ausgelöst, wie dies auch bei der Tötung des Sündenbocks, d. h. bei der Opfertötung, geschieht. Doch diese Affekte werden in der Tragödie durch eine dichterische Handlung bewusst mit dem Ziel der *katharsis*, der „Läuterung" der Zuschauer herbeigeführt; der auf der Bühne agierende Held wird nicht wirklich getötet. Voraussetzung für die Entwicklung dieser Dramen ist die Überzeugung, dass der reale blutige Tötungsakt, ob an Tier oder Mensch geübt, etwas Barbarisches ist und den Menschen nicht – auf letztlich magische Weise – mit dem Göttlichen in Verbindung zu bringen vermag.

Auch in die inhaltliche Gestaltung der Dramen dringt dieses ethische, auf Minderung der Gewalt hinzielende Moment ein: Zwar kann Girard von der

Grundstruktur des Mythos her das Hauptwerk des Sophokles, „König Ödipus", noch als das typische Beispiel eines „versöhnenden Opfers", an dem alle Merkmale des Sündenbock-Mechanismus und des Gründungs-Lynchmords sichtbar werden, interpretieren.[71] Doch er übersieht die Elemente, die den gesamten Komplex über das Opfergeschehen hinausführen: Die Tragik des Stückes besteht nicht in der am Ende sich findenden Einmütigkeit, mit der sich alle gegen Ödipus verbünden, sondern in dem unerbittlichen Streben nach Wahrheit, das den König Ödipus beseelt und dem er auch dann noch treu bleibt, als er sieht, dass diese Wahrheit sich gegen ihn selber richten und ihn vernichten wird. Durch dieses unbedingte Ethos der Wahrheit ist die Faszination der kollektiven Gewalt, die Ödipus schließlich blendet und verstößt, gebrochen.

Vollkommen deutlich ist dieses Übergewicht des Ethischen in dem von Sophokles schon Jahrzehnte vorher gedichteten Drama „Antigone". Zwar endet das Stück in einer grauenhaften Serie von Selbstmorden (Antigone, Haimon, Eurydike) und den hilflos-schuldbewussten Klagerufen König Kreons, aber dieses schreckenerregende Ende demonstriert das Unsinnige und Zerstörerische an der Ausübung von Tötungsmacht: Im blutigen Kampf um das von Kreon regierte Theben ist Polyneikes, der Angreifer, gefallen. Gleichsam als Verlängerung der Tötungsgewalt, die Polyneikes tötete, verbietet Kreon bei Todesstrafe die Bestattung des Gegners. Doch Antigone, die Schwester des Polyneikes, vernimmt in ihrem Herzen ein göttliches Gebot, das ihr Sein und Handeln auf eine Grundlage stellt, die außerhalb des Kreislaufs der Gewalt liegt: „Mitzulieben, nicht mitzuhassen, ist mein Teil." Diese Liebe gebietet ihr, entgegen dem Gesetz des Königs und trotz dessen Todesdrohung den Bruder zu bestatten. Die Faszination der Liebe siegt über die Faszination der Gewalt; und die Tragik des Stückes besteht darin, dass dieses neue, von Liebe geprägte Sein und Handeln nicht tatsächlich auch ein neues Leben begründen kann, sondern – sinnlos – letztlich Tod und Schrecken siegen. Der Tragödien-Dichter weiß um das Übel der Gewalttat und stellt dieses Übel *als solches* dar, auch wenn er keinen Weg weiß, der aus der Verhaftung an den Kreislauf der Gewalt herausführt.

In der Tat haben die antiken Tragödien-Dichter den in der Faszination der Gewalt wurzelnden Ursprung der griechischen Mythen und der mit ihnen verbundenen Opferriten mindestens teilweise erkannt und in ihren Werken nach einem anderen Ursprung gesucht. Dies gilt auch schon für den ältesten dieser Dichter, für Aischylos. Zwar will er, der Sohn eines Tempelbeamten von Eleusis, noch – ähnlich wie Xenophanes – den alten Götterglauben läutern und wiederherstellen. In den „Eumeniden", dem dritten Teil seiner

Orest-Trilogie, spricht auch er noch von dem „sühnenden Blutstrom des Opfertieres", der des Muttermörders „Blutbesudelung" tilgen kann. Doch am Ende wirft Athene, die Göttin der Weisheit, den weißen Stein in die Abstimmungsurne der Richter auf dem Areopag zu Athen: Apollinisch-frauliche Vernunft überwindet den Kreislauf von Gewalt und Gegengewalt, den Kreislauf der Rache des Blutes. Das Drama endet in einem einzigen Jubel der Freude über die Versöhnung von alten und neuen Göttern und Menschen, einer Versöhnung, die keines Opfers bedarf.

Ganz offensichtlich ist die Kritik am gewaltverhafteten Gottesglauben bei Euripides, dem philosophisch aufgeklärten Freund des Sokrates. Sein jüngerer, ebenfalls in Athen lebender Autorenkollege, der Komödiendichter Aristophanes, wirft ihm vor, er wolle die Menschen davon überzeugen, dass es keine Götter gibt. Dieser (auch gegen Sokrates erhobene) Vorwurf trifft aber nur den Glauben an Gottheiten, die gewalttätige Opfer fordern. In seinem Spätwerk „Die Bacchen", in dem er die Grausamkeit und Raserei des *Dionysos*-Kults darstellt, preist er *Artemis* fast zynisch als „Ehrfurcht gebietende Göttin, die Mord und Menschenopfer liebt"; und in seinem Stück „Hippolytos" geißelt er die sinnlose Gewalt, mit der *Aphrodite*, die Göttin der Liebe, den Menschen mit Liebesleidenschaft schlägt. Um Orientierung für sein Handeln zu gewinnen, solle man nicht die Eingeweide geschlachteter Opfertiere befragen, sondern die im Menschen waltende Vernunft.

In seinem Stück „Iphigenie bei den Taurern" verbietet die Gottheit das Menschenopfer: Iphigenie soll die beiden Fremdlinge, von denen Orest sich schließlich als ihr Bruder zu erkennen gibt, den Göttern opfern. Zusammen mit dem Standbild der Göttin *Artemis* (deren Priesterin Iphigenie bei den Taurern ist) versuchen alle drei zu fliehen, werden aber durch einen ungünstigen Wind an das Ufer zurückgeworfen und fallen in die Hände des Thoas, des Königs der Taurer. Schon droht ein dreifaches Menschenopfer, als *Athene*, die Göttin der Weisheit, erscheint und dem König befiehlt, die Griechen ziehen zu lassen. Es ist göttlicher Wille, der das Menschenopfer verbietet. Euripides sucht die Gotteserfahrung von der Angst- und Gewaltprojektion zu läutern und Gott in der Symbolik lichthafter und menschlich-befreiender Erfahrungen zu denken. In fragmentarisch überlieferten Gebeten richtet er sein Wort an eine im „lichten Äther" erkennbare Gottheit, die alles, auch die Unterwelt, umfasst und deshalb sowohl mit *Zeus* als auch mit *Hades* oder mit anderen Namen angesprochen werden kann.[72] So zeigt sich insgesamt bei den griechischen Dichtern ähnlich wie bei Jain, Buddha, Zarathustra, Konfuzius und Laotse – doch vollkommen unabhängig von diesen – dasselbe neue Denken, das auf eine Abkehr von der Faszination der Gewalt, vom raubtierhaften Verletzen und Töten, von blutiger Opfergeste und dunkler Wahrsagerei, zu Vernunft, Frieden und Menschenliebe hinzielt.

Die Suche der griechischen Philosophen nach dem Göttlich-Guten

Nach einer alten griechischen Göttersage entstand die Welt aus *Okeanos*, dem wild-gewaltigen Flussgott, der seine Kraft in das Meer verströmt. Diese Vorstellung ist weit verbreitet. In indischen Mythen schläft Vishnu auf den Fluten des Urmeeres und erträumt die Welten. Auch in der Schöpfungserzählung der Bibel ist die Rede von der dunklen Urflut, über die der Gottesatem hinschwebt (vgl. Gen 1,2).

Thales, zwischen 624 und 545 v. Chr. in der Hafenstadt Milet am Ionischen Meer lebend, durchbricht als ältester und erster der griechischen Philosophen die Faszination der Gewalt des *Okeanos*. Ursprung aller Dinge ist für ihn nicht diese gewaltige Gottheit, sondern dessen einfaches schlichtes Substrat: das *Wasser*. Nicht die Gewalt von Sturm und Wellen, sondern das Lebenspendend-Feuchte durchdringt alles Sein und Leben. Der Gedanke erinnert an Laotses Ausspruch, dass es auf der ganzen Welt „nichts Weicheres und Schwächeres" gibt als das Wasser, und dass es doch gerade so das Harte und Starke besiegt, so dass nichts ihm gleichkomme.[73]

Sein etwas jüngerer Zeitgenosse Anaximandros, auch er aus Milet, verfeinert noch den Gedanken des Thales und bestimmt den Urgrund allen Seins und Lebens als *apeiron*, das Unbegrenzte und Unbestimmbare, das eben deshalb, weil es selbst ohne bestimmte Form und sinnliche Qualität ist, allem Seienden seine Form und sein jeweils verschiedenes Erscheinungsbild zu geben vermag. Anaximenes sucht die Abstraktheit und Unanschaulichkeit dieses Begriffs zu vermeiden und bestimmt die *Luft*, grenzenlos und unbegrenzter Wandlungen fähig wie das *apeiron*, aber doch ein konkretes Element der Welt und des Lebens, als den Urgrund des Seins.

Pythagoras, etwa zur selben Zeit wie die milenischen Naturphilosophen (ca. 570–496 v. Chr.) in Unteritalien lebend, sieht das Urprinzip des Seins in der Zahl und in den im Universum wie in der Musik anzutreffenden bestimmten Zahlenverhältnissen. In ihnen prägt sich eine Urharmonie aus, die das Universum wie die Musik und das Leben des einzelnen Menschen durchdringt. Blutige Opfer sind ihm ein Gräuel. Knapp hundert Jahre später knüpft der Naturphilosoph Empedokles an diese Tradition an und kritisiert in scharfen Worten das blutige Opfer: „Im Goldenen Zeitalter wurde der

Altar nicht von frischem Stierblut benetzt, sondern es zählte unter den Menschen zum größten Verbrechen, Leben zu vernichten und die edlen Glieder zu verzehren."[74] Mit Anaxagoras und vor allem mit Demokrit, der die Welt aus unteilbaren kleinsten Teilchen (Atomen) zusammengesetzt dachte, erreichte die frühe philosophische Kritik an den Göttern ihren Höhepunkt. Beide wurden wegen ihrer Lehren noch in hohem Alter verbannt und mussten in der Fremde sterben.

Auch in der Sophistik setzt sich die Kritik am gewaltverhafteten, opferkultischen Gottesglauben fort. So ist für Antiphon Gott das Umgreifende alles Seienden, der keiner Opfergaben bedarf und von niemandem solche annimmt. Bei ihm taucht auch bereits der Gedanke einer grundsätzlichen Gleichheit aller Menschen auf, und Alkidamas fordert vier Jahrhunderte vor Jesus und fast zweieinhalb Jahrtausende vor Abraham Lincoln die Abschaffung der Sklaverei.

Sokrates wurde nach einem Bericht Platons vor dem Athener Volksgerichtshof des Verstoßes gegen die *eusebeia*, d.h. der Vernachlässigung des religiösen Kults, angeklagt und zum Tode verurteilt. Im Dialog „Euthyphron" verdeutlicht Platon seine und des Sokrates Einstellung zu Religion und Opferkult. Auf dem Hintergrund der gegen ihn erhobenen todeswürdigen Anklage stellt Sokrates die gewaltverhafteten Mythen Hesiods in Frage. Der Mensch dürfe in seinem Handeln diese Mythen nicht nachahmen.

Der Hintergrund dieser Kritik an der archaisch-gewaltverhafteten Religiosität ist nicht eine rationalistische Philosophie, sondern der Versuch, Religion und Gott auf neue Weise wahrzunehmen und zu denken. Nicht die Wahrnehmung des Großen und Gewaltigen, sondern die Wahrnehmung des Schönen und Guten ist der Weg zum Göttlichen. Das Gute ist die höchste geistige Wirklichkeit, in der auch das Schöne aufgehoben ist. Von ihm geht die Kraft zu einer Harmonie aus, die sich in den mathematischen Gesetzen, wie Pythagoras sie aufdeckt, zum Ausdruck bringt. Dabei darf dieses Gute nicht als „bloße Idee" im heutigen Sinne des Wortes verstanden werden. Das Gute ist nicht ein bloßer Gedanke im Bewusstsein des Menschen, sondern die ursprüngliche und letzte Wirklichkeit, das Licht hinter den Dingen, das allem was ist erst seine Konturen, d.h. seine reale Wirklichkeit und sinnliche Wahrnehmbarkeit, gibt.

Der religiöse Charakter der platonischen Philosophie ist in letzter Zeit wieder neu ins Bewusstsein getreten.[75] Das philosophische Symposion hat zwar nicht opferkultisch-sakralen, aber durchaus religiösen und rituellen Charakter.[76] „Des Guten zu gedenken" ist nach dem antiken Dichter Xenophanes der Inhalt dieser Symposien:

„Keinen Schlachtenbericht von Titanen oder Giganten
und Kentaurengezücht – Lügen der früheren Zeit –
keine tobenden Fehden – was frommt's, dergleichen zu hören?
Aber der Himmlischen stets neu zu gedenken ist gut.“[77]

Allerdings hat Platon – ähnlich wie Konfuzius und Laotse – noch nicht gesehen, wie stark Gewalt und Gewaltfaszination vor allem im politischen Bereich das Menschenleben prägen und durchdringen. Mit dem Versuch, seine Religiosität politisch umzusetzen, ist Platon bekanntlich gescheitert; und Aristoteles übernimmt wieder die – schon vorplatonisch von Lykophron, Alkidamas und Antiphon kritisierten – Vorrechte des Adels und der Sklavenhalter und spricht von einer naturgemäßen Einteilung der Menschen in „Herrschende“ und „Beherrschte“, in „Herren“ und „Sklaven“.[78]

IV. Der geistige Aufbruch in Palästina: Von der *El*- zur *Abba*-Erfahrung

In seiner Charakterisierung der „Achsenzeit“ hat Karl Jaspers auch die in Palästina auftretenden Propheten „von Elias über Jesajas und Jeremias bis zu Deuterojesajas“ mit einbezogen.[79] Er sieht in ihrem Wirken einen geistigen Aufbruch, der dem in Indien, Persien, China und Griechenland an die Seite zu stellen ist. Auch diese Propheten wirkten in dem Zeitraum von 800 bis 200 v. Chr., als den Karl Jaspers die Achsenzeit bestimmt. Anders als die Asketen und Weisen Ostasiens, anders auch als die griechischen Philosophen und Dramatiker sind die biblischen Propheten jedoch in eine fortlaufende Tradition eingebunden, die schon mit der Befreiung der Moses-Sippe aus ägyptischem Hoheitsgebiet um etwa 1250 v. Chr. beginnt und sich über Deuterojesaja hinaus fortsetzt mit Tritojesaja, Johannes dem Täufer und Jesus aus Nazareth, den Jaspers selbst in die Reihe der jüdischen Propheten stellt und in „bewusster Kontinuität“ zu ihnen sieht.[80] Die Linie setzt sich auch noch fort in den frühchristlichen Wanderpropheten, aus deren Wirken der Stoff für die neutestamentlichen Evangelien hervorging.

Tatsächlich vollzieht sich bei den biblischen Schriftpropheten eine Vergeistigung und Ethisierung der Religion, wie sie mit dem Wirken des Zarathustra, des Konfuzius und des Laotse durchaus vergleichbar ist. Auch hier wagen es Menschen, sich als Einzelne der Welt als Ganzem und der sie umgreifenden Transzendenz gegenüberzustellen. „Einsiedler und wandernde Denker in China, Asketen in Indien, Philosophen in Griechenland, Propheten in Israel gehören zusammen, so sehr sie in Glauben, Gehalten, innerer Verfassung voneinander unterschieden sind“, sagt Jaspers.[81] Gemeinsam ist diesen Menschen, dass sie über sich hinausgreifen, sich ihrer selbst im Ganzen des Seins bewusst werden und Wege beschreiten, die sie als je Einzelne zu gehen haben.[82]

Sosehr diese Charakteristik für die biblischen Propheten gilt, sind diese von den anderen Denkern der Achsenzeit dadurch unterschieden, dass sie sich in all den neuen und vielfach provozierenden Wegen, die sie gehen, doch immer in das Volk Israel und in dessen Geschichte eingebunden wissen. Der Ausblick auf das Ganze der Welt wird dadurch gewonnen, dass *Jahwe*, der

Gott Israels, als einzig wirkmächtiger Gott begriffen und als zuständig für alle Völker erklärt wird. Der geistige Aufbruch, der sich in den biblischen Propheten vollzieht, ist eingebunden in den geschichtlichen Prozess des Gott-Denkens, der sich in den etwa 1000 Jahren der Entstehung biblischer Schriften vollzieht. Religionsgeschichtlich ist deshalb hier die Achsenzeit sowohl nach unten wie nach oben um etwa vier Jahrhunderte auszuweiten. Sofern – was im Kapitel über den Hinduismus noch näher auszuführen ist – auch schon in den vedischen Schriften die Eindämmung der Gewalt beginnt, und dieser Prozess sich im philosophischen Hinduismus fortsetzt, gilt diese Ausweitung des Zeitrahmens auch für den Hinduismus.

Die Ausgangssituation: *El*, der uralte Gott

Die Ausgangssituation für den biblischen Prozess des neuen Gott-Denkens[83] liegt in den religiös-politischen Verhältnissen, wie sie sich in Palästina etwa in der Mitte des zweiten Jahrtausends v. Chr. finden. Für den Menschen der dortigen damaligen Welt wurde die Geschichte der Menschen durch die zwei Großreiche bestimmt, die sich in Mesopotamien einerseits und in Ägypten andererseits gebildet hatten. Die unbeschränkte Macht des Herrschers in diesen Großreichen, die raubtierhafte Gewalt, mit der sie jeweils ihre Macht verteidigten und ihre Gegner vernichteten, aber auch die Ordnung, die sie im Land aufrichteten, und das Leben, das sie durch diese weise Ordnung ermöglichten, ließen sie im Sinne der religiösen Vorgeschichte der Menschheit als göttlich, als Gott, erscheinen. Sowohl für die mesopotamischen Herrscher wie für die ägyptischen Pharaonen galt dieser göttliche Status.

Palästina, geographisch zwischen den beiden Großreichen gelegen, gehörte wechselnd einmal zu Assur bzw. Babylon und einmal zum ägyptischen Einflussbereich. Diese Lage bewirkte, dass der Zugriff der Großreiche auf diese Gebiete in seiner Stärke wechselte; bisweilen bestand die ägyptische Oberhoheit nur dem Namen nach. Dieses Vakuum benutzten die vielen Stadtkönige Kanaans, um in ihren vergleichsweise winzigen Bezirken selber eine Herrschaft nach Art der ägyptischen oder mesopotamischen Gottkönige aufzurichten.

Die höchste Gottheit im kanaanitischen Pantheon hatte den Namen *El*. Die ursprüngliche Bedeutung des Wortes ist unsicher. Meistens wird es abgeleitet von *'l*, – „stark sein", „vorne sein", bezeichnet also Gewalt und Macht. Der Gottesname hat eine sehr weite Verbreitung und ein hohes Alter im ganzen semitischen Sprachbereich. Dies ist aus den vielen Personennamen abzulesen, die mit *el* bzw. *ilu* (babylonisch-assyrisch) oder *ilah* (arabisch) zusammengesetzt sind (z. B. *Rafa-El*, *Tabi-Ilu* usw.). *El* ist also ursprünglich der Eigenname einer sehr alten semitischen Gottheit. Bei den Phöniziern in Kanaan ist er der König der Erde und Vater der Götter. Alles Göttliche ist El-haft; darum wird *El* auch als Gattungsname („Gott", „Gottheit") verwendet. Der antike phönizische Schriftsteller Sanchunjaton identifiziert *El* mit dem griechischen Gott *Kronos*, dem Himmelsgott, der seine eigenen Kinder auffrisst und von Zeus in den Tartarus geworfen wird. Trotz aller sittlichen Eigenschaften, die dem *El* später zugeschrieben werden, wie etwa Weisheit, Güte und Gerechtigkeit, wird hier doch der ursprüngliche Raubtiercharakter dieses Gottes deutlich, der auch noch in alttestamentlichen Texten zum Ausdruck kommt. Entsprechend der bäuerlichen Lebensweise ist er auch der Himmelsstier, der in Sturm und Gewitter am Firmament dahinrast. In Kanaan sind seine Söhne *Jamm*, der Gott der Sturmfluten, und *Mot*, der Gott der Dürre und Trockenheit, aber auch *Baal*, der Gott der Vegetation und der Fruchtbarkeit. *Jamm* und *Mot*, die tödlichen Himmelsgewalten, stehen ihm in den Mythen allerdings näher als *Baal*. Die altorientalischen Gottkönige identifizierten sich vor allem mit dem *Baal*-Aspekt *Els*, ohne dabei aber den Gewaltcharakter der Gottheit aufzugeben. Auch *Baal* und seine Schwester und Gemahlin *Anat* sind gewalttätig; sie präsentieren sich in den in Ugarit entdeckten kanaanitischen Schriften in Kämpfen und Massakern. Sie kämpfen gegen *Jamm* und *Mot* und damit indirekt auch gegen *El*.

Die nomadischen Stammesgruppen, die, im 13. und 12. Jahrhundert v. Chr. aus Mesopotamien kommend, in Palästina einsickerten und aus denen später das Volk Israel entstand, hatten einen mitziehenden Gott, eine sogenannte „Wegegottheit". Auch diese hatte *El*-Charakter. Der Ort, an dem sie erschien, war aber nicht ein hoch aufragender Berg oder eine stark befestigte Stadt, sondern entsprechend der nomadischen Lebensweise der Stammesführer oder das Sippenoberhaupt. Im Alten Testament begegnen häufig Formeln wie „der *El* deines Vaters" (vgl. Gen 26,24; 28,13; 31,5; 32,9 u. a.) oder „der *El* eurer Väter" (vgl. Ex 3,13 ff.); auch ist die Rede vom *El* Abrahams (Gen 24,12), vom *El* Isaaks (Gen 46,1), vom *El* Sems (Gen 9,26). In Abgrenzung zu den kanaanitischen Stadtkönigen, die das Einsickern dieser Stämme und vor allem ihre Sesshaftwerdung mit militärischer Gewalt zu verhindern suchten und sich dabei mit *Baal* identifizierten, hielten diese Stämme am *El*-Charakter ihrer Gottheit fest, wie er ihnen am Charisma ihres Stammesführers aufging. Wahrscheinlich bedeutet der Name Isra-*el* „*El* sei unser Gott", „*El* herrsche über uns". Die Israeliten sind also ursprünglich *El*-Anhänger. Im Alten Testament gibt es eine literarische

Schicht, die ausschließlich den Gottesnamen *El* oder dessen Pluralform *Elohim* verwendet.

Die Gottesnamen *El* und *Jahwe* haben in der Bibel unterschiedliche Akzentsetzungen. Zwar ist auch *Jahwe* von seinem Ursprung her eine *El*-Gewalt und kommt in biblischen Texten als solche zum Ausdruck. Dennoch überwiegt bei *Jahwe* die Zuwendung und Sorge um sein Volk Israel, während *El* durch die Urgewalt, in der er wirkt, charakterisiert ist. Sein Symboltier in kanaanitischen Texten ist der Stier. Auch im Nordreich Israel – in Dan und Bethel – und noch im Jerusalemer Tempel wird der Stier als Gottessymbol verwendet. In seinen Orakelsprüchen sagt der Seher Bileam bei seinem Lobpreis Israels, dessen *El* habe „Hörner wie ein Wildstier", und fügt hinzu:

> „Er frisst die Völker, die ihm feind sind.
> Er zermalmt ihre Knochen
> und zerbricht ihre Pfeile.
> Er duckt sich, liegt da wie ein Löwe, wie ein Raubtier [...]"
> (Num 24,8f.)

In der Erzählung von der (verhinderten) Opferung Isaaks ist es *El*, der das Opfer des einzigen geliebten Sohnes fordert, während der Engel *Jahwes* den Vollzug der Opferhandlung verbietet; Abraham nennt daraufhin den Ort *Jahwe-Jire*, „*Jahwe* sieht und lässt sich sehen", er ist nicht die in *El* verkörperte blinde und blind zu verehrende Urgewalt.

Am deutlichsten wird der Charakter *Els* in der Hiob-Erzählung. Sehe ich von der in Prosa gehaltenen Rahmenerzählung ab, die auf eine alte Volksüberlieferung zurückgeht, taucht der Gottesname *Jahwe* nur an drei Stellen auf: einmal in der stehenden Redwendung *jad Jahwe*, „die Hand *Jahwe*s" (Ijob 12,9), sowie an jenen beiden Stellen, an denen die Gottheit, die das schreckliche Schicksal über Hiob bringt, ihr Schweigen bricht, dem Ijob antwortet und die Antwort Ijobs entgegennimmt (Ijob 38,1 bzw. 40,3 und 42,1). Sonst ist es immer nur *El*, *Eloah* oder *Schaddai*, „der Gewaltige", bzw. *El* in der Pluralform *Elohim*, der hinter Ijobs Schicksal steht. Zusammenfassend ist dabei der Charakter *Els* ausgedrückt in dem Satz: „[...] um *El* her ist schreckliche Herrlichkeit" (Ijob 37,22). Auch in den Antworten *Jahwe*s an Ijob wird diese Macht und Herrlichkeit *Els*, seine Stärke, Weisheit und Allgewalt auf eine Weise besungen, dass am Ende dem Ijob nur die bedingungslose Unterwerfung bleibt:

> „Ich lege meine Hand auf meinen Mund.
> Einmal habe ich geredet, ich tu es nicht wieder;
> ein zweites Mal, doch nun nicht mehr!"
> (Ijob 40,4f.)

Die Bibel greift also die jahrhunderttausendealte, überall auf der Erde verbreitete Gottessymbolik auf, die semitisch mit *'l* umschrieben ist und – wie besonders die Identifikation mit *Kronos* zeigt – letztlich ihren Ursprung in der Symbolik der Gewalt hat. Viele Texte der Bibel sind – wie unten im Kapitel über das Judentum ausgeführt – von dieser Symbolik geprägt.

Die Überwindung der *El*-Erfahrung durch die *Jahwe*-Erfahrung

Dem religiös-philosophischen Aufbruch der Achsenzeit gehen überall, wo er geschieht, Entwicklungen voraus, die es ermöglichen, Großreiche zu bilden und die Menschenmassen, in Stände aufgeteilt, zu beherrschen. Dazu gehört vor allem die Erfindung der Schrift, die es ermöglichte, Listen aufzustellen und Arbeitsverpflichtungen sowie Eigentumsverhältnisse zu fixieren. Auch eine von Beamten ausgeübte Verwaltungstechnik sowie Organisationsvermögen und Zeitplanung waren für die Bildung der Großreiche erforderlich. Diese Fähigkeiten wurden mit den Begriffen „Weisheit", „Klugheit" und „Einsicht" bezeichnet. *El*, dem Vater und König der Götter, dem Schöpfer und Organisator der Welt, wurden diese Fähigkeiten in besonderer Weise zugeschrieben. *El* wurde zum „Herrn der Weisheit". Im biblischen „Buch der Sprichwörter" wird diese Weisheit personifiziert und als Lebensquell vor Augen gestellt. Sie wird dabei aber nicht mit *El*, sondern mit *Jahwe* verbunden. Exegeten des Alten Testaments vermuten, dass die ursprüngliche Gottesbezeichnung in diesen Sprüchen *El* lautete und dass sie erst in späteren Überarbeitungen durch den Jahwe-Namen verdrängt wurde.[84] Denn in der Bibel ist *Jahwe* der Gott vertraglicher Regelungen und gesetzlicher Bestimmungen, der Gott, der sich in Schrift und Buch offenbart und dessen Wille mit Gelehrsamkeit und Verstand erforscht werden kann.

Ursprünglich war *Jahwe* ein Berg- und Sturmgott, der im Gebiet der Midianiter verehrt wurde. Einer der Nomadenstämme, aus denen sich später das Volk Israel bildete, geriet in dieses Gebiet, das unter ägyptischer Vorherrschaft stand. Diese sogenannte „Mosesgruppe" verehrte *Jahwe* und nahm ihn bei ihrem Auszug aus dem ägyptischen Gebiet als Schutz- und Wegegott mit sich. Der Ort, an dem er erschien, war nun die sogenannte „Bundeslade", als sein tragbarer Thronsessel und das heilige Zelt, das die Nomaden an ihren Lagerstätten für ihn aufschlugen. Diese Einheit von Ortsgebundenheit und mitziehendem Wegegott hat wahrscheinlich bewirkt, dass auch die anderen aus Mesopotamien einwandernden Nomadenstämme, als sie sich zum Volk Israel zusammenschlossen, *Jahwe* als ihren Gott übernahmen.[85]

Als Berg- und Sturmgott enthielt *Jahwe* in sich, wie aus den Erzählungen vom Berg Sinai abzulesen ist, die Urgewalt *Els*. Gleichzeitig aber war mit seinem Namen ein Ereignis verbunden, das als „Rettung am Schilfmeer" erzählt wurde und das zum Ausdruck brachte, dass dieser Gott sich seinem Volk in einem fürsorgenden Erbarmen zuwandte, das so groß und stark war, dass es diesen Stamm sogar vor der Großmacht Ägyptens schützen konnte. *Jahwe* wurde in diesem Ereignis von den bedrängten Nomaden als der rettende „Ich-bin-da" erfahren. *Jahwe* bedeutete fortan für diese Menschen „Ich bin da", und sie hofften, dass dieser Name und dieses Wesen ihrer Gottheit ihnen für immer erhalten bleiben würde: „Das ist mein Name für immer und so wird man mich nennen in allen Generationen" (Ex 3,14f.). Sie verpflichteten sich auf Vorschriften und Gesetze, die in den „Zehn Geboten" zusammengefasst waren, und sahen darin den „Bund", den *Jahwe* mit ihnen schloss. *Jahwe* ist also im Unterschied zu *El* – ähnlich wie im Iran *Ahura Mazda* in seiner monotheistischen Einzigkeit – ein Gott der Gerechtigkeit, des Vertrages und der Vertragstreue. Er fordert ethisches Verhalten, wie besonders die Propheten es einschärfen. In dieser Hinwendung zum Ethischen, zu Recht, Gerechtigkeit und Güte, ist deutlich die achsenzeitliche Neuorientierung greifbar.

Wie *Ahura Mazda* verlor auch *Jahwe* als Gott des Rechts und der Gerechtigkeit nicht auch schon seinen Gewaltcharakter. Besonders gegenüber den Feinden seines Volkes und gegenüber jenen Volksgenossen, die den Bund mit ihm durch Gesetzesübertretungen oder durch Hinwendung zu anderen Gottheiten brachen, trat diese Gewalt hervor. Im „Siegeslied des Mose" erscheint *Jahwe* als gewaltiger Kriegsgott, „gewaltig und heilig, gepriesen als furchtbar" (Ex 25,11), der die ägyptischen Verfolger und ihre Streitwagen „wie Blei ins tosende Wasser" sinken ließ (Ex 15,10) und der die Völker, in deren Land der Nomadenstamm zog, in Panik versetzte (Ex 15,14ff.). Diejenigen, die nicht auf alle seine Gebote und Gesetze achten, werden mit furchtbaren Flüchen bedroht: mit Pest, „mit Schwindsucht, Fieber und Brand, mit Glut und Trockenheit, Versengung und Vergilbung" (Dtn 28,22).

Sein Name, d.h. hebräisch sein Wesen, aber ist „Ich-bin-da". Er ist die Adlermutter, die ihr Volk auf Adlerflügeln trägt und beschützt (vgl. Ex 19,4). Er ist „ein barmherziger und gnädiger *El*, langmütig, reich an Huld und Treue" (Ex 34,6). Sein Erbarmen wird mit dem hebräischen Wort *rahamin* ausgedrückt, das etymologisch zusammenhängt mit dem Wort *rehem*, „Mutterschoß". Ausgesetzt in der Wüste fand *Jahwe* sein Volk und nahm es an als sein Kind (Dtn 32,10f.). Der biblische Schriftsteller weiß, dass damit der ursprüngliche, raubtierhafte Charakter *Els*, ausgedrückt in der Wortfügung *El-Schaddai*, „Gewaltiger Gott“, überwunden ist und ein neues, bisher nicht gekanntes Wesen *Els* in Erscheinung tritt, das nun mit *Jahwe* bezeichnet wird. Ausdrücklich lässt er *Jahwe* zu Moses sprechen: „Ich bin dem Abraham, Isaak und Jakob als *El-Schaddai* erschienen, aber unter meinem Namen (Wesen) *Jahwe* habe ich mich ihnen nicht zu erkennen gegeben“ (Ex 6,3).

Nach einer anderen Tradition begann die Anrufung der Schicksalsmacht als *Jahwe* schon nach der Ermordung Abels, als dem Set, dem dritten Sohn Evas, der Sohn Enosch geboren wurde (Gen 4,26b). Diese Tradition ist heute, wo die Völker und Religionen zum „Weltdorf Erde“ zusammenwachsen, besonders wichtig. Denn von *Set* aus entwickeln sich in den biblischen Genealogien die Geschlechter und Völker der Erde, aus denen später Abraham und Moses berufen werden. *Jahwe*, der mütterlich fürsorgende „Ich-bin-da“, ist also nach dieser Tradition – wenn auch unerkannt – die Gottesmacht, in der alle Geschlechter und Völker der Erde geborgen sind. Israel ist nur dazu auserwählt, dies den Völkern zu verkünden und zur Erfahrung zu bringen.

Im *Jahwe*-Namen drückt sich ähnlich wie in den achsenzeitlichen Aufbrüchen Ostasiens und der griechischen Denker und Dichter eine neue, an Ethik, Menschlichkeit und Rationalität orientierte religiöse Haltung aus. Darin liegt ein tiefgreifender Wandel des Gott-Denkens und Gott-Verstehens. Zwar ist *Jahwe* noch zwiegesichtig; gegenüber seinen Feinden und gegenüber den Gesetzesbrechern im eigenen Volk reagiert er *El*-haft mit Stier- und Raubtier-Gewalt. Aber seine Güte und sein Erbarmen sind nicht blind und willkürlich wie bei *El*. In der Erzählung von der – verhinderten – Opferung Isaaks gibt er sich als *Jahwe Jire*, „*Jahwe* sieht“, zu erkennen. In seiner *Tora* gibt er Weisungen, die, wenn sie eingehalten werden, das gütige und fürsorgende Gottesantlitz als bleibend und letztlich siegreich garantieren.

Die Überwindung der Zwiegesichtigkeit Jahwes in der Anrufung und Erfahrung Gottes als Abba durch Jesus

Die Verheißung, dass der Mensch, der sich an die Weisungen der Tora hält, letztlich ein langes und glückliches Leben haben wird, ein Leben, über dem der *Jahwe*-Gottesglanz liegt, ist die innere Grenze des *Jahwe*-Glaubens. Denn das Elend und die furchtbaren Leiden, die das Volk Israel in der Eroberung zuerst des Nordreiches durch die Assyrer und später durch die Eroberung Jerusalems und Judas durch Nebukadnezzar und die Fortführung der Oberschicht in die babylonische Verbannung trafen, konnten nicht mehr zureichend durch den Ungehorsam Israels gegenüber der *Tora* erklärt werden. Vor allem als Israel auch nach der Rückkehr aus dem Exil ein unterworfenes und tributpflichtiges Volk blieb, als heidnische Herrscher den *Jahwe*-Glauben auszurotten versuchten und sich die Makkabäer letztlich erfolglos gegen diese Unterdrückung des *Jahwe*-Glaubens erhoben, wobei viele Israeliten für ihren *Jahwe*-Glauben einen frühen und oft grausamen Tod starben, stieß der Glaube, durch Einhaltung der *Tora* könne der Mensch letztlich ein vom *Jahwe*-Glanz überstrahltes, geglücktes Leben erreichen, an seine Grenze.

Das Leiden des Gerechten, das immer wieder als bittere Wirklichkeit im exilischen und nachexilischen Israel begegnete, war die große Infragestellung des *Jahwe*-Glaubens. Im Buch Ijob und in den Klagepsalmen, wo die Leiden des Gerechten in erschütternder Weise dargestellt werden, besteht die Lösung des Problems darin, dass am Ende des Leidens nicht der Tod steht, sondern der Gerechte schließlich aus seinem Leiden errettet wird und wiederum *Jahwe* aus tiefster Seele lobpreisen kann. Angesichts der Märtyrertode in der Makkabäerzeit wurde jedoch diese „Lösung“ fragwürdig. In diesen Erfahrungen liegt der Ursprung eines anderen Lösungsweges, des Weges der Apokalyptik, die unten im Zusammenhang des Judentums näher dargestellt wird.

Jesus jedoch erfährt inmitten der Unfreiheit und der Leidenszeit Israels die Nähe *Jahwes* in beglückender Intensität und Dichte. In seiner Taufe am Jordan, die als eine Art Ouvertüre am Beginn aller Evangelien steht, sieht er die Himmel sich öffnen und den Gottesatem in Gestalt einer Taube – nicht wie noch im Alten Testament in Adlergestalt (vgl. Ex 19,4) – auf sich herabkommen und hört eine Stimme aus dem Himmel, die zu ihm spricht: „Du bist mein geliebter Sohn, an dir habe ich Gefallen gefunden“ (vgl. Mk 1,9–11).

Hier kommt eine Entwicklung zu ihrem Höhepunkt, die schon mit dem Propheten Moses beginnt und im prophetischen Wirken immer stärker hervortritt: die Individualisierung des Gottesverhältnisses. Sie ist nach Karl Jaspers kennzeichnend für die Achsenzeit. Allein steigt Moses in der Erzählung vom Berg Sinai zu *Elohim* hinauf (Ex 19,3), allein tritt er in die Wolke hinein, die Elohims Herrlichkeit umhüllt, und „Auge in Auge“ redet er mit ihm (Ex 33,11; Dtn 34,10). Noch geht es dabei nicht um sein persönliches Schicksal, sondern um das Geschick des Volkes Israel. *Jahwe* ist nicht *sein* Gott, sondern der Gott des Volkes Israel. Moses ist nur der Vermittler der *Tora*. In der Befolgung dieser Weisungen aber ist *Jahwe* jedem einzelnen Israeliten persönlich nahe. Der Prophet Jeremia spricht von den Tagen, wo *Jahwe* jedem Menschen seine Weisungen ins Herz schreibt, sodass keiner mehr der Belehrungen durch andere bedarf, sondern so wie Moses selbst unmittelbar *Jahwe* erkennt (Jer 31,33f.). Jeremia muss erfahren, dass seine *Jahwe*-Botschaft und *Jahwe*-Nähe ihn seinem Volk entfremden und ihn vereinsamen lassen: „Von deiner Hand gepackt, sitze ich einsam" (Jer 15,17). Trotzdem – als Vereinsamter – hält er an seiner Botschaft von seiner *Jahwe*-Erfahrung fest. Hier ist schon das Schicksal Jesu vorgebildet, der, auch als die Massen von ihm abfallen und das Synedrium ihn verurteilt, an seinem Gottesverhältnis festhält. In dieser Individualisierung des Gottesverhältnisses berührt sich die biblische Tradition deutlich mit dem in der Achsenzeit erkennbaren geistigen Aufbruch: Auch dort sind es Einzelne, die aus ihrem Volk heraustreten und in der Einsamkeit ihres Nachdenkens zu einem neuen Gottes- und Transzendenzverhältnis finden. Ihre Schüler nehmen sie nicht in ihr eigenes Transzendenzverhältnis hinein, sondern zeigen ihnen den Weg, auf dem sie je selbst zu einem eigenen Transzendenzverhältnis finden können. Jeder muss selbst seine „Erleuchtung" finden. Auch Jesus spricht von *Abba* als *seinem* Vater (vgl. Mt 14,36) und in der Rede an seine Jünger von „euerem" Vater (vgl. Joh 20,17).

Biblisch ist der Weg zu diesem individuellen Gottesverhältnis ein Ringen. Wie Jakob in der Nacht des Flussübergangs (Gen 32,23–33) kämpft auch Jeremia mit *El* und gerät dabei in eine Finsternis, in der er den Tag seiner Geburt verflucht (Jer 20,14.18). Für Jesu Weg ist dieses Ringen kennzeichnend. Mehrfach wird er nach den Erzählungen der Evangelien vom Satan versucht, und als am Ende die Vielen von ihm abfallen, kommt ein elegischer Zug in seine Reden und Gleichnisse (vgl. Joh 6,67 sowie die Gleichnisse von den Kindern auf dem Marktplatz Lk 7,31f., vom unentwegten Sämann Mk 4,3–8 und vom Senfkorn Mk 4,30ff.).[86] Im Gleichnis von der armen Witwe und dem ungerechten Richter erscheint Gott als blind und unzugänglich für die Not der Frau, und erst als er deren Zudringlichkeit sieht und fürchten muss, dass sie am Ende noch kommt und ihn ins Gesicht schlägt, verhilft er ihr zu ihrem Recht (Lk 18,2–5). Wie Jakob kämpft hier der Mensch das *Jahwe*-Antlitz aus der blinden *El*-Gewalt heraus. In den Erzählungen vom Tode Jesu wiederholt sich dieser Jakobskampf am Kreuz. Im Markusevangelium richtet er mit dem Klagepsalm 22 seine Klage ausdrücklich – das Wort wird in Aramäisch überliefert – an *El*: *„Eloi, Eloi, lema sabachtani"*, „Mein Gott, mein Gott, warum hast du mich verlassen?" (Mk 15,34). Doch der Evangelist Lukas weiß, dass am Ende von Psalm 22 der klagende Gerechte von *Jahwe* gerettet wird und dessen Treue preist; deshalb interpretiert er den Todesschrei Jesu mit Psalm 31: „*Abba*, in deine Hände gebe ich mein Leben" (Lk 23,46).

Der Weg von *El* zu *Abba* ist der biblische Erlösungsweg. Der *Abba*-Gott erweist seine Treue und die Wahrheit seiner Segensverheißung dabei nicht in der Weise, dass er den Gerechten vor dem Tode rettet, auch nicht dadurch, dass er wie *Jahwe* und wie *Ahura Mazda* am Ende ein apokalyptisches Schreckensgericht über die sündigen Menschen bringt. In Jesus und in der Meditation seines Geschicks kommt eine dritte Lösung in Sicht: Der Gerechte leidet und stirbt, aber er wird *im* Sterben gerettet und in Gott geborgen. In der Sprache der Bibel heißt dies: Er wird durch Gott „vom Tode auferweckt", er erfährt „Auferstehung", „Erhöhung", Aufgenommenwerden zu Gott, „Himmelfahrt". In dieser Lösung des Problems des leidenden Gerechten liegt, wie im Kapitel über das Christentum genauer zu zeigen sein wird, die spezifisch christliche Ermöglichung von Gewaltfreiheit.

Der Weg der Verwandlung der menschlichen Gotteserfahrung von der Erfahrung des blind-gewaltigen *El-Kronos*, der seine Kinder zugleich zeugt und wieder auffrisst, zur Erfahrung des bedingungslos liebenden *Abba*, ist die biblische Variante des geistigen Aufbruchs der Achsenzeit, dessen Ziel es ist, die archaische, an der Gewalt als dem Heiligen orientierte Religiosität des Menschen zu überwinden und ein gewaltfreies Zusammenleben der Menschen zu ermöglichen. Wohlgemerkt: Es geht dabei um die *menschliche Gotteserfahrung*, nicht um die metaphysische Frage, wer und was Gott „an sich", d. h. seinem Wesen nach, ist. Diese Frage wird so in der Bibel nicht gestellt. Es ist die Aufgabe jedes einzelnen Menschen, in seinem Leben immer neu, zuletzt auch noch im Sterben, den Weg von der *El*-Erfahrung zur *Abba*-Erfahrung zu suchen; wo er geschenkt wird, ereignet sich Erlösung.

C.
Die heutigen fünf großen Weltreligionen

Aus den dargestellten geistigen Aufbrüchen der Achsenzeit erwachsen die heutigen fünf großen Weltreligionen. Wie weit es in ihnen gelungen ist, die archaische Vergöttlichung der Gewalt zu überwinden, ist im Folgenden zu untersuchen. Dabei sind deutlich zwei große Traditionen zu unterscheiden: die fernöstliche Tradition, die uns im *Hinduismus* und im *Buddhismus* begegnet, und die nahöstliche Tradition, aus der sich das *Judentum*, das *Christentum* und der *Islam* als Weltreligionen herausgebildet haben.

I. Die fernöstliche Tradition

1. Der Hinduismus

Der Hinduismus ist keine einheitliche, von einem Religionsgründer gestiftete Weltreligion. Der Name „Hinduismus" bezeichnet vielmehr ein Bündel von Religionen und religiösen Gemeinschaften, das im Laufe von etwa dreieinhalb Jahrtausenden in Indien gewachsen ist.

Samsara und *ahimsa* – Grundbegriffe der indischen Gewaltfreiheit

Ausgangspunkt der hinduistischen Religionen sind die *Veden*, die älteste heilige Schrift der Menschheit. Diese Schriften entstanden in den drei Jahrhunderten zwischen 1500 und 1200 v. Chr. Sie enthalten Gebete und Preislieder an die Götter der eingewanderten Arier und Ritualtexte für die Opferfeiern. Die Religion der Veden ist eine ausgeprägte Opferreligion. Sie ist weltzugewandt und am Diesseits orientiert. Durch die von den Brahmanen nach komplizierten und genauen Regeln dargebrachten Opfer sollen Wohlstand und Gedeihen der Menschen sichergestellt werden. Die in den Riten zum Ausdruck kommende Opferkraft, das *brahman*, hält den Kreislauf des Lebens in Gang. Die Brahmanen, deren Aufgabe es ist, die komplizierten Riten sachgerecht zu vollziehen, bilden die oberste Schicht, die vornehmste Kaste, in der Gesellschaft.

Um etwa 800 v. Chr. entstand eine neue Geisteshaltung. Sie erwuchs aus dem Brauch, dass der alternde Brahmane seinen Dienst an den Riten aufgab und sich in die Waldeinsamkeit zurückzog. Dort sammelte er Schüler um sich, um mit ihnen über die Bedeutung der Veden, aber darüber hinaus auch über den Sinn der Welt und des Lebens nachzudenken. Dadurch entstand eine spekulative esoterische Lehre, die in den sogenannten *Upanishaden* schriftlich niedergelegt wurde. In ihnen artikulierte sich zuerst die Grundlage der indischen Philosophie und Religiosität. Sie liegt begründet in der Einsicht, dass das *brahman*, die Kraft, die die Welt in Gang hält, identisch ist mit dem *atman*, dem Selbst, das in der menschlichen Erscheinung, aber auch in der Eigenständigkeit alles Seienden zum Ausdruck kommt. Diese Erkenntnis, verinnerlicht als Erleuchtung (*moksa*), befreit aus dem Eingebundensein in den Kreislauf von Geburt, Tod und Wiedergeburt. Der Buddhismus lehnt in dieser Erlösungsvorstellung allerdings den Begriff des *atman* ab.

In dieser hier zur Erscheinung kommenden Geisteshaltung liegt ein wesentlicher religionsgeschichtlicher Wandel gegenüber den archaischen Vorstellungen. In der archaischen Religiosität waren religiöse Hoffnung und Erwartung ganz auf das Diesseits gerichtet. Geglückte Jagd und reicher Fischfang, gesunde Tiere und kräftig sich vermehrende Herden, fruchtbarer Regen und Sonnenschein, der in Fülle die Ähren reifen ließ, Gesundheit und Lebensglück waren die gnädige Gabe der Gottheit, die man in Gebet und Opfer erflehte. Das Reich der Toten war dem gegenüber eine Schattenwelt fernab vom festlichen Leben. Die Pflanzer- und Bauernkulturen setzten ihre Hoffnung auf den Kreislauf der Fruchtbarkeit, der ihnen die lebensnotwendige Nahrung schenkte. Das Verwelken und Absterben der Vegetation nach der Ernte und ihr Wiedererblühen im Frühjahr erweckten die Hoffnung von der Ewigkeit des Lebens, in die auch der Mensch eingebettet ist. Zwar folgten auf Geburt, Wachstum und Lebensfülle auch immer Alter und Tod; doch so wie nach einiger Zeit die Pflanzen zum Leben erwachten, so durfte in dieser Sicht der Welt auch der Mensch auf eine neue Geburt und ein neues Leben hoffen. Der Kreislauf von Geburt, Leben, Altern, Tod und Wiedergeburt war deshalb ursprünglich die Hoffnung und Sehnsucht vor allem des bäuerlich lebenden Menschen. Der Tod war nur Durchgang zu einem erneuerten Leben. Das verbrauchte und abgetragene Kleid des alternden Leibes wurde vom Menschen in der Verwandlung des Todes abgelegt, um in einem neuen Kleid wieder zum Leben zu erwachen.

In der indischen Religiosität, wie sie uns zuerst in den frühen *Upanishaden* entgegentritt, hat sich dieses hoffnungsvolle Lebensbild in sein Gegenteil verkehrt: Der Geburtenkreislauf ist nicht mehr der Hoffnungsanker, an den sich der alternde und dem Tod entgegengehende Mensch klammert, sondern ein unheilvolles Rad, an das der Mensch durch sein *karma* gefesselt ist und das ihn zu immer neuen Geburten zwingt. Das im Kreislauf ewig sich fortbewegende Leben bedeutet nicht Hoffnung, Freude und Glück, sondern ewig sich fortpflanzendes Leiden, Altern und Sterben. Das Rad der Wiedergeburt ist kein Glücksrad, sondern ein Unheilsrad, das den Menschen in die Welt des Leidens einbindet. Die Sehnsucht geht nicht dahin, sich in dieses Lebensrad einzufügen, sondern sich von ihm zu befreien, die Fesseln zu lösen, die an dieses Rad binden.

Es ist schwer zu sagen, wodurch dieser Wandel der Lebensanschauung und des Lebensgefühls bewirkt wurde. Es ist wohl ähnlich wie in der Legende vom ewig wandernden Juden, der sich letztlich nichts sehnlicher wünscht als den endlichen Tod. Das Leben, auch wenn es im Kreislauf sich immer wieder erneuert, wirkt im Ganzen gesehen ermüdend. Das neue Leben, zu dem ein Mensch wiedergeboren wird, enthält in sich auch in den höchsten Stufen des Seins, auch innerhalb des Lebens in der Götterwelt, immer wieder Alter und Tod. Ohne Tod kein Leben, kein Leben ohne Tod. Der Mensch ist in diese Tretmühle eingespannt. Er sehnt sich nach Befreiung. Seine Sehnsucht geht über das irdische Leben hinaus. Er streckt sich aus nach dem Anderen, dem *Ganz*-Anderen, das nicht mehr in irdischen Kategorien und Worten einzufangen ist. Der Buddhismus erkennt dieses Andere nur im „Verwehen", indisch *nirvana.* Jede positive Beschreibung dieses Anderen würde es seiner Andersheit berauben und es in das *samsara* hineinziehen.

In den ältesten Upanishaden, in der *Chandogya-Upanishad* 3,17,4 (wahrscheinlich aus dem 9. Jahrhundert v. Chr.) erscheint auch schon der indische Grundbegriff für die Lebenshaltung der Gewaltfreiheit: *Ahimsa. Ahimsa,* „Nichtverletzten", „Nichttöten", ist schon im sogenannten „königlichen Yoga" (*rajayoga*) die erste der fünf ethischen Forderungen, die den Weg zur Erlösung weisen. Im Jainismus und im Buddhismus wird *ahimsa* zur Grundforderung der Lebensgestaltung.

Doch der Weg von einer philosophischen Einsicht zur gewaltfreien Lebenspraxis ist weit. Vor allem die Gottesbilder und Gottesvorstellungen, die den Menschen innerlich bewegen, prägen vor aller Reflexion sein Tun und Handeln. „Was für einen Gott der Mensch in den Chiffren sieht, das wird der Mensch selber. Das Ringen des Menschen um sich vollzieht sich in seinem Ringen um die Gottheit", sagt Jaspers.[87] Sage mir deinen Gott, und ich sage dir, wer du bist. Wer im Raubtier oder im Wildtier das Symbol des Göttlichen erblickt, ist stark dazu motiviert, selbst gewalttätig zu handeln, um in diesen „göttlichen" Bereich Eingang zu finden. Wer dagegen in der Mutter und im Kind – im indischen Denken weiter gefasst: in der Beziehung zu allen lebenden Wesen – das Göttliche aufleuchten sieht, wird in einer gewaltfreien Existenz eine den Tod transzendierende Identität zu finden suchen.

Götterwelt und Lebenspraxis

In den hinduistischen Religionen gibt es Tausende von Gottheiten. Hier eine systematische Ordnung zu finden, ist unmöglich. Die oben (Kap. B.I) beschriebene Götterwelt der Veden spiegelt noch weitgehend die Religion der

Hirtenkrieger wieder, die in das Industal eingefallen waren. Es sind hauptsächlich kriegerische Gottheiten, deren Charakter in der Lebenspraxis der sie verehrenden Menschen vorvedisch im Opferkampf und auch noch vedisch im *aesma*, der „Raserei", vergleichbar dem Dionysos-Kult im antiken Griechenland, zum Ausdruck kommt. Diesem *aesma* steht in den Veden aber schon die *rta*, die Gesetzmäßigkeit und Regelmäßigkeit des Ritus, gegenüber, der den vorvedischen blutigen Opferkampf ersetzt.

Weibliche Gottheiten treten im Kult und in den vedischen Texten nicht besonders hervor. Sie hatten aber in der Religion der einheimischen unterworfenen Bevölkerung eine wichtige Bedeutung. Diese durchdringt im Laufe der Zeit die Götterwelt der Hirtenkrieger und setzt sich im späteren Hinduismus teilweise an ihre Stelle. *Vishnu*, die große Gottheit des Hinduismus, erscheint in den *Veden* nur als dienender Begleiter *Indras*, jetzt ist er es, der zusammen mit seiner Gemahlin *Lakshmi* den Menschen Fruchtbarkeit und Lebensglück schenkt. In vielen Inkarnationen – sogenannten *avataras* – verkörpert er sich in der Menschenwelt, wo er mit spielerischer Kraft die Dämonen besiegt und Menschen zum Glück verhilft. Der vedische Wildnisgott *Rudra*, der mit dem Essen von rohem Fleisch, Blut und Mark in Verbindung gebracht wird und noch am stärksten an die archaische Raubtiergottheit erinnert, wird später in seinem gütigen Aspekt *Shiva* genannt und entwickelt sich zur zweiten großen Gottheit der hinduistischen Religionen. Er trägt mehrere Gesichter. Gleichzeitig ist er der Schöpfer, der Erhalter und der Zerstörer der Welt. Seine Kraft wird durch das *linga*, das Symbol der männlichen Zeugungskraft, dargestellt; in den Mythen hat es oft riesige Ausmaße. Oft trägt er wilde Züge und begegnet als ungeheuer willensstarker und mit Kraft geladener Asket. Der dunkle, der Gewalt verhaftete Aspekt der Gottheit tritt unter den hinduistischen Gottheiten am stärksten in *Shiva* hervor, besonders wenn er in den Mythen in Verbindung mit der Göttin *Durga* bzw. (mit anderem Namen) *Kali* als Partnerin auftritt. Die dritte bedeutende männliche Gottheit im Hinduismus ist *Brahma*. Im Unterschied zu *brahman*, der unpersönlichen, magisch wirksamen Kraft, die als ewiges Prinzip hinter dem Ursprung des Universums und hinter den Göttern steht, ist *Brahma* der persönliche Schöpfergott. Er wird in roter Farbe mit vier Köpfen und vier Armen dargestellt. Ursprünglich galt er als der Erste in der Hindu-Trias von *Brahma*, *Vishnu* und *Shiva*, wird aber heute nur selten verehrt.

Unter verschiedenen Namen tritt die große Muttergottheit hervor, die heute noch allen hinduistischen Religionen ihr Gepräge gibt. Als *Tara* und *Lakshmi*, der Gattin *Vishnus*, verkörpert sie Fruchtbarkeit, Glück und Schönheit, und als *Durga* und *Kali*, oft in Verbindung mit *Shiva*, ist sie die Verschlingerin der Zeit, die in schwarzer, ausgezehrter Gestalt, nackt oder mit einem Tigerfell bekleidet und mit einer Girlande aus Menschenköpfen bekränzt, an Leichenverbrennungsstätten oder auf dem Leichnam *Shivas* einen wilden Tanz aufführt. In der Vergangenheit wurden ihr Menschen geopfert, und noch heute wird sie in blutigen Tieropfern verehrt. Die sogenannten *Thags*, religiös motivierte Räuberbanden, begannen ihre mörderischen Raubzüge mit einer kultischen Verehrung *Kalis*.

Die Vielfalt göttlicher Gestalten, die – wie besonders an *Shiva* deutlich wird – oft in sich selbst widersprüchlich sind und sowohl Aspekte der Güte wie auch der Gewalt in sich vereinen, wirkt der philosophischen Läuterung der Religion entgegen. Die Praxis des Lebens im hinduistischen Indien zeigt eine dementsprechende Widersprüchlichkeit: Neben der Vergöttlichung der Frau und Mutter, die teilweise sogar als höchste Gottheit verehrt wird, findet sich noch bis in die jüngste Vergangenheit eine radikale patriarchale Versklavung der Frau, die in der Tötung neugeborener Mädchen, ihrer Verheiratung im Kindesalter und im Verbot der Witwenheirat bis hin zur Witwenverbrennung ihren Ausdruck findet. Vielleicht erklärt gerade die unterschwellig stets vorhandene Vergöttlichung der Frau die Radikalität und Grausamkeit, mit der das Gewaltpatriarchat im konkreten Leben die Frau unterwarf; das Göttliche musste vereinnahmt werden. Auch im indischen Kastenwesen – das allerdings nicht unmittelbar religiös begründet ist – finden sich oft erschreckende Gewaltstrukturen. Der Hinduismus hat sich nie gegen das Kastenwesen gestellt. Sogar Mahatma Gandhi, das Symbol indischer Gewaltfreiheit, hat das Kastenwesen gelten lassen.

Diese Widersprüchlichkeit der Lebenshaltung zeigt sich auch in der politischen Praxis. Vom *ahimsa*-Denken herkommend wird dem Krieger Fairness im Kampf eingeschärft; er darf keinen Feind töten, der betrunken oder verrückt ist, der schläft oder seinen Kriegswagen verloren hat, ebenso wenig ein Kind oder eine Frau. Andererseits ist es die göttliche Pflicht des Kriegers, sein *dharma*, mit Gewalt gegen seine Feinde vorzugehen. Auch die Götter kämpfen ja mit tödlicher Gewalt gegen die Dämonen. Ein Fürst erreicht religiöse Verdienste, wenn er sein Reich gut regiert und ebenso, wenn er das Reich des anderen gewaltsam erobert, sagt ein hinduistischer Weiser.[88] Der Eroberungskrieg ist also ein religiöses Verdienst. Auch in der Gesetzessammlung des legendären Manu aus dem 2. Jahrhundert n. Chr. wird gesagt, dass Könige, die einander in der Schlacht umbringen, unmittelbar in den Himmel eingehen.[89] Wie in der archaischen Religiosität sind hier Kampf und Krieg, die Verwirklichung des Raubtierstatus, das Medium des Göttlichen.

Die religiös-philosophische Spekulation entgöttlicht das Gewaltgeschehen durch die *ahimsa*-Lehre. Im Hinduismus führt dies aber nicht zur unmittelbaren Ablehnung der Gewalt. Der Kreislauf von Geburt, Tod und Wiedergeburt ist nur *samsara*, ein letztlich sinnloser Kreislauf, aus dem es sich zu befreien gilt, um ins Göttliche einzugehen. Der Krieger, der entsprechend seiner Kastenpflicht Menschen tötet, greift nur in dieses *samsara* ein; unter bestimmten Bedingungen ist dies mit der *ahimsa*-Lehre vereinbar. In der *Bhagavadgita*, der bekanntesten religiösen Schrift des Hinduismus, kommt dieser Widerspruch deutlich zum Ausdruck.

Gewalt und Gewaltüberwindung in der Bhagavadgita

Wer sich mit den hinduistischen Religionen und ihrer Götterwelt näher befasst, hat bald das Gefühl, sich in einem weglosen Dschungel zu verlieren; zu vielfältig und unübersichtlich sind die Aspekte, zu umfangreich die religiöse Literatur. Zum Glück jedoch gibt es eine kleine religiös-philosophische Schrift, ein formvollendetes Lehrgedicht, das alle wichtigen Strömungen des Hinduismus in sich enthält und von allen Hindus, welcher Richtung sie auch angehören, als Juwel und als Quelle ihrer geistigen Inspiration betrachtet wird. Die Schrift heißt Bhagavadgita, „des Erhabenen Gesang". Sie ist in den ersten nachchristlichen Jahrhunderten entstanden als Einschub innerhalb des riesigen, über 100000 Verse umfassenden Epos Mahabharata, das die Geschichte einer königlichen Familie erzählt. Als Teil dieses Epos ist das Lied nicht ausdrücklich ein Teil der kanonischen Schriften des Hinduismus. Dennoch ist es in den Herzen der indischen Menschen lebendig wie kein anderes Stück der religiösen Schriften der Hindus. Selbst die Analphabeten kennen es vom Hören wandernder Gurus. Viele können es auswendig, jährlich wird es etwa tausendmal neu gedruckt. Vive Kanandera, Shri Aurobindo, Mahatma Gandhi und zahlreiche andere große Denker haben das Werk kommentiert und als gültigen Ausdruck der hinduistischen Religionen dargestellt. Politische und soziale Kämpfer haben in der Schrift Licht und Trost gefunden; Verurteilte rezitierten Verse aus dem Gedicht vor ihrer Hinrichtung.

Das Problem der Gewalt steht im Zentrum der Schrift. Ihr Inhalt ist das Gespräch zwischen *Krishna*, einer Inkarnation des Gottes *Vishnu*, und dem Feldherrn *Arjuna*. Die Szene spielt in einem Bruderkrieg. Es geht um Erbstreitigkeiten. Die fünf Söhne des *Pandu* verlangen den ihnen zustehenden Teil des Königreichs von den hundert Söhnen des *Dhritarashtra* und greifen, da diese die Teilung des Reiches ablehnen, zu den Waffen. Die gegnerischen Armeen stehen sich kampfbereit gegenüber. *Arjuna* und sein Schutzgott und

Wagenlenker *Krishna* fahren in die Mitte des Schlachtfeldes. Von dort aus überblickt *Arjuna* beide Heere. Kriegsmusik ertönt auf beiden Seiten, und gierig nach blutigem Kampf stehen sich Neffen und Onkel, Söhne, Schwäger und Freunde gegenüber.

Es ist ein Sonderfall des Krieges. Normalerweise demonstriert eine Sippe gegenüber anderen, fremden Sippen ihre Tötungsgewalt und damit ihren göttlichen Status. Menschen der eigenen Sippe zu töten ist tabu. Genau dies aber wird jetzt von *Arjuna* verlangt. Es geht nicht darum, ob es gut ist, überhaupt Krieg zu führen und zu töten. *Arjuna* ist von Geburt an ein *kshatriya*, ein Angehöriger der Kriegerkaste; Krieg führen, Kämpfen und Töten gehört zu seinem Handwerk, zu seinen ihm von der Kaste auferlegten Pflichten. Doch hier kämpft der Stamm gegen sich selbst; Blutsverwandte drohen einander gegenseitig umzubringen. Die Tötungsgewalt, die Göttlichkeit des Stammes, hebt sich in diesem Krieg gleichsam selber auf.

> „Drum nicht dürfen töten wir der blutsverwandten Kuru Schar;
> Wenn wir den eigenen Stamm gefällt, wie können wir je glücklich sein?"
> (I,37)[90]

Jeder Stammesangehörige ist verpflichtet, die Ehre, die in Tötungsgewalt sich dokumentierende Göttlichkeit seines Stammes, zu schützen und zu erhalten. Wo sich diese Stammespflichten auflösen, „folgt unausweichlich Höllenpein als Strafe" (I,44).

In dieser Situation lässt *Arjuna* seine Waffen sinken und will sich lieber wehrlos von den *Dhritarashtra*-Söhnen erschlagen lassen, als selbst seine Verwandten zu töten. Doch *Krishna*, der Gott und Wagenlenker *Arjunas*, fordert von diesem die Erfüllung seiner Kastenpflicht. Ein Angehöriger der Kriegerkaste hat kein Recht, die Waffen sinken zu lassen, Heldenhaftigkeit ist seine Pflicht: „Die Schwäche, die erbärmlich ist, gib auf! Erhebe dich, du Held!" (II,3).

Die in allen hinduistischen Religionen wirksamen Grundüberzeugungen bietet *Krishna* auf, um *Arjuna* zu überzeugen und zum Kampf zu bewegen. Zunächst geht es um das *dharma*, die ethische, soziale und religiöse Ordnung des Weltalls. Diese steht über Stammesehre und Stammespflichten. Nur wenn sie erhalten bleibt, können die Stämme überhaupt existieren. *Arjunas* Verwandte und Freunde sind im Recht und müssen deshalb gegen die Verwandten kämpfen, die im Unrecht sind. Die Einteilung der Menschen in Kasten und die den einzelnen Kasten auferlegten Pflichten gehören zum *dharma*. Krieg ist im *dharma* eingeschlossen, weil es nach diesem *dharma* eine Kriegerkaste gibt. Kastenpflicht geht vor Stammespflicht.

„Denn für den Krieger gibt es ja nichts Besseres als gerechten Kampf.
Als hätte sich von ungefähr des Himmels Pforte aufgetan,
So grüßen freudig, *Pritha*-Sohn, die Krieger einen solchen Kampf." (II,31 f.)

Dies ist altes, von der Verehrung des Raubtiergottes herkommendes Heldenpathos: In der Schlacht zu „fallen" bedeutet ebenso Vergöttlichung wie der Sieg: „Im Tod gehst du zum Himmel ein! Siegst du, fällt dir die Erde zu!" (II,37).

Im *dharma* der Kriegerkaste lebt also der Raubtiergott weiter. Um *Arjuna* endgültig von seiner Kampfespflicht zu überzeugen, offenbart sich ihm im elften Gesang *Krishna-Vishnu* in seiner Gottesgestalt, in der die ganze Götterwelt vereint ist. Diese Gestalt aber ist eine „Schreckensgestalt" (XI, 20). Die Welt bebt bei ihrem Anblick:

„Dein Riesenleib mit vielen Mündern, Augen,
Mit vielen Armen, vielen Schenkeln, Füßen,
Mit vielen Bäuchen, Rachen voller Zähne [...]" (XI,23)

Arjuna sieht die hundert Söhne des *Dhritarashtra* und die Scharen königlicher Helden auf beiden Seiten des Schlachtfeldes auf den göttlichen „Rachen" zueilen (XI,27).

„Den schrecklichen, klaffend mit des Dräu'nden Zähnen;
Es stecken manche schon zwischen den Zähnen,
Man kann sie sehen mit zermalmten Köpfen!"

Wie Flüsse und Ströme unaufhaltsam dem Meer zulaufen, so bewegen sich diese Helden in den göttlichen „Flammenrachen" (XI,28). Wie Schmetterlinge in die Flammen des Feuers hineinfliegen,

„So eilen auch zum Untergang die Menschen
In voller Hast hinein in deinen Rachen" (XI,29)

Ausdrücklich bestätigt *Krishna* diese furchtbare Gottesvision:

„Ich bin die Zeit, die alle Welt vernichtet,
Erschienen, um die Menschen fortzuraffen;" (XI,32)

Arjuna ist nur „Werkzeug, Kämpfer mit der Linken" (XI, 33) in der Hand dieses Raubtiergottes; nicht er, *Arjuna*, ist es, der sie tötet, Gott hat sie schon getötet, ehe *Arjuna* in der Schlacht auf sie trifft. Vor der Macht dieser Gottesvision beugt sich *Arjuna* wie *Hiob*; wie *Abraham* vor dem gewaltigen *El-Schaddai* wirft er sich vor dieser *Vishnu*-Gestalt zu Boden (XI, 44). Er ist bereit, kämpfend und tötend an der Erhaltung des *dharma* mitzuwirken.

Eine zweite Argumentationskette, die *Arjuna* zum Kampf motivieren soll, entnimmt *Krishna* aus der in allen östlichen Religionen verbreiteten Lehre der Wiedergeburt. Geburt, Tod und Wiedergeburt ist ein Kreislauf, in dem sich die Seele (oder das Selbst) immerfort bewegt, bis sie (oder es) durch Erkenntnis, Erleuchtung oder Gottesliebe daraus erlöst wird. Gesteuert wird dieser Kreislauf durch das *karma*, die guten oder schlechten Kräfte, die sich durch das Tun und Verhalten eines Lebewesens ansammeln. Am besten ist es, sich so zu verhalten, dass überhaupt kein *karma* angesammelt wird, weil dann der Mensch nicht mehr in den Kreislauf der Wiedergeburten, das *samsara*, eingebunden ist.

Nach dieser Überzeugung gibt es letztlich gar keinen Tod und kein Töten. Denn das *atman*, das Selbst, die Seele, der Geist, der den Körper bewohnt, ist unverletzlich.

> „Es schneiden ihn die Waffen nicht, es brennt ihn nicht das Feuer,
> Es nässet ihn das Wasser nicht, es dörret ihn auch nicht der Wind. […]
> Es ist beständig, überall, fest, ewig, unerschütterlich"
>
> (II,23f.)

Da das *atman*, das Selbst, letztlich mit dem *brahman*, der göttlichen Opferkraft, identisch ist, kann *Krishna* zu *Arjuna* sagen:

> „Nie war die Zeit, da ich nicht war, und du und diese Fürsten all,
> Noch werden jemals wir nicht sein, wir alle, in zukünftiger Zeit! […]
> Vergänglich sind die Leiber nur, – in ihnen weilt der ew'ge Geist,
> Der unvergänglich, unbegrenzt […] – nimmer
> Wird getötet er, wenn den Leib man tötet."
>
> (II,12, 18, 20)

Der Leib ist nur ein Kleid, das im Tod abgelegt wird, um ein neues anzuziehen (II, 22). *Arjuna* soll deshalb seine Bedenken aufgeben und sich mutig in die Schlacht, auch gegen seine eigenen Verwandten, stürzen.

Dennoch – und gerade so – ist die Bhagavadgita nicht ein blindwütig zu Kampf und Vernichtung aufrufendes Heldenepos. Mehrmals wird in dem Lied das *ahimsa*, das Nicht-Verletzen, Nicht-Töten als Ideal des weisen und hellsichtigen Menschen genannt (z.B. X, 5; XIII, 7; XVI, 2):

> „Nichtschäd'gen, Wahrheit, Nichtzürnen, Nichtverleumden, Friede, Verzicht,
> Milde, Mitleid mit den Wesen, Scham, Nichtbegier, Nicht-Unstetsein;
> Kraft, Reinheit, Festigkeit, Geduld, Nichtkränken, nicht hochmüt'ger Sinn,
> Die finden sich bei einem, der zum Götterlos geboren ist."
>
> (XVI,2f.)

Wie ist diese Friedensethik vereinbar mit dem Appell an *Arjuna*, seine Pflicht als Angehöriger der Kriegerkaste zu erfüllen?

Die Lösung dieser sehr schwierigen Frage ist ebenfalls von der Wiedergeburtslehre her zu gewinnen. Das höchste und letzte Ziel des Hindugläubigen besteht ja darin, eine Lebenshaltung anzunehmen, in der er kein *karma* mehr ansammelt und deshalb aus dem Kreislauf der Wiedergeburten erlöst werden kann. Diese Lebenshaltung besteht im Hinduismus jedoch nicht darin, dass der Mensch in harter Askese seinen Körper peinigt, sich von allem zurückzieht und so – gleichsam strategisch – auf direktem Weg die Erlösung, die *moksa*, zu erreichen sucht. Ein solches direktes Streben würde nur wiederum *karma* ansammeln. *Karma* entsteht überall dort, wo der Mensch von Verlangen, Begehren und Wünschen getrieben wird, und sei es auch von dem Wunsch nach Erlösung. Nur das völlige Freiwerden von Verlangen und Wünschen, sei es nach Söhnen, Frauen, Gütern oder auch asketischer Höchstleistung, bringt das *karma* zum Erlöschen und erlöst vom Kreislauf der Wiedergeburten. Durch erkennendes Denken, Meditation und hingebungsvolle Gottesliebe kann der Mensch von solchem Verlangen frei werden. Das aber bedeutet, dass er sein Ich völlig aufgibt. Er lebt dann nur noch in seinem geistigen Selbst, dem *atman*, das mit dem *brahman* zusammenfällt. Dabei bleibt er im Leben, tut das, was auf ihn zukommt und die Pflicht von ihm verlangt, auch die Pflicht des Kriegers. Er ist aber von seinem geistigen Selbst her an all diesen Handlungen nicht beteiligt. „Wie die Lampe, vom Wind geschützt, nimmer flackert" (VI, 19), d.h. frei von Wunsch und Begierden, ruht der Weise in sich selbst. Er handelt, wenn und weil sein *dharma* es fordert, nicht aber, um etwas für sich zu erreichen. Er ist nicht an der Frucht seines Tuns interessiert.

> „Nicht freut er über Liebes sich, erschricket vor Unliebem nicht,
> wer starken Geistes, unbetört, das *Brahman* kennt und ruht in ihm."
> (V, 20)

In solcher Lebenshaltung ist es nicht *er*, der handelt, sondern die Natur:

> „Und wer die Taten allerwärts durch die *Natur* nur sieht geschehen,
> Das *Selbst* dabei als nichthandelnd erkennet, der hat recht erkannt."
> (XIII, 29)

Das Selbst also handelt nicht und sammelt deshalb auch kein *karma* an: „Wenn es auch in dem Körper wohnt, doch handelt's nicht, wird nicht befleckt" (XIII, 31). So kann *Krishna* am Ende des Liedes zu *Arjuna* sagen:

> „Wer kein selbstsücht'ges Wesen hat, wessen Geist nicht beflecket wird,
> Ob alle Welt er tötet auch, tötet doch nicht, wird nicht verstrickt."
> (XVIII, 17)

Nicht das Tun, sondern die innere Haltung entscheidet. Wenn *Arjuna* nicht aus Kampfbegier und nicht, um Schätze und ein halbes Königreich zu erwerben, in den Bruderkrieg zieht, verletzt er nicht und tötet er nicht; er bleibt im *ahimsa*.

Dieser Gedankengang scheint uns westlichen Menschen an den Haaren herbeigezogen, nur um gewalttätiges Handeln zu rechtfertigen. Auf dem Hintergrund der Gewaltfaszination, von der die Religions- und Menschheitsgeschichte vom Ursprung her jahrhunderttausendelang geprägt ist, ist hier jedoch eine bedeutsame Wandlung des Denkens festzustellen: Gewalttätiges Handeln ist in diesem Denken nicht mehr göttliches Handeln. Es gehört zum *samsara*, zum Naturkreislauf von Geburt, Tod und Wiedergeburt, aus dem der Mensch frei zu werden sucht. Nicht mehr das *aesma*, das Kampfesrasen eines *Indra*, erscheint als göttlich und erhebt den Menschen in einen göttlichen Seinsstatus, sondern das nachdenkliche Sich-Besinnen, die innere Ablösung von den Dingen der Welt, von Hass und Begierde. Es erfolgt eine Säkularisierung, eine Entgöttlichung der Gewalt.

Wenn auch, wie oben gezeigt, in der Vision *Krishnas* als der Schreckensgestalt noch archaisch-raubtierhafte Züge auftreten, besingt das Lied Gewalt und Gewalttätigkeit nicht mehr als das Heilige. Zwar gebietet die Kastenpflicht dem *Arjuna* den Schritt zur Gewalt; aber nur, wenn er die Tat als *Pflicht* vollbringt, nicht aber, um durch seine Tat etwas zu erreichen – sei es irdische Herrschaft oder Vergöttlichung –, wird er nicht durch sie „befleckt". Das tatendurstige Ich gilt es zu besiegen und unberührt von allem in sich zu ruhen. Gegen Freund und Feind, gegen Gute wie Böse soll er, auch wenn die Pflicht ihm zu kämpfen befiehlt, gleich gesinnt und freundlich sein (vgl. VI, 9; XI, 55).

Tatsächlich zieht sich, wie Gandhi in seiner Gita-Interpretation feststellt, ein Geist der Freundlichkeit und Güte durch das Lied. Das *brahman*, identisch mit dem *atman*, ist der große Mutterschoß, in dem das Werden aller Wesen, vom „Lebenskeim" *Krishnas* geweckt, seinen Ursprung hat (14,3). Auf die Frage *Arjunas*, was mit dem geschieht, „der sich nicht zähmt" und bei Meditation und Andacht „schwankenden Sinns" ist, antwortet *Krishna* nicht mit einer Höllendrohung, sondern sagt:

> „O *Pritha*-Sohn, nicht hier noch dort muss solch ein Mann zugrunde gehen,
> denn niemand, der redlich verfährt, soll in das Elend kommen, Freund!"
>
> (VI, 37–40)

Der mütterliche Gott kann nicht in eine ewige Hölle verstoßen. Zwar werden Begierde, Zorn und Habsucht als das „dreifältige Höllentor" genannt

(XV, 21), auch die Vermischung der Kasten „führt zur Hölle hin“ (I, 42), doch diese „Hölle“ besteht nur in dem Eingebundensein des Menschen in den Strom der Wiedergeburten, aus dem der Mensch sich, wenn auch mühsam, grundsätzlich immer befreien kann; Gott bietet fortwährend diese Befreiung an, niemals verurteilt er.

Im Unterschied zum *Allah* des Koran, der es als größte Sünde ansieht, ihm jemanden „beizugesellen“, auch im Unterschied zum „eifersüchtigen“ Gott der Bibel (vgl. Ex 20,5; 34,14 u. ö.), der die Verehrung fremder Götter mit furchtbaren Strafen bedroht (vgl. Dtn 21–25), lässt *Krishna* auch die Verehrung eines anderen Gottes gelten; von einem Menschen, der dies tut, sagt er:

> „Wenn er in festem Glauben strebt nach seines Gottes Huld und Gnad',
> Dann wird zuteil ihm, was er wünscht, denn gern wend' ich ihm Gutes zu.“
> (VII, 22)

In seiner überragenden Größe ist *Krishna* erhaben über jede Form von Eifersucht:

> „Auch die glaubensvoll ergeben andern Göttern Verehrung weih'n,
> Selbst diese ehren doch nur mich, wenn auch nicht gerade regelrecht.“
> (IX, 23)

Letztlich fließen alle Opfer zu ihm, auch wenn sie anderen Göttern dargebracht werden (IX, 24).

Zwar ist *Arjuna* ein Feldherr, aber die Bhagavadgita ist kein Heldenlied. In der Entgöttlichung von Gewalt und Gewalttätigkeit, in der tiefen Abwendung von heldenhaftem Grimm und Zorn, wie er in den Heldensagen der Völker (und in vielen Texten der Bibel auch von *Jahwe*/Gott) erzählt wird, vollzieht die Bhagavadgita, auch wenn sie an der Kastenpflicht des Kriegers festhält, doch einen grundlegenden ersten Schritt der Abkehr des Menschen von der Gewalt.

Gewaltloser Kampf? Zu Mahatma Gandhi

In der westlichen Welt hat vor allem der dreistündige Film von Richard Attenborough Mohandas Karamchand Gandhi zum Mythos gemacht. Dabei wird Gandhi oft mit Indien und dem Hinduismus gleichgesetzt und man übersieht, dass Indien seit Ende des Zweiten Weltkrieges mehrere Kriege geführt hat, Atomwaffenversuche durchführte und heute neben dem verfeindeten, ebenfalls über Atomwaffen verfügenden Pakistan eine gefährliche Atommacht darstellt. Wie ist das mit der Gewaltlosigkeit, für die der Name Mahatma Gandhi steht, zu vereinbaren?

Das Leben und Werk Gandhis gibt uns eine Antwort auf die große und schwierige Frage, warum in den zweieinhalb Jahrtausenden seit der Zeit, als bedeutende Denker und religiöse Sucher in verschiedenen Kulturen unabhängig voneinander die Verbindung von Gewalt und Heiligem aufgelöst und die Gewalt als das Unheilig-Böse erkannt hatten, das in der Menschheit angesammelte Gewaltpotenzial nicht abnahm, sondern sich eher noch vermehrte. Erst im 20. Jahrhundert nämlich verfügt die Menschheit über Waffen, mit denen sie sich selbst auslöschen kann, und die Geldwirtschaft, die den Erdball immer stärker beherrscht, ist so gewalttätig, dass jährlich fünfzig Millionen Menschen an den Folgen von Hunger und Unterernährung sterben.

An den Anfang seiner „Einführung“ zu Gandhi[91] setzt A. Becke ein Wort des zeitgenössischen deutschen Philosophen Heinrich Rombach, wonach sich das „Böse“, je mehr man es bekämpft, umso schärfer herausarbeitet, so dass der Kampf gegen das Böse letztlich identisch ist mit der Hervorbringung des Bösen. Sicher ist diese Formulierung etwas zugespitzt. Doch auch in der Bergpredigt warnt Jesus davor, dem Bösen Widerstand entgegenzusetzen, „sondern wenn dich einer auf die rechte Wange schlägt, dann halt ihm auch die andere hin“ (Mt 5,39). Gandhi hat sein Leben lang – in seinen Fastenaktionen immer wieder unter direktem Einsatz seiner Gesundheit und seiner körperlichen Integrität – gegen Unterdrückung, Ausbeutung und Gewalt, also gegen das Böse, gekämpft. Er hat bei diesem Kampf niemals seine Gegner physisch verletzt oder mit Worten beleidigt. *Ahimsa*, Gewaltlosigkeit, ist vielmehr, wie er sagt, die „Hauptwaffe“, mit der er kämpft. In dieser Gewaltlosigkeit sieht er den „Hauptruhm des Hinduismus“.[92] In den Upanishaden und der Bhagavadgita, wo das Ideal des *ahimsa* auftaucht, sieht er „Gipfel der Gewaltlosigkeit“.[93] Dabei ist er allerdings gezwungen, eine allegorische Auslegung der Bhagavadgita zu geben. In seiner Deutung geht es nicht um den Kampf königlicher Brüder um Herrschaft und Reich, sondern um den Kampf, der sich im Inneren des Menschen zwischen seinem höheren geistigen Selbst und seinen Trieben und Wünschen abspielt. Nicht reale Fürstensöhne und Verwandte, sondern Gier, Genusssucht und Streben nach Besitz soll *Arjuna* in der bevorstehenden Schlacht töten; *ahimsa* wird dadurch nicht verletzt, sondern gefördert. Dieser allegorischen Auslegung der Bhagavadgita ist jedoch die Forschung nicht gefolgt.

Den Kampf gegen Genussstreben und Triebhaftigkeit kämpft Mahatma Gandhi in seiner eigenen Person und in seinem eigenen Leben mit äußerstem Einsatz und äußerster Zähigkeit. In ihm schmiedet er die „Waffe“ der Gewaltlosigkeit, mit der er später um die Befreiung Indiens aus der englischen Kolonialherrschaft kämpft.

Aufgrund der im hinduistischen Indien üblichen Kinderhochzeit wurde er im Alter von 13 Jahren mit der ebenso jungen Kasturbai Nakanji verheiratet. Wie er in seiner Autobiographie schreibt, erwachte mit dieser frühen Heirat seine Sexualität, die er „Fleischeslust" nennt.[94] In der Provinz *Gujarad*, in der Gandhi geboren wurde und aufwuchs, waren der Jainismus und dessen Ideal radikaler Askese stark verbreitet. Durch Askese erlangt der Mensch *moksa*, die Befreiung aus dem *samsara*, dem Kreislauf der Wiedergeburt, was höchstes Ziel sowohl im Hinduismus wie auch im Buddhismus und Jainismus ist.

In Gandhis Elternhaus verkehrten Jainisten, und der junge Gandhi wurde von dieser Religion stark beeinflusst. Als er nach Abschluss seiner Schullaufbahn von seiner Familie nach England geschickt wurde, um dort Jura zu studieren, nahm ihm ein Jaina-Mönch vorher das Gelübde ab, im fremden Land auf Wein, Sexualität und Fleischnahrung völlig zu verzichten. Trotzdem wurde er wegen seiner Auslandsreise aus seiner Kaste ausgestoßen. In London lebte er als überzeugter Vegetarier und schon als Zwanzigjähriger war er jedem Lebensgenuss gegenüber äußerst skeptisch eingestellt. Er studierte in London die Bhagavadgita und die Bibel, wobei von Letzterer vor allem die Bergpredigt des Neuen Testaments einen starken Eindruck auf ihn machte. An der Gestalt Jesu verehrte er vor allem dessen Opferbereitschaft, fand aber, dass die Hindus das Christentum an Opferbereitschaft noch weit übertrafen.

Sosehr Mohandas Gandhi Einflüsse aus anderen Religionen, insbesondere aus dem Jainismus und dem Christentum in sein Weltbild aufnahm, verstand er sich doch eindeutig als Hindu. Der Hinduismus ist ja durch seine Offenheit anderen Religionen gegenüber gekennzeichnet. In einem seiner Aufsätze bezeichnet sich Gandhi ausdrücklich als *Sanatani-Hindu*, der an die Veden, die Upanishaden und die anderen heiligen Bücher der Hindus glaubt, auch überzeugt ist von den verschiedenen Menschwerdungen *Vishnus* und von der Wiedergeburt. Er hält auch fest an der in den Veden beschriebenen Weltordnung, dem *dharma*, und weiß sich vor allem in der Verehrung und dem Schutz der Kuh mit den Hindus einig. In der Beschützung der Kuh als des lebenspendenden Muttersymbols sieht Gandhi das eigentliche Wesen des Hinduismus. In ihr bringt der Hindu zum Ausdruck, dass er sich eins weiß mit allen lebenden Wesen. Die meisten Hindus sind deshalb auch Vegetarier. „Die Beschützung der Kuh bedeutet das Geschenk des Hinduismus an die Welt. Und der Hinduismus wird dauern, solange es Hindus gibt, die die Kuh beschützen."[95]

In der Verehrung und Beschützung der Kuh, dem sanften Muttertier, kommt die Tendenz des Hinduismus zur Gewaltlosigkeit auf überzeugende

Weise zum Ausdruck. Wo der Mensch sich über das Tier erhebt, es beherrscht und für seine eigenen Zwecke ausbeutet, ist er weit entfernt von Gewaltlosigkeit auch gegenüber seinen Mitmenschen. Die Gestalt Mohandas Gandhi ist aus dieser dem *ahimsa*-Denken entsprungenen Linie des Hinduismus erwachsen.

Es wäre dennoch unzutreffend, Gandhis Kampf um die Befreiung Indiens von der englischen Kolonialherrschaft als passiven Widerstand zu bezeichnen. Gandhis Leben und Wirken ist von höchster Aktivität geprägt. Er kämpft als Einzelner gegen die Weltmacht Großbritannien. Der englische Vizekönig in Indien spricht von ihm als von der „Ein-Mann-Armee". Gandhis Aktionen sind auch durchaus strategisch geplant. Er bezeichnet die Art seines Kämpfens als *satyagraha*; dies ist eine eigene Wortschöpfung Gandhis, die als „Festhalten an der Wahrheit", als „Wahrmachen" der eigenen Überzeugung zu übersetzen ist.[96] „Wahr" ist, was ich durch Einsatz meiner eigenen Existenz bewahrheite. Becke bringt als Beispiel für *satyagraha* eine Auseinandersetzung Gandhis mit seiner Frau Kasturbai, die nach einer Operation und auftretenden neuen Blutungen nach einem Arzt verlangte, während Gandhi ihr eine strenge und völlig salzlose Diät empfahl. Kasturbai behauptete, der Mensch könne ohne Salz und Hülsenfrüchte nicht auskommen. Gandhi reagierte mit dem Gelübde, selbst ein Jahr lang nach der seiner Frau empfohlenen Diät zu leben. Indem er dies durchhielt, „bewahrheitete" er gegenüber Kasturbai seinen Vorschlag.[97]

In der Einhaltung des Gelübdes bewies Gandhi gleichzeitig sich selbst und anderen, dass er über sich und seinen Körper herrschen konnte. Er sah in dieser yogaähnlichen „Selbstregierung" die Voraussetzung und das Mittel, gewaltfrei gegen Unrecht zu kämpfen. Als zwei seiner Mitarbeiter sich zu Gewalthandlungen verleiten ließen, „bestrafte" er sie dadurch, dass er sich selber zu einem siebentägigen Fasten verurteilte; und als er sah, dass diese Selbstbestrafung auf seine Mitarbeiter großen Eindruck machte, verlängerte er sie auf zwei Wochen.[98]

Als Ausdruck seiner „Selbstregierung", die er mit dem indischen Wort *svaraj* bezeichnete, ist es wohl auch zu verstehen, dass er 1906, als 37-jähriger verheirateter Mann – ohne Rücksprache mit seiner Frau Kasturbai – das sogenannte *Brahmacharya*-Gelübde ablegte, das ihn verpflichtete, fortan zeitlebens auf Sexualität zu verzichten. In die gleiche Richtung weist sein später ausgeführter Verzicht auf jegliches Privateigentum.

Mohendas Gandhi ist ein ausgeprägter hinduistischer Asket. Winston Churchill nannte ihn den „halbnackten, rebellischen Fakir".[99] Im Unterschied zu jainistischen und buddhistischen Asketen benutzte er seine asketische Kraft aber nicht dazu, in der Überwindung des eigenen Selbst die Erleuchtung zu erlangen und aus dem Kreislauf von Geburt, Tod und Wiedergeburt auszusteigen; vielmehr verwendete er diese Kraft politisch zur Befreiung Indiens. Gandhis Fastenaktionen waren nur deshalb wirksam, weil seine Kontrahenten wussten, dass er seine Drohungen wahrmachen und bis zum Tode hungern würde.

Eduard Schweitzer hat die Frage aufgeworfen, ob man Gandhis Strategie, den Gegner moralisch unter Druck zu setzen, wirklich als „gewaltfrei“ bezeichnen könne. Ist nicht auch der moralische Druck, das systematisch erzeugte schlechte Gewissen, eine sublime Form von Gewalt? Jedenfalls hat Gandhi diesen Druck dadurch erzeugt, dass er Gewalt gegen sich selbst, gegen seinen eigenen Körper, ausgeübt hat. Er hat mit seiner „Ein-Mann-Armee“ zwar keinen physischen, wohl aber einen moralischen Krieg gegen Großbritannien geführt. Wie schwach jedoch die Barriere war, die in diesem moralischen Krieg die physische Gewalt ausgrenzte, zeigte sich 1919, als Gandhi zu einem Generalstreik gegen die vom britischen Richter Rowlatt entworfenen Notstandsgesetze, die auch nach dem Ende des Ersten Weltkriegs weitergehen sollten, aufrief. Bei dem Streik kam es zu gewalttätigen Ausschreitungen, bei denen neun Menschen ums Leben kamen. Ein daraufhin verhängtes Versammlungsverbot wurde bei einer Protestkundgebung in Amritsar von den Indern bewusst missachtet, woraufhin General Dyer auf die Menschenmenge schießen ließ, wobei 400 Menschen getötet und 1200 verletzt wurden.

Auch die Befreiung Indiens aus der britischen Kolonialherrschaft, die Gandhi durch seinen physisch gewaltfreien Widerstand erkämpft hatte, führte nachträglich zu einem Meer an Elend und blutiger Gewalt. Die englische Fremdherrschaft hatte die hinduistische und die muslimische Bevölkerung Indiens zu einer Einheit zusammengebunden, die jedoch mit der Unabhängigkeit sofort zerfiel. Das große Land teilte sich in einen hinduistischen und einen muslimischen Teil, wodurch die Islamische Republik Pakistan entstand, die noch heute dem hinduistischen Indien als drohende Atommacht gegenübersteht. Die Teilung führte zu einem unübersehbaren Flüchtlingselend. Die Hindus, die auf pakistanischem Gebiet lebten, flohen nach Indien und die Muslime flohen von Indien nach Pakistan. Die Abspaltung Bangladeschs von Pakistan führte erneut zu einer riesigen Fluchtbewegung. Insgesamt waren auf dem indischen Subkontinent 26 Millionen Menschen auf der Flucht.[100] Da sich die Flüchtlingsströme überschnitten, kam es zu schweren Auseinandersetzungen zwischen den Gruppen. Über eine Million Menschen verloren dabei ihr Leben. Gandhi hat unermüdlich versucht, die Gewaltausbrüche einzudämmen, was ihm jedoch nur an einzelnen Orten gelang. Nationalistisch gesinnte Hindus sahen in Gandhis Eintreten für eine gerechte Verteilung von Armee und Staatskasse auf beide Staaten einen Verrat am Hinduismus. So war es ein Hindu aus der höchsten Kaste, ein Brahmane, der Mohendas Gandhi am 30. Januar 1948, nachdem er sich ehrfurchtsvoll vor ihm verbeugt hatte, kaltblütig erschoss.

Trotz seines lebenslangen Eintretens für Gewaltfreiheit im Sinne des hinduistischen *ahimsa*-Denkens war Gandhi kein Pazifist in der modernen Bedeutung des Wortes. Dies wird vor allem daran deutlich, dass er ebenso wie die Bhagavadgita am indischen Kastenwesen festhielt. Zwar lehnte er die Tausenden von Kasten und Unterkasten, die sich im Laufe der Jahrhunderte in Indien gebildet hatten, ab, und vor allem trat er vehement für die Kastenlosen, die „Unberührbaren", ein und bezeichnete sie als *Harijans*, als „Kinder Gottes". Doch die schon in den *Veden* aufgeführten vier Gruppen – Brahmanen, Krieger, Bauern und Kaufleute, Diener und Sklaven – blieben für ihn eine gültige Einteilung der Menschen. Es gab also für ihn in religiöser Begründung auch die Kriegerkaste, zu der notwendig, wie schon in der Bhagavadgita ausgeführt, das Kriegshandwerk gehört. In seinem Aufsatz „Die Lehre vom Schwert" bekennt er sich zwar entschieden zur Gewaltfreiheit, bringt aber dennoch eine Art Heldenpathos zum Ausdruck, wenn er schreibt, dass er, vor die Wahl zwischen Feigheit und Gewalt gestellt, zur Gewalt raten würde. Er würde lieber sehen, „dass Indien zu den Waffen griffe, um seine Ehre zu verteidigen, als dass es ein feiger und hilfloser Zeuge seiner eigenen Entehrung würde und bliebe".[101] Es ist ja auch klar, dass Gandhis gewaltfreier Kampf und Widerstand, wäre er auf einen Gegner nach Art Adolf Hitlers oder Josef Stalins gestoßen, zu einem administrativen Massenmord in Indien geführt hätte.

Am Beispiel Mohendas Gandhis wird deutlich, dass der in den *Upanishaden* geprägte Begriff des *ahimsa* trotz der Eindeutigkeit seines Wortsinns allein für sich genommen nicht schon aus der Spirale der Gewalt herausführt.

2. Der Buddhismus

Gewaltlosigkeit und Gewalt im Theravada-Buddhismus

Der Theravada-Buddismus, der sich vor allem auf Ceylon, dem heutigen Sri Lanka, erhalten hat, stellt die älteste, ursprüngliche Form des Buddhismus dar. Er entstand als Reform des Hinduismus. In wesentlichen Elementen seiner Lehre knüpft er an den Hinduismus an. Schon dieser kannte das Ideal des asketischen Lebens in der Gestalt des alternden Brahmanen. Wie schon in der Bhagavatgita zum Ausdruck kam, war auch im älteren Hinduismus das starke Bemühen sichtbar, soweit wie möglich das *karma*, das an den Geburtenkreislauf band, zu vermeiden und dadurch möglichst ganz aus diesem Kreislauf auszusteigen. Doch die Selbst-lose Erfüllung der Kastenpflichten, die für den Krieger sogar noch das Töten in der Schlacht mit einschloss, konnte nicht als Weg zur Freiheit überzeugen. Alles Tun und Handeln, besonders sofern es andere Lebewesen verletzte, beinhaltete ja das bindende *karma*. Nur die Loslösung von allem Irdischen durch Meditation und Askese konnte vom *karma* befreien und schon vorhandenes *karma* auflösen. Auch schon Parsva hatte das *ahimsa* zum ersten und grundlegenden Gebot seiner Ordensgemeinschaft gemacht.

Jain hatte diesen Weg verschärft. Kein Insekt durfte verschluckt oder zertreten werden, und gelegentlich wird noch heute das im Tode endende Hunger-Fasten praktiziert. Der vom Jainismus beeinflusste Lebensweg Gandhis hat deutlich gemacht, wie das rigorose Streben nach Gewaltfreiheit zur Gewalt des Asketen gegen sich selbst führen kann und langfristig dann auch doch wieder äußere Gewalt heraufbeschwört. Gewalt ist eine Drachenschlange, der zwei Köpfe nachwachsen, wenn man ihr einen Kopf abschlägt.

Buddha hatte das erkannt und schwenkte deshalb auf den „mittleren Weg“ ein. Da Jain und Buddha etwa zur selben Zeit lebten und bei beiden die Lebensdauer historisch nicht sicher festgestellt werden kann, ist geschichtlich sowohl eine Beeinflussung des Jainismus durch den Buddhismus als auch umgekehrt des Buddhismus durch den Jainismus denkbar. Da jedoch der Buddhismus in seiner Lehre und Praxis eine feinere Struktur aufweist und die Rigorosität der Askese in ihm durchbrochen ist, bildet er wohl eine Weiterentwicklung des Jainismus. Die Buddha-Legenden erzählen ja auch übereinstimmend, dass Buddha auf seinem Weg des asketischen Lebens mehrere Lehrer hatte und sechs Jahre lang den Weg härtester Askese, den Weg der – wie man später im Buddhismus sagte – „Selbstpeinigung“ ging, ehe er auf dem von ihm verkündeten „mittleren Weg“ zur Erleuchtung fand.

Der naiv-wörtlichen Verwirklichung des *ahimsa*, wie sie im Jainismus erstrebt wurde, setzte Buddha ein weiter gefasstes Verständnis dieses grundlegenden religiösen Ziels indischer Askese entgegen: *ahimsa* erschöpft sich bei ihm nicht im *Nicht*-Tun („Nicht-Töten“, „Nicht-Verletzung“,), sondern es umfasst auch positiv das Wohlwollen, das Mitleid und die Mitfreude mit allen lebenden Wesen. Schon im ältesten buddhistischen Schrifttum, der *Sutta Nipata* aus dem Korb der Lehrvorträge, findet sich das sogenannte

„Buddhistische Vaterunser", ein Segensspruch, der täglich von Millionen Buddhisten gebetet wird:

„Was immer es für Lebewesen gibt, alle ohne Ausnahme, seien sie beweglich oder unbeweglich, seien sie lang oder groß oder mittelgroß oder kurz, fein oder grob, seien sie sichtbar oder unsichtbar, seien sie fern oder nah, seien sie schon geboren oder erst nach Geburt strebend – alle Wesen seien beglückten Herzens."[102]

Ein halbes Jahrtausend vor Christus predigte Buddha auch schon die Feindesliebe. „Nicht durch Feindschaft kommt Feindschaft zur Ruhe, durch Nichtfeindschaft kommt Feindschaft zur Ruhe", sagt in einer buddhistischen Erzählung der sterbende Vater bei seiner Ermordung zu seinem Sohn, um ihn von Rachegedanken abzuhalten.[103] Wie ein Baum allen Tieren Schatten spendet, den wilden Raubtieren ebenso wie den zahmen Pflanzenfressern, so sollte der Buddhist auf alle Menschen, böse wie gute, Güte und Wohlwollen ausstrahlen. Bedenkt man, wie in Europa der Dreißigjährige Krieg zwischen protestantischen und katholischen Ländern wütete, ist es tatsächlich erstaunlich, dass sich die unterschiedlichen buddhistischen Schulen, die sich im Lauf der Jahrhunderte entwickelten, nicht ein einziges Mal gewaltsam bekriegten. Von Buddha wird erzählt, dass er einem Jaina-Mönch, der sich zum Buddhismus bekehrte, gebot, seine bisherige Religionsgemeinschaft weiter durch Almosen zu unterstützen.

Hinduismus, Jainismus und Buddhismus haben grundlegende Elemente ihrer religiösen Überzeugung gemeinsam. Dazu gehört vor allem der Glaube an den Kreislauf von Geburt, Tod und Wiedergeburt sowie die Überzeugung, dass dieser durch das sich ansammelnde *karma* bedingt und reguliert wird. Auch die tiefe Sehnsucht, aus diesem Kreislauf auszusteigen und dadurch Erlösung zu erfahren, ist allen indischen Religionen gemeinsam. Im Buddhismus wird diese Befreiung aus dem *samsara* konsequent auf gewaltfreie Weise durch *ahimsa*, Meditation, Toleranz und Wohlwollen allen lebenden Wesen gegenüber gesucht; alle – ihrem Wesen nach magischen – Opferriten werden verworfen, mit ihnen auch die Veden, die solche Riten beschreiben.

Von diesem Ansatz aus wäre zu erwarten, dass im Jainismus und Buddhismus das *ahimsa*-Prinzip ungeschmälert zur Geltung kommt und eine Religion entsteht, in der die archaische Verbindung des Heiligen mit der Gewalt völlig aufgelöst wird, sodass ungetrübt Frieden und Gewaltfreiheit auf die Gesellschaft ausstrahlen. Doch Gewalt lässt sich nicht frontal bekämpfen. Buddha stammt, ebenso wie Jain und Parsva, aus der Kriegerkaste; er arbeitet mit strenger Konsequenz, in einer quasi militärischen Strategie, auf das Ziel der Befreiung hin. Wie ein Feldherr nichts anderes als den Sieg in der

Schlacht vor Augen hat, so zielt auch der ursprüngliche Buddhismus auf nichts anderes als auf die Befreiung aus dem Geburtenkreislauf. Alle metaphysischen Spekulationen werden abgewehrt; dies sind Fragen, die vom eigentlichen Ziel ablenken.

Buddha erzählt solchen Fragen gegenüber die Parabel von einem Mann, der von einem giftigen Pfeil getroffen wurde und der von dem Arzt, der ihm den Pfeil herausziehen will, verlangt, er möge ihm erst sagen, wer den Pfeil abgeschossen hat, wer dessen Eltern sind, woher das Gift genommen ist, wie es wirkt usw.; ehe diese Fragen alle beantwortet sind, ist der vom Pfeil Getroffene tot. Es handelt sich um ein militärisches Bild: Der durch sein *karma* an den Kreislauf der Wiedergeburten Gebundene ist der vom giftigen Pfeil Getroffene. Solchermaßen verletzt zu sein, ist die Situation des Menschen in der Welt. Dies ist das grundlegende Wissen, das in seiner existentiellen Tiefe nur dem bewusst werden kann, der in der Meditation zur Stufe des vollkommenen Gleichmuts gefunden hat. Es beinhaltet schon die erste der Vier Edlen Wahrheiten des Buddhismus: Leben ist (in seiner Struktur) Leiden. Die übrigen Edlen Wahrheiten zeigen auf, wie der „Giftpfeil" aus dem Leben des Menschen entfernt werden kann: Der Mensch, der im *samsara* lebt, haftet an Geburt, Jungsein und an dem, was er liebt, und ist dadurch notwendig dem Geburtenkreislauf und dem Leiden ausgeliefert. Dieser „Durst" nach Leben, nach Wandel und Verwandlung, der Durst nach Lust und nach Unbeständigkeit – dies sagt die Zweite Edle Wahrheit – ist der Ursprung des Leidens und der Wiedergeburt. Dieses Anhaften, dieses Verlangen, vollständig zu vernichten, ihm zu entsagen, sich davon zu befreien, bedeutet nach der Dritten Edlen Wahrheit Leiden und Wiedergeburt zu überwinden. Die Vierte Edle Wahrheit nennt den Weg, auf dem dieser unselige Lebensdurst ausgelöscht werden kann: „Reiner Glaube, reines Wollen, reines Reden, reines Handeln, reiner Lebenserwerb, reine Anstrengung, reine Achtsamkeit, reine Sammlung."

Dieses Grundgebäude der buddhistischen Lehre ist von absolut logischer Strenge. Alles Denken und Handeln ist streng auf das eine Ziel hin ausgerichtet. In der Befreiung aus dem Geburtenkreislauf besteht der „Sieg". Dabei ist dieser Sieg nicht individualistisch und egozentrisch nur auf die eigene Erlösung gerichtet. Buddha hat der Versuchung widerstanden, gleich nach seiner Erleuchtung in das *nirvana* einzugehen. Vielmehr bleibt er bei den Menschen und setzt durch seine Predigt das „Rad der Lehre" in Bewegung, das letztlich alle lebenden Wesen aus dem Leid des Geburtenkreislaufs herausführen soll. Im Mahayana-Buddhismus wird durch die sogenannten *Bodhisattvas* diese Liebe und Fürsorge zu den lebenden Wesen gleichsam ins

Unendliche gesteigert: Der *Boddhisattva* gelobt, so lange im *samsara* zu bleiben, notfalls sogar lange währende höllische Existenzen auf sich zu nehmen, bis alle Wesen zur Buddhaschaft gefunden haben.

Diese schier unendliche Fürsorge und Liebe ist im Buddhismus aber nicht Selbst-zweck; sie ist nicht das Ziel der menschlichen Reifung und Vervollkommnung. Sie ist vielmehr Mittel und Zweck auf dem Weg zur Erleuchtung. Die Erleuchtung erfolgt in der Meditationsstufe des völligen Gleichmuts, also in einem Seelenzustand, in dem alle Emotionen ausgeschaltet sind. Das *nirvana* ist nicht das Reich der Liebe, sondern der Zustand des „Verwehens". Alle im Buddhismus geforderten Verhaltensweisen zielen konsequent darauf hin, dass der Einzelne, der *Boddhisattva* ebenso wie der von ihm Betreute, diesen Zustand erreicht.

Aus dieser Grundstruktur der buddhistischen Lehre ergibt sich sein eigenartiges Verhältnis gegenüber der Gesellschaft. Es gibt in den frühen buddhistischen Texten keine Utopie einer vollkommenen Gesellschaft (wie etwa in den Visionen der jüdischen Propheten oder auch in den Gleichnissen Jesu). Die Erleuchtung des Einzelnen, auf die der buddhistische Weg konsequent hinzielt, hat nur indirekt Auswirkungen auf die Gesellschaft. Die Gesellschaft ist Teil des *samsara*, Teil der Welt, aus der sich der Buddhist schon im ersten Schritt seines Erlösungsweges fortbewegt, in der er allerdings noch bleiben muss, bis er zum *nirvana* findet. Erst in der Neuzeit gibt es politische und gesellschaftliche Strömungen, die aus dem Buddhismus erwachsen und die auf Gewaltfreiheit und friedliche Verständigung unter den Völkern hinzuwirken suchen. Hierzu gehört zum Beispiel das Wirken des buddhistischen Sozialphilosophen PRIDI PHANOMYONG, der 1932 führend an der gewaltfreien Revolution in Thailand beteiligt war, und der Versuch B. R. AMBEDKARS, des ersten Justizministers im unabhängigen Indien, das Kastenwesen zu überwinden. 1989 wurde in Bangkok das „Internationale Netzwerk engagierter Buddhisten" gegründet, das zahlreiche Mitgliedsgruppen in vielen Ländern besitzt und deren Aktivitäten koordiniert. Auch vom japanischen Buddhismus gehen in der Neuzeit ähnliche Impulse aus (vgl. das nächste Kapitel).

Die Gesellschaft für die buddhistischen Ideale zu öffnen, diente ursprünglich dem Zweck, dass der Buddhagläubige ohne äußere Schwierigkeiten in ihr seinen Weg zur Erleuchtung gehen kann. Darum sind auch Buddha und seine frühen Anhänger durchaus an einem positiven Verhältnis zur Gesellschaft interessiert, ohne dabei jedoch gesellschaftliche Gewalt auszuüben. Ähnlich wie in den Evangelien von Jesus berichtet wird, wird auch Buddha von *Mara*, dem Inbegriff des Bösen, versucht, eine buddhistische Herrschaft aufzurichten und dabei eine Gesellschaft zu schaffen, in der es keine Gewalttat und Unterdrückung mehr gibt. Doch Buddha lehnt die Versuchung ab, weil es seiner Meinung nach nicht möglich ist, eine Königsherrschaft auszuüben, „ohne zu erobern und erobern zu lassen, ohne Leid zuzufügen oder Leid zufügen zu lassen".[104] Dennoch hat schon Buddha auf seinem Wanderleben Kontakt zu reichen und mächtigen Weltleuten unterhalten, die die Mönchsgemeinde durch reiche Spenden unterstützten. Sie stellten ihnen Parkanlagen und Hallen, in denen sie die Regenzeit verbringen konnten, zur Verfügung. Daraus entstanden die späteren Klöster.

Buddhas ethische Forderungen aber richten sich an den Einzelnen; er hat keine eigenen Regeln für das politische Handeln aufgestellt. Von Soldaten nach der Rechtmäßigkeit ihrer Existenz befragt, antwortet er: „Wer Bestrafung verdient, muss bestraft werden. Der *Tathagata* [Buddha] lehrt nicht, dass derjenige zu tadeln sei, der, nach Ausschöpfung aller Mittel zur Erhaltung des Friedens, in gerechter Sache Krieg führt."[105] In den Ratschlägen, die der Überlieferung nach Buddha Königen und Herrschern gibt, sucht er diese zwar durch vernünftige – auch politische – Gründe von einem Vernichtungskrieg oder von Rachefeldzügen gegen ein Nachbarvolk abzuhalten, ohne dabei aber grundsätzlich den Krieg zu verurteilen. Dabei musste er mit ansehen, dass Völker, die sich dem buddhistischen Gedankengut öffneten und auf bewaffneten Widerstand in der Auseinandersetzung mit Nachbarvölkern verzichteten, von diesen vernichtet wurden. Edward Conze, selbst ein Buddhist, stellt fest: „Der Buddhismus bringt nicht nur allen, die nicht von dieser Welt sind, geistigen Frieden, sondern liefert auch die Welt denen aus, die sich gern ihrer bemächtigen möchten."[106]

Manche Herrscher öffneten ihr Land dem Buddhismus, weil die Menschen, die vom buddhistischen Gedankengut erfüllt sind, leichter zu regieren sind. Vor allem König Ashoka (273–233 v. Chr.), der durch mehrfachen Mord auf den väterlichen Thron gelangte und durch brutale Eroberungskriege ganz Nord- und Mittelindien unter seine Herrschaft brachte, bekehrte sich zum Buddhismus. Statt durch Eroberungskriege suchte er nun seinen Einfluss durch die Ausweitung der buddhistischen Religion in Indien zu vergrößern. Die von ihm ausgesandten buddhistischen Missionare sollten gleichzeitig als Sendboten seines Reiches agieren. Er bemühte sich um einen Herrschaftsstil, der von *ahimsa* geprägt ist, sorgte für die Mönche, bekämpfte die Armut, duldete auch Andersdenkende in seinem Reich und machte den Vegetarismus allen zur Pflicht.

Dennoch bleibt es fraglich, ob es möglich ist, die buddhistische Lebensweise durch Staatsgewalt zu verwirklichen. Nach dem Tod Ashokas zerfielen sein Reich und seine vom Buddhismus geprägte Herrschaftsform relativ rasch. Auch wenn andere Länder den Buddhismus annahmen, änderte sich in ihnen kaum die damals im Orient übliche despotische Herrschaftsform und die gewaltsame Auseinandersetzung mit anderen Völkern. Auch buddhistische Völker, wie etwa Siam und Burma bekämpften sich mit der üblichen Härte und Gewalt. Dabei ging es nicht um Unterschiede in der buddhistischen Lehre, sondern um nationale Machtinteressen. Im politischen Bereich zeigte der Buddhismus keine starken Auswirkungen in Richtung Gewaltfreiheit. Bei Aufständen gegen die westlichen Kolonialmächte wurde auch der Buddhismus dazu benützt, diese Kämpfe als „Heiligen Krieg“ zu deklarieren. Der Aufstand gegen die Briten in Burma 1930 wurde von einem früheren buddhistischen Mönch angeführt.[107] Auch die buddhistischen Mönche, die sich im Vietnamkrieg auf öffentlichen Plätzen mit Benzin übergossen und sich selber zu lodernden Fackeln entzündeten, haben wohl kaum mit ihrer Aktion zum Frieden beigetragen.

Der Buddhismus sucht für den Einzelnen die Befreiung vom Leiden durch die Erleuchtung. Gewaltlosigkeit und fürsorgende Liebe allen lebenden Wesen gegenüber sind für den Einzelnen ein notwendiges und wichtiges Mittel auf diesem seinem Weg; sie nützen nicht nur den anderen, sondern auch dem Einzelnen selbst. Die strukturelle Gewalt jedoch, auf der die Gesellschaft im Ganzen gründet und die im politischen Leben immer wieder zum Ausbruch kommt, wird dadurch nur mittelbar berührt.

Gewalt und Gewaltüberwindung im sich ausbreitenden Buddhismus

Schon zu seinen Lebzeiten konnte Buddha eine große Zahl von Anhängern um sich scharen; sie bestanden aus Mönchen und Laien. Auf Drängen einer reichen Laienanhängerin namens Visakha, die dem Orden Buddhas reiche Spenden zukommen ließ, gründete er auch schon zu Lebzeiten einen Nonnenorden, wie ja auch schon der von Parsva gegründete Orden der *Nirgrantha*, der „Fessellosen“, aus Männern und Frauen bestand. Die Anzahl der Nonnen ist im Verhältnis zur Zahl der Mönche allerdings sehr gering. Außerdem bestehen stark patriarchale Strukturen: Die Nonnen müssen ihre Beichte vor Mönchen ablegen und es besteht die Anweisung, dass eine schon seit vielen Jahrzehnten ordinierte Nonne einem Mönch, auch wenn dieser erst seit einem Tag ordiniert ist, Ehrerbietung erweisen müsse. Erst im späteren japanischen Buddhismus sind die Nonnen den Mönchen gleichgestellt.

Nicht nur in ihren Klöstern, sondern auch in den Gemeindetempeln üben sie dort dieselben religiösen Funktionen aus wie die Mönche.

Nach dem Tode Buddhas breitete sich seine Lehre immer weiter aus. Ähnlich wie das frühe Christentum seine explosionsartige Ausbreitung dadurch erfuhr, dass der römische Kaiser Konstantin sie zur Staatsreligion erhob, erfuhr der Buddhismus seine stärkste Ausbreitung durch König Ashoka, der buddhistische Missionare bis nach Syrien und Ägypten schickte. Seinen Sohn und seine Tochter sandte er nach Ceylon, dem heutigen Sri Lanka, wo eine Hochburg des Theravada-Buddhismus entstand. Viele Könige Ceylons waren Buddhisten. Seit dem 11. Jahrhundert stand dort der Leiter der buddhistischen Ordensgemeinschaft als geistlicher Souverän dem König zur Seite, sodass auch hier der Buddhismus eine Art Staatsreligion wurde. Dabei zeigte sich allerdings wiederum, dass das buddhistische *ahimsa*-Ideal und die buddhistische Liebe zu allen Wesen gegenüber dem politisch-gesellschaftlichen Bereich relativ unwirksam blieben. Auch die buddhistischen Könige Ceylons führten wie überall die Könige auf der Welt ihre Eroberungskriege, und es wird sogar berichtet, dass sie zuweilen ihre Kriegsgefangenen grausam getötet haben.

Auch in Thailand wurde der Buddhismus zur Staatsreligion, und auch hier stand dem König ein Buddhist als geistlicher Souverän zur Seite; auch im Kashmir residierte zeitweilig ein buddhistischer König. In Bamiyan in Afghanistan wurden jene Kolossalstatuen Buddhas errichtet, die im März 2001 von den islamischen Taliban-Milizen zuerst beschossen und dann gesprengt wurden.

Der Buddhismus in China und Japan

Seine stärkste Weiterentwicklung erfuhr der Buddhismus in China. Vor allem hat sich dort das Mahayana entfaltet, das trotz des *Bodhisattva*-Ideals und trotz der dadurch geforderten Liebe zu allen lebenden Wesen im Notfall auch die Verteidigung der buddhistischen Lehre durch Gewaltanwendung für gerechtfertigt erachtete.[108] Doch vor allem durch die Friedensliebe des Laotse, durch seine Ablehnung jeglicher Waffengewalt und jeglichen Krieges sowie durch das *Tao* als dem mütterlichen Urgrund allen Seins war in China geistig schon der Boden für den von Indien eindringenden Buddhismus vorbereitet. Die rationale und bürgerliche Schule des Konfuzianismus widersetzte sich allerdings dem Buddhismus. So erlebte der Buddhismus in China Zeiten stärkster staatlicher Förderung, in der sich sogar die Kaiser in buddhistische Mönchstracht kleideten, andererseits aber auch Zeiten der Verfolgung, in denen Tausende von buddhistischen Klöstern und Tempeln zerstört und die Mönche zur Rückkehr ins Weltleben gezwungen wurden. Es gab dabei auch einen gewaltsamen Widerstand seitens der Buddhisten.

Insgesamt bildeten sich in China zehn verschiedene Schulen und Richtungen des Buddhismus aus. Gemeinsam ist diesen Schulen, dass sie den im ursprünglichen Buddhismus angelegten Dualismus von illusionärer Scheinwelt (*maya*) einerseits und dem reinen Geist (der dadurch zu erreichen ist, dass sich der Mensch in der Meditation vom Anhaften an die irdischen Dinge ablöst) andererseits zu überwinden suchen. Das als „Leere" erfahrene absolute Sein bildet das innere Wesen aller weltlichen Dinge und ist identisch mit der Buddha-Natur. Durch seine innere Leere hat auch der verderbte Mensch Anteil an dieser Natur und kann von daher geliebt und zum Heil geführt werden. Einige Schulen vertraten jedoch eine militärische Strenge. Die sogenannte „Schule der Disziplin" (*vinaya*) besann sich auf die alten Ordensregeln des Theravada-Buddhismus. In dieser Schule hatte der Abt des Klosters das Recht, seine Mönche körperlich zu züchtigen. Die Halle, die zur Rezitation der überkommenen heiligen Texte benutzt wurde, wurde „Prügelhalle" genannt.[109]

In dieser Linie lag auch die sogenannte „Meditationsschule", aus der sich der japanische Zen-Buddhismus entwickelte. Die Schule wird zurückgeführt auf einen indischen Brahmanen, der sich zum Buddhismus bekehrt hatte und im frühen sechsten Jahrhundert nach China reiste. Er nannte sich Bodhidharma und strebte mit äußerster Anstrengung nach den höheren Bewusstseinszuständen, wie sie in der Meditation erreicht werden können. Er wird durch eine Legende charakterisiert, wonach er ununterbrochen neun Jahre lang, das Gesicht gegen eine Mauer gerichtet, in Konzentration versunken war. Einen Schüler, der ihn um Belehrung bat, beachtete er erst, als dieser sich den linken Arm abhackte und ihn dem Meister vor die Augen hielt. In dieser Ursprungslegende kommt bereits die martialische Strenge zum Ausdruck, die zum Teil auch den späteren japanischen Zen-Buddhismus kennzeichnet.

Diese Schule des Buddhismus sucht vom Schriftstudium und der Verehrung großer Lehrautoritäten wegzukommen. Allein die Anstrengung und Disziplin der praktisch geübten Meditation kann zur Erleuchtung, zur Erkenntnis der Buddha-Natur in allen Dingen, führen. Ein intensives Schriftstudium und die Orientierung an Lehrautoritäten sind auf diesem Wege eher hinderlich. Jeder Mensch hat ja die Buddha-Natur in sich selbst; er hat deshalb diese für ihn zuständige Lehrautorität in sich, und es gilt, durch Meditation und Disziplin einen Weg zu dieser inneren Stimme zu öffnen; nur durch sie kann Erleuchtung, japanisch *satori*, kommen.

In drastischen Gesten und Aussprüchen wird diese Haltung eingeschärft: Bodhidharma wird auf Bildern dargestellt, wie er einen heiligen Text zerreißt; und von einem anderen Zen-Meister wird erzählt, dass er eine hölzerne Buddha-Statue verbrannte, um sich im Winter dadurch zu wärmen.[110] Lin-chi i-hsüan, der in China eine Zen-Schule gründete, hat durch Anschreien und Schlagen mit dem Stock eine Art Schock beim Meditierenden auszulösen versucht, um so die Erleuchtung in ihm wachzurufen. Zu seinem Schüler sagte er: „Wenn du auf deinem Weg zur Erleuchtung den Buddha triffst, töte den Buddha; und wenn du den Zen-Patriarchen triffst, töte den Patriarchen."[111] Der Zen-Buddhismus versteht diese strenge und mit Gewaltelementen arbeitende Ausrichtung seiner Meditationsarbeit als Rückkehr zu den Ursprüngen des Buddhismus. Die Legende erzählt ja von Buddha, dass er in den letzten Worten vor seinem Sterben seine Jünger mehrmals aufgefordert hat, „in angestrengtem Bemühen" fest zu bleiben und auf die Erleuchtung hinzuwirken. Er wehrt auch die Sorge seiner Jünger ab, nach seinem Tode seien sie in der Lehre verwaist und sie hätten keinen Lehrer mehr. Nicht er, Buddha Gautama, ist der Lehrer, sondern der erkannte Heilsweg und die Ordensdisziplin.[112]

Wieder zeigt sich hier die im Buddhismus angelegte Spannung zwischen dem angestrebten Ziel und dem Weg zu diesem Ziel. Auch der Zen-Buddhismus strebt nach innerer Harmonie, nach Entfaltung jener Buddha-Natur im eigenen Wesen und im eigenen Leben, die durch *ahimsa* und durch unbegrenztes Wohlwollen gegenüber allen lebenden Wesen gekennzeichnet ist. Doch der Weg, der zu diesem Ziel führt, ist durch militärische Strenge und Disziplin gekennzeichnet. Der Tageslauf eines Buddhisten im Zen-Kloster beginnt um 3 Uhr nachts und endet abends um 21 Uhr; er ist ausgefüllt mit mehrstündigen Meditationen und disziplinierter Arbeit in Garten und Landwirtschaft. Meistens kehrt der Zen-Mönch nach einiger Zeit wieder in das Alltagsleben zurück und wirkt dort mit der durch die Klosterdisziplin gewonnenen Kraft; bedeutende Staatsmänner, Maler, Dichter und andere Künstler sind in Japan aus dieser Schule hervorgegangen.

Es ist jedoch verständlich, dass der militärisch-strenge Weg auch die Gefahr in sich barg, das *ahimsa*-Ziel aus dem Auge zu verlieren. Schon in China gab es buddhistische Mönche, die militante Aufstände vom Zaun brachen. Im siebten Jahrhundert gab es einen Aufstand von 5000 Kriegermönchen, von denen sich einer selbst zum Kaiser proklamierte. In der Zeit der Ming-Dynastie haben Mönche mit rot gefärbten Haaren und blau bemaltem Gesicht japanische Piraten mit Schwertern und Knüppeln in die Flucht geschlagen.[113] Die archaische Vergöttlichung der Gewalt hat an diesem Punkt die erlösende Kraft des Buddhismus von unten her wieder durchdrungen.

In Japan gab es besonders im 11. und 12. Jahrhundert regelrechte Klosterarmeen, die sich gegenseitig und im Kampf gegen die staatliche Gewalt Schlachten lieferten. Es entwickelte sich der japanische Begriff *Akuso* für Mönche, die Soldaten geworden waren. Erst im 16. Jahrhundert wurden diese Kriegermönche von der Staatsgewalt endgültig besiegt. Doch der Widerspruch von friedfertiger Lehre und militantem Weg kommt darin zum Ausdruck, dass *Akuso* wörtlich „schlechter Mönch" heißt; der Widerspruch wurde also von der Gesellschaft eindeutig gesehen. Die im Christentum im Mittelalter sich ausbildenden Ritterorden wurden dagegen als „Heilige Krieger", die um die Befreiung des „Heiligen Landes" kämpften, auch vom Religiösen her geachtet.

Als sich im 11. und 12. Jahrhundert die Zentralregierung als unfähig erwies, die Ordnung in den Provinzen aufrechtzuerhalten, bildete sich in Japan die Kriegerkaste der *Samurai*. Sie entwickelte einen strengen Ehren- und Pflichtenkodex, bei dem auch Einflüsse aus dem Zen-Buddhismus festzustellen sind. Härte, Selbstbeherrschung und Verachtung von Besitz oder persönlichem Gewinn gehörten wesentlich zu diesem Wertsystem. Vor allem die Loyalität gegenüber seinem Lehnsherrn und die fast stündliche Bereitschaft, für diesen im Kampf zu sterben, kennzeichneten den *Samurai*. Die buddhistische Loslösung vom Anhaften an den irdischen Dingen, auch die Loslösung vom „Lebensdurst", konnte diese Mentalität unterstützen. Zu den praktischen Übungen im Zen-Buddhismus gehört auch das Bogenschießen, das ein wichtiges Element der Kriegskunst bildete. Die Konzentration der Aufmerksamkeit und des Willens auf einen Punkt ist sowohl ein Ideal des zen-buddhistischen Erlösungsweges als auch der Kriegskunst.

Insgesamt gesehen handelt es sich beim Phänomen buddhistischer Kriegermönche und bei der Beeinflussung der *Samurai* durch den Zen-Budhismus so offensichtlich um eine Umkehrung der buddhistischen Lebenshaltung, dass sie – wie der Name *Akuso*, „schlechter Mönch", als Ausdruck für die Krieger-Mönche zeigt – auch im einfachen Volk als solche erkannt wurde. Es sind Fehlentwicklungen in der Ausbreitung des Buddhismus, die im Ganzen kein großes Gewicht haben. Sie sind nicht zu vergleichen mit den Ketzerverfolgungen, Hexenverbrennungen und Kreuzzügen im Christentum oder mit den Missionskriegen des Islam. Es sind Phänomene, die als Folge der buddhistischen Konzentration auf den Erlösungsweg des Einzelnen nur selten in der Geschichte auftauchten. Da der Buddhismus aus seinem Ursprung heraus keine politisch-gesellschaftlichen Visionen entwickelte, setzten sich auf diesem Gebiet immer wieder die alten, vorachsenzeitlichen Gewaltstrukturen durch.

Doch die *ahimsa*-Lehre des Hinduismus und des Buddhismus zusammen mit dem Taoismus in China haben im Ganzen gesehen die zurückhaltende und höflich-freundliche Mentalität des ostasiatischen Menschen geprägt. Viel stärker als die Schule des *Zen* ist ja sowohl in China als auch in Japan der *Amida*-Buddhismus in das Volksleben eingedrungen. In dieser Schule steht im Mittelpunkt die Gestalt des *Buddha Amitabha*, d.h. des „Buddhas des unermesslichen Lichtglanzes". Hier wurde auch die Vision eines friedvollen gemeinsamen Lebens entwickelt, so dass hier ansatzweise auch eine gesellschaftliche Komponente sichtbar wird. Die Legende erzählt, dass vor undenklichen Zeiten ein König, nachdem er die Predigt des Buddha gehört hatte, seinem Thron entsagte, Mönch wurde und sich aufmachte, das Buddhaland zu finden. Er durchwanderte viele Länder und trug zusammen, was er an Vollkommenheiten in diesen fand. Aus diesen Vollkommenheiten schuf er das „Reine Land", das im Westen gelegene buddhistische Paradies. Es wurde mit dem Namen *Sukhavati*, „größte Seligkeit" bezeichnet. Der Mönch wurde Herrscher dieses Landes und wirkte unzählige Weltalter hindurch als Wohltäter an den Menschen. Dadurch wurde er schließlich zum *Buddha Amitabha*. Wer nach dem Tod in sein Land kommt, findet ohne Mühe und Anstrengung zur Erleuchtung und wird nicht mehr wiedergeboren. Dabei kann jeder Mensch in dieses Land kommen, wenn er nur im Augenblick seines Todes den Namen des *Buddha Amitabha* anruft oder sich für wenige Augenblicke auf ihn konzentriert. Der Name *Buddha Amitabha* besitzt erlösende Kraft; er weckt den in der Seele eines jeden Menschen lebenden Buddha, der zur Erleuchtung führt. Gefordert ist nur ein tiefes Vertrauen zum *Buddha Amitabha*, aus dem heraus der Mensch in jeder Not und Sehnsucht, aber auch in jeder Freude zu dem schlichten Preisgebet findet: „Verehrung sei dem Buddha des unermesslichen Lichtglanzes", das, oft wiederholt, auch den Sterbenden begleiten und in das Land des *Buddha Amitabha* führen wird.

Glaube und Vertrauen sind die einzige Forderung in dieser buddhistischen Schule. Auch ein niedrig stehender und mit schlechtem *Karma* behafteter Mensch kann auf diese Weise von seinem *karma* erlöst werden und ins Land des *Buddha Amitabha* eingehen. Alles ist Gnade. Durch sie ist der Sünder gerechtfertigt. Wer gläubig den Namen des *Buddha Amitabha* anruft, auf den gehen alle Verdienste des *Amitabha* über; es sind dann seine Verdienste.

Ohne direkten Einfluss des Christentums ist hier aus der Seele des ostasiatischen Menschen eine religiöse Haltung erwachsen, die in ihrer Konzentration auf Glaube und Gnade in erstaunlicher Weise der christlichen Haltung gleicht, vor allem wie Martin Luther sie mit den Stichworten *sola fide* und *sola gratia* gekennzeichnet hat. Als im 16. Jahrhundert Jesuitenmissionare nach Japan kamen und Einblick in die Schule des *Buddha Amitabha* gewannen, berichteten sie erschrocken nach Rom, die „lutherische Häresie“ sei bereits nach Japan gedrungen.[114] Doch auch das in der Marienfrömmigkeit zum Ausdruck kommende Element des katholischen Christentums ist in der Schule des *Buddha Amitabha* vertreten: Der in vielen Schulen des Mahajana-Buddhismus verehrte *Bodhisattva Avalokitesvara*, chinesisch *Kuan-Yin*, ursprünglich als männlicher Jünger des *Amitabha* gedacht, wurde schon in China verweiblicht und als „Göttin der Barmherzigkeit“ verehrt. Sie heilt Kranke, beschützt die Seefahrer und die werdenden Mütter und wird besonders von Frauen in allen Nöten angerufen. Sie ist die populärste Gestalt des chinesischen Gottesglaubens; fast in jedem Dorf steht ein Tempel oder eine Statue von ihr. Teilweise wird sie auch, wie im Christentum Maria, mit einem Kind im Arm dargestellt.

Das Gedankengut dieser und ähnlicher Schulen, das im *Bodhisattva*-Gedanken von der tätigen Fürsorge für andere grundgelegt ist, führte in der Neuzeit auch in Japan zu buddhistisch geprägten Bewegungen für den Weltfrieden. Die schon 1930 gegründete „Gesellschaft für Wertschaffen“ (*Soka Gakkai*) ist noch relativ aggressiv. Sie führt sich zurück auf den im 13. Jahrhundert lebenden Gründer einer buddhistischen Schule namens Nichiren, der in einer Zeit des Sittenverfalls den Buddhismus zu einer Art japanischer Nationalreligion umzuformen suchte. Er vertrat einen intoleranten Absolutheitsanspruch für seine Schule und erwirkte von der Regierung das Verbot aller anderen Richtungen. In dieser Linie vertrat auch die „Gesellschaft für Wertschaffen“ die Ansicht, alle Menschen müssten „auf Biegen und Brechen“ zu ihrer Form des Buddhismus bekehrt werden, um dadurch Einheit und Frieden zu schaffen. Erst seit den 70er Jahren des letzten Jahrhunderts wurde die Bewegung dialogbereiter.

Auch die später gegründete „Gesellschaft zur Errichtung von Rechtschaffenheit und freundlichem Umgang“ *(Rissho Kosei-kai)* leitet sich formell von Nichiren her, stellt aber von Anfang an das gewaltfreie *Bodhisattva*-Ideal in den Mittelpunkt ihrer Bewegung. Der schwachen und leidenden Menschheit zu helfen, ist in dieser Schule ein Weg zur Erleuchtung und zum *nirvana*. Im Zentrum der Meditationspraxis steht die Rezitation der *Lotos-Sutra*. Nach dem Zweiten Weltkrieg, noch unter dem Eindruck der grauenhaften atomaren Zerstörungen in Hiroshima und Nagasaki am Ende dieses Krieges, wandte sich diese Gesellschaft der Sorge für den Weltfrieden zu. Sie suchte den Dialog mit den Friedensbewegungen anderer Religionen, veranstaltete mehrmals ein „Internationales Interreligiöses Symposium für den Frieden“

und schuf schließlich die „Weltkonferenz der Religionen für den Frieden". Diese wurde zu einer dauerhaften Organisation; sie hatte ihre erste Vollversammlung 1970 in Kyoto. Niwano, der Präsident der Gesellschaft, geht von der Überzeugung aus, dass nur in der Religion eine genügend starke Kraft für die Schaffung und Erhaltung des Weltfriedens gefunden werden kann. So wird auf diesem Wege doch auch der Buddhismus politisch-gesellschaftlich in Richtung Frieden und Gewaltlosigkeit wirksam.

Der Buddhismus in Tibet

Eine Sonderform des Buddhismus bildete sich in Tibet. Zwar sind in Tibet alle drei großen Richtungen des Buddhismus, der Hinayana-Buddhismus (der mit dem Theravada-Buddhismus zusammenfällt), der Mahayana-Buddhismus und der Vajrayana-Buddhismus vertreten, aber der Vajrayana ist die spezifisch in Tibet entwickelt Form des Buddhismus.

Tibet war im 7. Jahrhundert das Zentrum eines mächtigen Reiches. Man erzählt, dass dem König *Songsten Gampo* von Seiten Nepals und Chinas als eine Art Ergebenheitsgeste je eine Prinzessin als Frau überreicht wurde, wobei beide Frauen Buddhistinnen waren. Durch sie kam zuerst der Buddhismus nach Tibet. Doch obwohl der König tibetische Tempel erbaute und Interesse an indischen buddhistischen Texten zeigte, betrieb er weiterhin eine expansive Politik der Eroberung. Erst spätere Könige nahmen den Buddhismus aus wirklicher Überzeugung an und holten indische Mönche als Missionare ins Land. Unter dem Einfluss der einheimischen *Bon*-Religion wurde jedoch der Buddhismus zeitweise auch grausam verfolgt. Ein Buddhismus feindlicher König wurde dabei von einem buddhistischen Mönch ermordet. Im 11. Jahrhundert begann eine neue Blütezeit des Buddhismus in Tibet. Ein buddhistischer Mönch wurde mit der geistlichen und weltlichen Herrschaft über Tibet betraut. In dieser Zeit wurden Texte des indischen Tantrismus dem buddhistischen Textkanon hinzugefügt. In diesen Texten wird – zumeist symbolisch – die geschlechtliche Vereinigung als Inbegriff der Vervollkommnung des Menschen, als Zentrierung und Zusammenschluss all seiner Kräfte, beschrieben.

Die wenn auch nur symbolische Einbeziehung der Sexualität in den Erlösungsweg ist innerhalb des Buddhismus etwas völlig Neues und Ungewöhnliches. Der „Lebensdurst", der nach der Zweiten Edlen Wahrheit die Ursache allen Leidens in der Welt ist und der auch immer wieder zu *himsa* und Gewalt führt, drückt sich ja wesentlich im Sexualtrieb aus. *Brahmacarya*, völlige geschlechtliche Enthaltsamkeit, war im Jainismus ein unumgängliches Gebot des Heilsweges. Wie das Beispiel Mahatma Gandhis zeigt, konnten auch verheiratete Laien dieses Gelübde ablegen. Im Buddhismus bedeutete das Gebot für den Laienanhänger die absolute Beschränkung der Sexualität auf eine monogame Ehe.

Der buddhistische Kanon enthält – ebenso wie die christliche Mönchsliteratur – frauenfeindliche Äußerungen, die aber erst später in den Kanon eingedrungen sind. Buddhas Einstellung zur Frau wird in dem Satz überliefert: „Eine ältere Frau sollt ihr wie eure Mutter ansehen, eine nur wenig an Alter überlegene als eure ältere Schwester, eine jüngere als eure jüngere Schwester."[115] Dementsprechend war der Überlieferung nach Buddhas Umgang mit Frauen unbefangen, schaltete das sexuelle Element jedoch vollkommen aus. Wie schon erwähnt, herrschte in der Beziehung der Mönche zu den Nonnen auch eine stark patriarchale Struktur. Ausgrabungsfunde in *Mohenjo-Daro* und *Harappa* im Indus-Tal legen jedoch nahe, dass die vorarische indische Bevölkerung matrilinear strukturiert war. Die Verehrung des *lingam* (Phallus) und der *yoni* (Vagina) vor allem in den shivaitischen Richtungen des heutigen Hinduismus sind wahrscheinlich Überreste dieser Kultur. Auch in Tibet, wo bis in die jüngste Zeit die Polyandrie häufig war, also eine Frau mehrere Männer (meistens Brüder) als Sexualpartner hatte, herrschte vorgeschichtlich wahrscheinlich eine ähnliche gesellschaftliche Struktur.[116] In ihr gründet wahrscheinlich auch die *Bon*-Religion mit ihren schamanistischen und magischen Zügen. Viele Elemente dieser Religion, vor allem der Gebrauch magischer Formeln, drangen in Tibet auch in den Buddhismus ein, während umgekehrt auch die *Bon*-Religion buddhistische Elemente in sich aufnahm.

In dieser geschichtlichen Konstellation entwickelte sich der eigenartige tibetische Buddhismus. Bis ins 14. Jahrhundert hinein konnten dort buddhistische Mönche verheiratet sein. Bei den Großäbten der Klöster herrschte eine Erbfolge. Erst gegen Ende des 14. Jahrhunderts wurde die alte buddhistische Klosterdisziplin, besonders auch der mönchische Zölibat, wieder streng durchgeführt. Der Großabt dieser Reformbewegung erhielt den Titel *Dalai Lama* („Ozeangleicher Lama"); er war zugleich weltlicher und geistlicher Herrscher in Tibet und wurde als Gottkönig verehrt. An die Stelle der Erbfolge trat bei diesem zölibatär lebenden Priesterfürsten dessen Wiedergeburt, die durch Orakel und Tests ausfindig gemacht wurde. Bis zur Besetzung Tibets durch Rotchina 1950 und die darauf folgende gewaltsame Unterdrückung des buddhistischen Mönchswesens in Tibet, die den derzeitigen Dalai-Lama zur Flucht nach Indien zwang, war Tibet der größte – und zwar buddhistische – Mönchsstaat der Menschheitsgeschichte. Der gegenwärtige Dalai-Lama begründete seinen Verzicht auf eine bewaffnete Gegenwehr zur rotchinesischen Besetzung mit dem buddhistischen *ahimsa*-Gebot. Die enge Verbindung von Staatsgewalt und buddhistischer Religion sowie die Aufnahme sexualsymbolischer Riten und magisch wirkender Formeln beinhalten jedoch auch Elemente von Gewalt. In der Ausbreitung des Buddhismus findet sich sonst nirgendwo diese Art seiner Ausgestaltung.

Neuerdings versuchen Victor und Victoria Trimondi den tibetischen Buddhismus als eine im Kern archaisch-fundamentalistische und sexistisch-gewaltverhaftete Religion darzustellen.[117] Ihr Werk hat aber mehr den Charakter einer voreingenommenen Streitschrift als den einer wissenschaftlichen Analyse. Zwar ist klar, dass der Buddhismus als Staatsreligion notwendig auch gewaltverhaftete Elemente in sich aufnehmen musste. Staatsgewalt fungiert immer auch als Strafgewalt. Diese wurde in Tibet relativ grausam gehandhabt; teilweise wurden die Delikte durch Verstümmelungen der Täter geahndet. Tatsache ist aber insgesamt, dass der Buddhismus das ursprünglich kriegerische, von Dämonenfurcht und Dämonenglauben besessene tibetische Volk zu friedliebenden und beschaulichen Menschen umgeformt hat, die seit 1950 mehr oder weniger hilflos der blutigen Aggression seitens Rotchinas ausgesetzt sind.

II. Die nahöstliche Tradition

Die zweite große Tradition der heutigen Weltreligionen, aus der die im *Nahen* Osten entstandenen Abrahamreligionen hervorgehen, hat ihren Ursprung nicht in einer sesshaften Pflanzer- und Bauern-Kultur, sondern in der Religiosität nomadischer Stammeskulturen. Von dieser Ursprungserfahrung her hat die älteste Gottheit dieser Tradition, *El*, einen personalen Charakter. Wenn Unheil und Leid den Stamm treffen, dann ist das nicht wie in den Augen des sesshaften und deshalb statisch-ontologisch denkenden indischen Menschen eine notwendige Eigenschaft des Seins und Lebens – „Leben ist Leiden", wie die erste der Vier Edlen Wahrheiten des Buddhismus sagt –, sondern es ist das Zeichen, dass sich der *El* ihres Stammesführers von ihnen abgewandt hat; und nach Umkehr und Bitte um Vergebung darf der Mensch neu auf Glück und Freude hoffen. Der tiefe Pessimismus, der dem achsenzeitlich aufbrechenden fernöstlichen Denken innewohnt und besonders in der Struktur der buddhistischen Religiosität und dem Weg der Askese zum Ausdruck kommt, ist deshalb dem biblischen Menschen fremd. Gewalt, wie sie der leidende Mensch erfährt, wird in dieser Tradition nicht durch Rückzug aus der Welt, nicht durch eine Vernichtung des „Lebensdurstes" überwunden, sondern durch die Versöhnung des personalen Schutz- und Wegegottes. Von dieser Eigenart sind die biblischen Texte geprägt. In Unheil und Not klammert sich der biblische Mensch an die Allgewalt seines *El*, welche seine Feinde vernichtet und seine Not beseitigt; und in der Erfahrung seiner Zuwendung preist er ihn als *Jahwe* im Sinne des „Ich-bin-da". Jesus findet auf diese Weise durch Leid und Tod hindurch den bedingungslos liebenden Vater. Der als freie Person angesprochene höchste Gott bewahrt auch in äußerster Not, in Leiden, Altern und Sterben, den Menschen vor Resignation und Verneinung des Lebens.

Wie in der Beschreibung des achsenzeitlichen Ursprungs der nahöstlichen Tradition angemerkt, besteht hier die Gefahr, dass der Mensch in Situationen der Not in den archaischen Ursprung der Religiosität zurücksinkt und die Gewalt seines *El* als das Heilige preist. In Zeiten der Not entstehen deshalb im biblischen Raum immer wieder Texte, die auf eine oft erschreckende Weise von Gewalt Rettung erhoffen und die Gewalt des rettenden Gottes preisen. Die biblischen Texte sind charakterisiert durch das oft unverbundene Nebeneinander von Texten, in denen einerseits Gewalt gefordert und Gewalt verherrlicht wird und andererseits Gewalt durch Liebe überwunden und im gewaltlosen Frieden das Glück gesucht wird.

1. Das Judentum

Gewaltverhaftete Texte in der Hebräischen Bibel

Pünktlich im Frühjahr 1992, dem „Jahr der Bibel", erschien im Rowohlt-Verlag in Hamburg die „Streitschrift" des Freiburger Psychologen Franz Buggle *Denn sie wissen nicht, was sie glauben. Oder warum man redlicherweise nicht mehr Christ sein kann*, in der Buggle durch ausgiebige Zitate demonstriert, dass die Bibel „ein zutiefst gewalttätig-inhumanes Buch" ist. Die Zitate reichen von der Zustimmung zu Eroberungskrieg und Völkermord bis zur Forderung des grausamen Kreuzestodes Jesu als Sühneopfer.

In vielen biblischen Gewalt-Texten steht der monotheistische Absolutheitsanspruch *Jahwes* im Hintergrund. Dieser wird in die Zeit der Landnahme – die geschichtlich durch eine relativ friedliche Infiltration geschehen ist – zurückverlegt und in Forderungen nach unerbittlicher Vernichtung der eroberten Städte und nach erbarmungsloser „Austilgung" derer in ihrer Mitte, die einen anderen Gott anbeten, zum Ausdruck gebracht: Allgemein wird von den Städten gesagt, die sich Israel nicht freiwillig ergeben: „Wenn Jahwe, dein Elohim, sie in deine Gewalt gibt, sollst du alle männlichen Personen mit scharfem Schwert erschlagen. Die Frauen aber, die Kinder und Greise, das Vieh und alles, was sich sonst in der Stadt befindet, alles was sich darin plündern lässt, darfst du dir als Beute nehmen" (Dtn 20,13f.). Von den Städten im engeren Umkreis des künftigen Volkes Israel jedoch wird gefordert, „nichts, was Atem hat, am Leben zu lassen [...], damit sie euch nicht lehren, alle Gräuel nachzuahmen, die sie begingen, wenn sie ihren Göttern dienten und ihr nicht gegen *Jahwe*, euren *Elohim* sündigt" (Dtn 20,16ff.).

Nicht einmal Frauen und Kinder finden Gnade in diesem religiösen Vernichtungswahn: Bei einem – von *Jahwe* befohlenen – Rachefeldzug gegen die Midianiter, welche die Israeliten zur Verehrung eines fremden Gottes verführt hatten, wurden zwar alle Männer erschlagen, aber die Frauen und Kinder als Beute genommen. Moses gerät darüber in Zorn und sagt: „Warum habt ihr alle Frauen am Leben gelassen? Gerade sie haben auf den Rat Bileams hin die Israeliten dazu verführt, von *Jahwe* abzufallen und dem *Pegor* zu dienen, so dass die Plage über die Gemeinde *Jahwes* kam. Nun bringt alle männlichen Kinder um und ebenso alle Frauen, die schon einen Mann erkannt und mit einem Mann geschlafen haben" (Num 31,17).

Auch in die prophetischen Texte ist dieses vernichtende Kriegspathos zum Teil eingedrungen: Der vorexilische Prophet Jesaja, der eine herrliche Friedensvision des erhofften messianischen Reiches entworfen hat, spricht in seiner Drohrede gegen Babylon von den „Heiligen Kriegern", den „hochgemuten, jauchzenden Helden", die *Jahwe* zusammenrufen wird, „damit sie meinen Zorn vollstrecken" (Jes 13,2f.). Ein grauenhaftes Blutbad sieht er unter ihren Händen entstehen:

> „Man sticht jeden nieder, dem man begegnet;
> wen man zu fassen bekommt,
> der fällt unter dem Schwert.
> Vor ihren Augen werden ihre Kinder zerschmettert,
> ihre Häuser geplündert, ihre Frauen geschändet."
> (Jes 13,15f.)

In solchen Gräueln manifestiert sich die „Macht des Allmächtigen" (Jes 13,6), die Macht des Gottes Israels, die hier als brutale kriegerische Gewalt, als Gewalt des Stier- und Raubtiergottes, gesehen wird.

Diese exzessive Gewalt ist religiös begründet. Sie erfließt aus der „Eifersucht" *Jahwes*, der – innerhalb Israels – keine fremden Götter und fremden Kulte neben sich duldet. Die Altäre der Völker, in deren Land die Israeliten sich ansiedeln wollen, sollen sie niederreißen, „ihre Steinmale zerschlagen, ihre Kultpfähle umhauen" (Ex 34,12f.). Auf die Menschen, die *Jahwe* nicht anbeten, wird sein „Zorn" herabgefleht: „Gieß deinen Zorn aus über die Heiden, die dich nicht kennen, über jedes Reich, das deinen Namen nicht anruft" (Ps 79,6). Unerbittlich sollen Israeliten, die innerhalb der eigenen Reihen von der geforderten Jahwe-allein-Verehrung abweichen und sich fremden Göttern und Kulten zuwenden, bestraft werden. Mehrfach heißt es: „Du sollst das Böse aus deiner Mitte austilgen" (z.B. Dtn 22,21 u.a.); und: „Du sollst in dir kein Mitleid aufsteigen lassen" (z.B. Dtn 25,12 u.a.). Auch engste Angehörige und Freunde sollen nicht verschont werden; der Bruder soll den Bruder, der Sohn den Vater, der Mann seine Frau anzeigen und als Erster bei der kollektiven Steinigung die Hand gegen sie erheben (Dtn 13,10).

Dabei handelt Gott in herrscherlicher Willkür:

> „Ich bin der Herr, und sonst niemand.
> Ich erschaffe das Licht und schaffe das Dunkel,
> ich bewirke das Heil und erschaffe das Unheil.
> Ich bin der Herr, der alles vollbringt."
> (Jes 45,6f.)

So verhärtet *Jahwe* selbst das Herz des Pharao, damit er nicht auf die Bitten des Moses hört und Gott in der schrecklichen Bestrafung seine „Macht an ihm erweisen" kann (vgl. Ex 4,21 und 10,1).

Die Eifersucht *Jahwes* gegenüber der Verehrung anderer Gottheiten innerhalb Israels, aus der die unmenschlichen Gewaltforderungen entspringen, steht in schmerzlichem Gegensatz zu der Toleranz *Krishnas*, der in der Bhagavadgita (VII, 22, s.o.) denen, die andere Gottheiten verehren, auch „gerne Gutes zuwendet". Zwar haben im Zuge der Selbständigwerdung und Teilung Indiens Moslems und Hindu sich blutig bekämpft; dahinter standen jedoch nationale Beweggründe. Die Hindu haben niemals ihren Glauben durch Kreuzzüge und Kriege auszuweiten versucht; auch haben sich die Hindu-Religionen nie gegenseitig bekämpft. Wir werden auf den möglichen geschichtlichen Sinn der tödlichen Eifersucht des biblischen Gottes in der Erörterung des biblischen Monotheismus noch näher zu sprechen kommen.

Die Gewalt-Texte der Bibel beziehen sich allerdings nicht nur auf die Einschärfung des Monotheismus innerhalb Israels. Wenn – wie geschichtlich häufig der Fall – von außen her brutale Gewalt auf den biblischen Menschen eindringt, reagiert er in seinen Texten meistens mit ebenso brutalen Gewaltfantasien. So entstehen die Fluchpsalmen, die von Gewalt strotzenden Erzählungen von der Landnahme und die prophetischen Drohreden und Schreckensvisionen. Auch noch in der Zeit des Neuen Testamentes entstehen auf diese Weise von Gewaltfantasien und Gewaltdrohungen geprägte Texte wie etwa die apokalyptische Vision der „Geheimen Offenbarung" und der „Brief an die Hebräer".

Die gewaltverhafteten Texte der Bibel sind zahlreich. Auch sind sie mit den übrigen Texten so verwoben, dass es nicht möglich ist, sie zu eliminieren. Marcion, ein ethisch sehr strenger und anspruchsvoller Christ, hat schon in der Mitte des zweiten Jahrhunderts die Problematik dieser Texte erkannt und versuchte, sie aus der Bibel auszuscheiden. In diesem Bemühen kam er jedoch zu einer Verwerfung der gesamten Hebräischen Bibel, deren Gott er als zürnenden „Gott des Bösen" dualistisch dem von Jesus im Neuen Testament geoffenbarten guten Gott gegenüberstellte. Da jedoch die Gewalt-Texte auch weit ins Neue Testament hineinragen und mit ihm verwoben sind, konnte er letztlich nur noch das Lukas-Evangelium und einige von alttestamentlichen Zitaten gereinigte Paulusbriefe als Heilige Schrift anerkennen. Ein anderer Weg, mit diesen Texten umzugehen, war der Versuch der Kirchenväter, sie typologisch und allegorisch auf Christus hin auszulegen. Diese Auslegung entsprach jedoch nicht den Intentionen und dem Charakter dieser Texte; sie wurde deshalb vom ausgehenden Mittelalter an aufgegeben.

Heute beschränkt sich die Reaktion von Seiten der Theologie auf diese Gewalt-Texte im Wesentlichen darauf, ihre Wirkung dadurch abzuschwächen, dass man sie mit Hilfe der historisch-kritischen Exegese aus ihrer geschichtlichen Entstehungssituation erklärt und sie dadurch psychologisch zu relativieren sucht. Diese Abwehr greift jedoch im Grunde nicht. Buggle hat recht, wenn er darauf hinweist, dass alle von ihm – auf fast 200 Seiten – zitierten Texte so und nicht anders in der Bibel stehen und dass für das Judentum wie für das Christentum dies „heilige“ Schrift ist. Gleichgültig, wie diese Texte entstanden und welcher literarischen Gattung sie einzuordnen sind, sind sie „Heilige Schrift“ mit riesiger, weltweiter Verbreitung und enormer, zum Teil äußerst blutiger Wirkungsgeschichte. Das Bild und der Charakter Gottes, die in diesen Texten aufscheinen, entsprechen religionsgeschichtlich stärker dem Stier- und Raubtiergott als dem gütigen Vater. In der Liturgie und Predigt sowie in der Katechese und im Religionsunterricht werden diese Texte heute stillschweigend ausgeklammert, jedenfalls nicht gezielt betrachtet.

Stattdessen arbeitet man mit den ebenfalls zahlreichen biblischen Texten, in denen Gewalt überwunden und Gott in seiner Güte, Gerechtigkeit und Fürsorge gegenüber dem Menschen dargestellt wird. In Theologie, Pastoral und Religionspädagogik fehlt heute ein Konzept, das es ermöglicht, gewaltverhaftete und gewaltüberwindende Texte sinnvoll miteinander zu verbinden. Nimmt man die Bibel – was durchaus ihrem Charakter entspricht – als eine im Zeitraum von vielen Jahrhunderten entstandene Bibliothek, in deren Schriften die Menschen im Ablauf ihrer leidvollen, immer wieder mit brutaler Gewalt konfrontierten Geschichte unermüdlich um ein gütiges, ihnen zugewandtes Gottesantlitz ringen, d.h. mühevoll versuchen, von *El-Schaddai* zu *Jahwe* oder gar zum *Abba*, zum gütigen Vater, zu finden, dabei aber alle Höhen und Tiefen des menschlichen Schicksals und immer wieder auch Angst und Verzweiflung (und damit die Flucht in Gewaltfantasien) erleiden, ergibt sich durchaus ein solches Konzept. Am Schluss dieses Kapitels über das Judentum soll näher darauf eingegangen werden. Doch zunächst gilt es, auch die *gewaltüberwindenden* Texte der Hebräischen Bibel zu vergegenwärtigen, die allerdings häufig mit den gewaltverhafteten verwoben sind; gerade diese Verflechtung gibt ihnen ihr typisches Gepräge.

Gewaltüberwindende Texte der Hebräischen Bibel

In der Paradieserzählung verhängt *Jahwe* nach dem Sündenfall einerseits die schweren Strafen über die Schlange, die Frau und über Adam und vertreibt sie aus dem Garten Eden, aber wie eine fürsorgliche Mutter macht er Adam und seiner Frau vorher „Röcke aus Fellen und bekleidet sie damit“ (Gen 3,21). Ebenso verflucht er den Kain nach seiner Mordtat und lässt ihn rast- und ruhelos über die Erde streifen, doch er macht ihm vorher ein Schutzzeichen auf die Stirn, „damit ihn keiner erschlage, der ihn finde“ (Gen 4,15). Aufgrund der Gewalttätigkeit aller Lebewesen auf der Erde und aufgrund der Schlechtigkeit des Menschen „reut“ es *Jahwe,* diese Wesen gemacht zu haben, und er beschließt, seine Schöpfung durch die Sintflut auszutilgen. Doch dann baut er die Arche für Noah und rettet ihn zusammen mit den Tiergattungen durch die Fluten; und obwohl auch nach der Flut das Trachten des Menschen immer noch böse ist „von Jugend an“, schließt er mit ihm einen Bund und verspricht immerwährende Fruchtbarkeit (vgl. Gen 6,5–8,22). Einerseits fordert er von Abraham, Isaak, „den einzigen, den du liebst“ (Gen 22,2), zu schlachten und ihn als Brandopfer darzubringen, andererseits aber schickt er, als Abraham schon das Messer ausstreckt, um seinen Sohn zu töten, seinen Engel vom Himmel, um das Kindesopfer zu verhüten. Dabei findet in dieser Erzählung ein bedeutsamer Wechsel des Gottesnamens statt: Es ist *El,* der das Blut des Opfers fordert, aber es ist der Engel *Jahwes,* der die Not des Knaben, der gefesselt auf dem Opferaltar liegt, sieht und zu Abraham sagt: „Tu dem Knaben nichts zu Leide!“ (vgl. Gen 22,1–19).

In der Moses-Erzählung im Buch Exodus gibt *Jahwe* sich dem Moses als der „Ich bin da“ zu erkennen, der das Elend seines Volkes in Ägypten gesehen und ihre laute Klage gehört hat und es nun herauszuführen beschließt „in ein schönes, weites Land, in ein Land, in dem Milch und Honig fließen“ (vgl. Ex 3,7–15); wenige Verse später aber wird erzählt, dass dieser selbe *Jahwe* „auf Moses herabstößt, um ihn zu töten“, und nur durch den Blutritus der Beschneidung besänftigt werden kann (vgl. Ex 4,24). Dann wieder trägt er sein Volk „auf Adlerflügeln“ und beschützt es (Ex 19,4). Inmitten der unmenschlichen Kriegsgesetze, die die Ermordung von Frauen, Kindern und Greisen in eroberten Städten fordern, findet sich auch die sehr menschliche Bestimmung, dass ein Israelit, der ein neues Haus gebaut, einen neuen Weinberg angelegt hat, jung vermählt ist oder auch sich nur vor dem Kriegsdienst fürchtet, von diesem Dienst befreit werden soll (vgl. Dtn 20,5–8); auch findet sich das Verbot, Fremde, die als Flüchtlinge in Israel Asyl suchen, an ihre Unterdrücker auszuliefern oder sie auszubeuten (Dtn 20,16f.). Dem Propheten Elijas erscheint *Jahwe* nicht im starken heftigen Sturm, „der die Berge zerriss und die Felsen zerbrach“, nicht im Erdbeben und nicht in der verheerenden Feuersbrunst, sondern im „sanften, leisen Säuseln des Windes, das nach dem furchtbaren Unwetter an der Höhle vorüberzieht“ (1 Könige 11–13).

Dieselbe Verwobenheit von *El-Schaddai* und fürsorgendem *Jahwe* findet sich in den prophetischen Texten. In den Texten des vorexilischen Jesaja finden sich einerseits fürchterliche Drohworte sowohl gegen das abtrünnige Israel als auch gegen die Völker, die Israel unterdrücken, andererseits aber verheißt der Prophet das messianische Friedensreich, in dem „Schwerter zu Pflugscharen" und „Lanzenspitzen zu Winzermessern" umgeschmiedet werden (Jes 2,4); und er entwirft die mitreißende Vision eines Friedens, wo der Wolf beim Lamm wohnt, der Panther beim Böcklein liegt, Kalb und Löwe zusammen weiden, Kuh und Bärin sich anfreunden und der Löwe Stroh frisst wie das Rind (Jes 11,6–9); er spricht vom zukünftigen Festmahl auf dem Berg Zion, wo *Jahwe* „für alle Völker" ein Festmahl gibt und die Tränen abwischt von jedem Gesicht (Jes 25,6–8). Der sogenannte Deuterojesaja, der in der Zeit des Exils in Israel wirkt, verheißt den in die Fremde Verbannten ihren Gott *Jahwe* als fürsorgende Mutter, die ihr Kind niemals vergessen kann – „und selbst wenn sie ihn vergessen würde: Ich vergesse Dich nicht. Sieh her: Ich habe Dich eingezeichnet in meine Hände" (Jes 49,15 f.). Dieser Prophet wird auch die Lieder vom gewaltlos leidenden Gottesknecht entwerfen, die von den Christen auf Jesus hin gedeutet werden.

Auch der Prophet Jeremias verkündet für die messianische Zeit einen „neuen Bund", innerhalb dessen er sein Gesetz den Menschen in das Herz schreibt, sodass alle ihn von diesem inneren Gesetz her erkennen werden, und er verheißt für diese Zeit, dass er alle Schuld verzeiht – „an ihre Sünde denke ich nicht mehr" – und den Menschen auf beglückende Weise nahe ist (vgl. Jer 31,31–34). In den Drohreden gegen die Völker freilich – möglicherweise eine nachexilische Erweiterung – taucht auch im Buch Jeremia wieder der „Gott der Heere" auf, der ein „Schlachtfest" abhält im Lande des Nordens und dessen Schwert sich sattfrisst und satttrinkt am Blut seiner Gegner (vgl. Jer 46,10). In den Drohreden des vorexilischen Propheten Hosea gibt sich *Jahwe* einerseits ausdrücklich als Raubtiergott zu erkennen – „wie ein Panther lauere ich am Weg. Ich falle sie an wie eine Bärin, der man die Jungen geraubt hat, und zerreiße ihnen die Brust und das Herz" (Hos 13,7 f.) –, andererseits flammt sein Mitgefühl auf angesichts der Not und Bedrängnis seines Volkes und bewegt ihn dazu, die angedrohte Strafe nicht zu vollstrecken:

> „Mein Herz wendet sich gegen mich,
> mein Mitleid lodert auf.
> Ich will meinen glühenden Zorn nicht vollstrecken
> und Ephraim nicht noch einmal vernichten.
> Denn ich bin Gott, nicht ein Mensch,
> der Heilige in Deiner Mitte."
>
> (Hos 11,8 f.)

Das Heilige ist hier das Gegenteil der Gewalt. Gerade als Gott kann *Jahwe* menschlich sein; er muss nicht nach ehernem Gesetz die angedrohte Strafe vollstrecken, sondern darf seinem mitfühlendem Herzen Raum geben. In diesem seinem mütterlichen Erbarmen, nicht in seinem raubtierhaften Zorn, nicht in der Ausübung von Gewalt, ist er der „Heilige".

In der Erzählung vom Propheten Jona schickte *Jahwe* den Propheten in die heidnische Stadt Ninive, deren Schlechtigkeit als Kunde zum Himmel aufgestiegen ist, um sie zur Umkehr zu bewegen und das drohende Strafgericht von ihr abzuwenden. Tatsächlich taten die Menschen in Ninive Buße und *Jahwe* „reute" das Unheil, das er der Stadt angedroht hatte, und er führte die Drohung nicht aus. Als diese Rettung der heidnischen Stadt dem Propheten missfiel, spricht *Jahwe* in sehr menschlicher Weise zu ihm: „Mir sollte es nicht leid sein um Ninive, die große Stadt, in der mehr als hundertundzwanzigtausend Menschen leben, die nicht einmal rechts und links unterscheiden können – und außerdem so viel Vieh?" (Jona 4,11). *Jahwe* ist also nicht nur der Schutzgott seines Volkes Israel, sondern auch der mütterlich fürsorgende Gott der heidnischen Stadt. Dies stimmt überein mit jener oben schon erwähnten Tradition, wonach nicht nur die Nachkommen Abrahams, sondern *alle* Menschen und *alle* Völker der Erde dem mütterlich fürsorgenden Schutzgott *Jahwe* anvertraut sind (Gen 4,26). Hier ist die Vorstellung eines Völkerfriedens begründet, der als Gnadengabe *Jahwes* durch Israel den Völkern vermittelt wird. Noch heute wird in den Synagogen gebetet: „Gib uns Frieden, Deine kostbarste Gabe, oh Du ewige Quelle des Friedens. Lass Israel den Boten Deines Friedens unter den Völkern der Erde sein."[118] Dabei ist es freilich wieder die *El*-Gewalt *Jahwes*, aus der dieser Friede erwächst:

> „Kommt und schaut die Taten des Herrn,
> der Furchtbares vollbringt auf der Erde.
> Er setzt den Kriegen ein Ende
> bis an die Grenzen der Erde;
> er zerbricht die Bogen, zerschlägt die Lanzen,
> im Feuer verbrennt er die Schilde."
>
> (Psalm 46,9f.)

Shalom ist der zentrale biblisch-jüdische Friedensbegriff, der nicht bloß negativ die Abwesenheit von Krieg beinhaltet, sondern ein von Jahwe ausgehendes Wohlergehen der Menschen und Völker. Er bedeutet die Bändigung der Chaosmächte in einer umfassenden Ordnung, die Bewahrung einer den Menschen beglückenden Schöpfung und den Schutz alles Lebendigen.

Das stärkste Dokument der Gewaltlosigkeit und des Friedenswillens innerhalb der Hebräischen Bibel sind die *Lieder vom leidenden Gottesknecht.* Hier reagiert der biblische Schriftsteller nicht mehr mit Gewaltfantasien auf Unrecht und erlittene Gewalt. Religionsgeschichtlich gehört auch die Friedensbotschaft des jüdischen Wanderlehrers Jesus in den Bereich des Judentums. Beides sind Höhepunkte der Überwindung religiöser Gewalt innerhalb der nahöstlichen Tradition. Ohne jegliche geschichtliche Verbindung berühren diese sich mit der schon in der fernöstlichen Tradition auftauchenden Erkenntnis, dass Gewalt nicht durch Gegengewalt, Feindschaft nicht durch Feindschaft, sondern nur durch Nicht-Feindschaft überwunden werden kann (Buddhismus) und dass auch den „Nicht-Guten" mit Güte zu begegnen ist (Laotse).

Die Lieder vom gewaltlos leidenden Gottesknecht

Es handelt sich um vier Texte, die in das zweite Jesaja-Buch eingestreut sind (Jes 52,1–9; 49,1–9; 50,4–9; 52,13–53,12). Sie schildern eine Gestalt, die von *Jahwe* erwählt ist und auf die er seinen Geist gelegt hat. Sie ist dazu bestimmt, *Jahwes* Bund mit seinem Volk Israel zu verkörpern und das „Licht für die Völker" zu sein (Jes 42,6). Sein Wirken bedeutet Befreiung:

> „Gefangene aus dem Kerker zu holen
> und alle, die im Dunkeln sitzen,
> aus ihrer Haft zu befreien."
>
> (Jes 42,7)

Er soll Nord- und Südreich wieder zusammenführen und vor *Jahwe* versammeln. Immer wieder aber wird betont, dass seine Sendung über das Volk Israel hinausgeht und er das *Jahwe*-Heil „bis an das Ende der Erde" bringen soll (Jes 49, 6). *Jahwe-Elohim* hat ihm das Ohr geöffnet, damit er die Gottesbotschaft hört, und er hat ihm eine Zunge gegeben, mit der er den Schwachen stärken und aufmuntern kann. Sein Wirken aber ist von Misserfolg und Leid geprägt. Ein späterer Zusatz im zweiten Lied nennt ihn den „tief verachteten Mann", den „Abscheu der Leute", den „Knecht der Tyrannen" (Jes 49,7). Das dritte Lied hebt die Gewaltlosigkeit hervor, mit der der Gottesknecht dieses sein Geschick auf sich nimmt:

> „Ich aber wehrte mich nicht
> und wich nicht zurück.
> Ich hielt meinen Rücken denen hin,
> die mich schlugen,
> und denen, die mir den Bart ausrissen,
> meine Wangen,
> mein Gesicht verbarg ich nicht
> vor Schmähungen und Speichel."
>
> (Jes 50,6)

Jegliches Rachedenken und jegliches Trachten nach Vergeltung sind hier überwunden. Diese absolute Gewaltlosigkeit gründet im unerschütterlichen Vertrauen auf die endgültige Hilfe *Jahwe-Elohims*. Dieser, das ist die feste Überzeugung des Gottesknechts, wird ihn schließlich aus Schande und Schmach erretten.

Im vierten Lied erreicht dieses Motiv der Gewaltlosigkeit und der endgültigen Errettung durch *Jahwe* seinen Höhepunkt. Wie entstellt er auch aussah, und obwohl viele sich über ihn entsetzten, ist er am Ende groß und setzt die vielen Völker in Staunen; Könige verstummen vor ihm, weil sie an ihm sehen und hören, „was man ihnen noch nie erzählt hat" (Jes 52,14f.). Diese Könige der Fremdvölker erkennen nun, dass die verachtete und von den Menschen gemiedene Gestalt in Wahrheit das Ungenügen und die Krankheit der Völker getragen und erlitten hat:

> „Er wurde durchbohrt wegen *unserer* Verbrechen,
> wegen *unserer* Sünden zermalmt."
>
> (Jes 53,5)

In dem Leid, das der Gottesknecht aufgrund der Verbrechen der Völker trägt, öffnen sich nun den Königen die Augen, sie sind „durch seine Wunden geheilt". Wieder wird seine Gewaltlosigkeit hervorgehoben:

> „Er wurde misshandelt und niedergedrückt,
> aber er tat seinen Mund nicht auf.
> Wie ein Lamm, das man zum Schlachten führt,
> und wie ein Schaf angesichts seiner Scherer,
> so tat auch er seinen Mund nicht auf."
>
> (Jes 53,7)

Auch in den Psalmen vom leidenden Gerechten wird in erschütternden Bildern das Elend beschrieben, das die Frevler über den Gerechten bringen. Ebenso steht in den Psalmen auch am Ende die Errettung des Gerechten durch die Hand *Jahwes*. Zumeist im letzten Augenblick, aus unmittelbarer Todesgefahr, erfolgt diese Rettung. Sie erfolgt als Rettung des Lebens, als Bewahrung vor dem Tod. Im vierten Gottesknechtslied ist dieses Denkschema durchbrochen. Der Gottesknecht wird „durch Haft und Gericht dahingerafft", er wird „vom Land der Lebenden abgeschnitten und wegen der Verbrechen seines Volkes zu Tode getroffen" (Jes 53,8). Sogar von seinem Grab ist die Rede, das man ihm inmitten der Ruchlosen und Verbrecher gab, obwohl er kein Unrecht getan hat. Die Rettung erfolgt *durch den Tod hindurch*:

> „*Jahwe* fand Gefallen an seinem Zerschlagenen,
> er rettete den, der sein Leben als Sühnopfer hingab [...]
> Nachdem er so vieles ertrug,
> erblickt er das Licht."
>
> (Jes 53,10f.)

Als gewaltlos leidender Gerechter macht er die Vielen, deren Unrecht er an seinem Leib getragen hat, gerecht.

Die Deutung dieser Lieder ist in der Exegese sehr umstritten. Die jüdische Auslegung sieht von alters her im Gottesknecht eine korporative Gestalt für das Volk Israel. Die Lieder sind in der Spätzeit des jüdischen Exils geschrieben. Das leidvolle Geschick, das den Gottesknecht trifft, die Verachtung und Demütigung, die er erduldet, ist das Geschick derer, die im fremden Land als Verbannte und Unterdrückte wehrlos an der Religion ihrer Väter festhalten und bereit sind, dafür sogar den Tod auf sich zu nehmen. Der gewaltlos leidende Gottesknecht verkörpert das wahre Israel, das die Zerstreuten wieder zusammenführen und vor *Jahwe* versammeln wird. In dieser Zeit wird dann auch den fremden Königen, die jetzt noch Israel unterdrücken, aufgehen, dass das geknechtete Israel in seiner gewaltlosen Gottestreue die wahre menschliche Existenz verkörpert, nach der zu leben sich lohnt; es wird das „Licht für die Völker" sein.

Die christliche Auslegung hat schon im Urchristentum die Gestalt des leidenden Gottesknechts auf Jesus bezogen. In der Dynamik dieses Liedes versuchten die ersten Christen, die zugleich noch Juden waren, das Leidensgeschick ihres Meisters zu deuten. Dies bot sich vor allem deshalb an, weil hier anders als in den Psalmen vom leidenden Gerechten der Gerechte wirklich den Tod erlitt und durch den Tod hindurch gerettet und erhöht wurde. Hier konnte die urchristliche Erfahrung, die mit „Auferstehung" und „Auferweckung" Jesu von den Toten umschrieben ist, und seine „Erhöhung" zum Gottessohn – „eingesetzt als Sohn Gottes in Macht seit der Auferstehung von den Toten" (Röm 1,4) – einen Anhalt in der Tradition finden.

Die schon vom Urchristentum an bestehende Spannung zwischen dem traditionellen Judentum und den christlichen Gruppen war wahrscheinlich die Ursache dafür, dass die Deutung des leidenden Gottesknechts als korporativer Gestalt für das wahre Israel und die Deutung des Knechtes auf Jesus zueinander in Widerspruch gerieten. Die Deutung des Knechtes als Symbolgestalt für Israel und sein Leidensgeschick legt sich vom Gesamten der Hebräischen Bibel her jedoch durchaus nahe. *Ebed Jahwe*, „Knecht Jahwes", ist in der gesamten vorchristlichen Bibel die Benennung für den rechtgläubigen Israeliten. Sie wird als Ehrenname für Abraham (Gen 26,24), Jakob (Gen

32,10), Moses (Ex 14,31 u.ö.) und besonders häufig für König David (1 Kön 11,32 u.ö.) gebraucht. Im Zweiten Jesaja-Buch, in das die Gottesknechtslieder eingestreut sind, ist auch sonst mit „Knecht Gottes" das Volk Israel bezeichnet. „Du, mein Knecht Israel, du, Jakob, den ich erwählte", so spricht *Jahwe* hier sein Volk an (Jes 41,8). Das Volk ist *Jahwes* Knecht, weil *Jahwe* es erwählt und vom Mutterleib an geformt hat (Jes 44,1f.). Dieses Motiv, die Berufung und Formung schon im Mutterleib, erscheint noch öfter im Zweiten Jesaja-Buch (vgl. z.B. Jes 44,21). Ebenso sagt zu Anfang des zweiten Gottesknechtsliedes der Knecht von sich:

> „Jahwe hat mich schon im Mutterleib berufen;
> als ich noch im Schoß meiner Mutter war,
> hat er meinen Namen genannt."
>
> (Jes 49,1)

und wenige Zeilen später gibt der Gottesknecht in diesem Lied ausdrücklich seine Identität zu erkennen:

> „Er sagte zu mir: Du bist mein Knecht Israel,
> an dem ich meine Herrlichkeit zeigen will."
>
> (Jes 49,3)

Es ist bei dieser Sachlage eigentlich schwer verständlich, warum christliche Exegeten zum Teil bis heute die korporative Deutung der Gestalt auf das wahre Israel hin ablehnen und im Gottesknecht eine Einzelperson sehen.[119] Können auch heute noch nicht Jesus und Israel als Einheit gesehen werden? Dabei ist es religionsgeschichtlich unbestreitbar, dass Jesus als jüdischer Wanderlehrer und Rabbi in Israel gelebt und gewirkt hat. Er ist religionsgeschichtlich eine Gestalt des Judentums. Seine Botschaft der Gewaltfreiheit gehört deshalb auch in dieses Kapitel.

Die Friedensbotschaft des Rabbi Jesus

In der Auseinandersetzung zwischen Christentum und Judentum wird Jesus als Gestalt gesehen, die sich betont und gezielt von Israel absetzt. In dieser Denkrichtung ist es unmöglich anzunehmen, der Verfasser der Gottesknechtslieder habe in seiner Zeit, in der Zeit der babylonischen Verbannung, eine Symbolgestalt für das wahre Israel zeichnen wollen, und es sei *dennoch* möglich, später diese Gestalt auch auf Jesus und sein Leidensschicksal hin zu deuten. Jesus in seinem Leidensgeschick wäre dann die Verkörperung des wahren Israel. Der kämpferische Gegensatz zwischen Jesus-Anhängern und traditionellen orthodoxen Juden wäre dann sinnlos.

Gerade diese Betrachtung legt sich jedoch heute nahe. Denn einerseits ist auch in der christlichen Exegese heute klar, dass Jesus ein gläubiger Jude war und bis zuletzt seinen Lebensweg als solcher ging. Andererseits haben auch jüdische Theologen eingesehen, dass Jesus in der Tradition der altisraelitischen Propheten und Gesetzeslehrer stand; sie versuchen, ihn als bedeutende Gestalt der eigenen Glaubensgeschichte in das Judentum heimzuholen. Der bekannte jüdische Philosoph Martin Buber spricht von Jesus als von seinem großen Bruder und betont, dass ihm ein großer Platz in der Glaubensgeschichte Israels zukommt.[120] Sein Schüler Schalom Ben-Chorin hat in seinem Buch *Bruder Jesus. Der Nazarener in jüdischer Sicht*[121] Jesus als einen jüdischen Gesetzeslehrer beschrieben, der der Schule des Rabbi Hillel nahe stand, wobei es ihm vor allem um die Verinnerlichung der *Tora* und deren Zentrierung im Liebesgebot ging. Mit dem Rabbiner Leo Baeck sieht Ben-Chorin im Neuen Testament eine „Urkunde jüdischer Glaubensgeschichte", in der viel vom Heilsgut Israels aufbewahrt und tradiert worden ist.[122]

Zwar ist in den neutestamentlichen Schriften schon im Ansatz die geschichtliche Spannung zwischen Judentum und Christentum zu greifen, die vor allem darin zum Ausdruck kommt, dass Jesus in das Universelle und Übermenschliche erhoben wird, so dass sein Jude-Sein stark in den Hintergrund tritt. Bei näherem Hinsehen freilich wird deutlich, dass die Evangelien Jesus durchwegs aus der Perspektive der Hebräischen Bibel zeichnen. Jesus ist der „zweite Moses", der wie der erste Moses vom Berg herab – in der sogenannten Bergpredigt – die (nun verinnerlichte) *Tora* verkündet. Diese Deutung und Zeichnung Jesu ist initiiert durch eine Verheißung aus der deuteronomischen Gesetzessammlung, wonach *Jahwe* zu Moses sagt, er würde aus ihrer Mitte, „unter seinen Brüdern", einen Propheten wie ihn erstehen lassen; und dieser würde „die Erfüllung von allem" bringen (Dtn 18,15–18). Von Moses wird ebenso wie von Jesus erzählt, dass er vierzig Tage und vierzig Nächte fastete, ehe er mit der ihm zuteil gewordenen Gottesoffenbarung vor die Israeliten hintrat (vgl. Ex 24,18 und Mk 1,12f.). Wie von Moses erzählt wird, dass er dem hungernden Volk in der Wüste das Manna als Brot vom Himmel zu essen gab (vgl. Ex 16,4), so wird von Jesus erzählt, dass er in einer öden Gegend fünftausend Menschen auf wunderbare Weise sättigte (Mk 6,44). Die Beispiele ließen sich noch vielfach vermehren.

In der Verklärung auf dem Berg Tabor, wo es wesentlich darum geht, die Gestalt Jesu zu identifizieren, steht Jesus zwischen Moses und dem Propheten Elija (vgl. Mk 9,2–10). Jesus ist geschichtlich wie literarisch aus der jüdischen Tradition herausgewachsen. Er ist, wie Ben-Chorin aus seiner intimen Kenntnis des Judentums herausarbeitet, eine Gestalt der jüdischen Glaubensgeschichte. Seine Passion wird in Bildern und Motiven des leidenden Gerechten, wie die Psalmen ihn schildern, erzählt. Als leidender Gottesknecht verschmilzt er mit dem Geschick des Volkes Israel. Mit Recht sagt Ben-Chorin: „Ist der leidende und am Kreuz verhöhnt sterbende Jesus nicht ein Gleichnis für sein ganzes Volk geworden, das, blutiggegeißelt, immer wieder am Kreuze des Judenhasses hing?“[123]

Dabei ist Jesus in seinem Reden wie in seinem Tun eine Gestalt der Gewaltlosigkeit. Indem er – genuin in jüdischer Tradition – die *Tora* im Liebesgebot zentriert und verinnerlicht, überwindet er die von Franz Buggle gebrandmarkten, unmenschlichen und brutalen Züge der alttestamentlichen Gesetzesbestimmungen. Die Evangelien geben selbst deutlich zu erkennen, dass er dabei jüdischer Tradition folgt. Die Frage nach dem „ersten von allen Geboten“ (Mk 12,28), im Lukas-Evangelium konkretisiert zur Frage: „Meister, was muss ich tun, um das ewige Leben zu gewinnen?“ (Lk 10,25), beantwortet Jesus nach einem Hinweis auf die *Tora* nicht selbst, sondern ein jüdischer Gesetzeslehrer gibt die Antwort durch ein zusammengezogenes Zitat aus den Büchern Deuteronomium und Levitikus (Dtn 6,5; Lev 19,18): „Du sollst *Jahwe-Elohim* lieben mit ganzem Herzen und ganzer Seele, mit all deiner Kraft und all deinen Gedanken, und: deinen Nächsten sollst du lieben wie dich selbst“, eine Antwort, die Jesus kommentarlos bestätigt: „Handle danach, und Du wirst leben“ (Lk 10,27f.).

Wo die Liebe zum „Ich-bin-da-Gott“ und zum Nächsten in solcher Weise zusammenfließen und fraglos in das Zentrum der religiösen Überlieferung rücken, verliert der Raubtiergott seine Zähne und der Stiergott seine Hörner; es gibt keinen Boden mehr für religiös motivierte Gewalt. Es gibt keine Abgrenzungen mehr, weder religiöser noch nationaler oder moralischer Art, deren Übertretung Gewalt rechtfertigen könnte. Selbst der Feind, der als nationaler Gegner Israel bedrängt oder zur Verehrung fremder Götter verführen will, ist von dieser ins Zentrum gerückten Liebe und ihrem Gott umgriffen: „Liebt eure Feinde und betet für die, die euch verfolgen, damit ihr Söhne eures Vaters im Himmel werdet, der seine Sonne aufgehen lässt über Böse und Gute und regnen lässt über Gerechte und Ungerechte“ (Mt 5,44f.).

In dieser Zentrierung und Zuspitzung jüdischer *Tora*-Frömmigkeit berührt sich Jesus mit den großen Denkern der Achsenzeit und deren Bemühen, die archaische Vergöttlichung der Gewalt zu überwinden. Auch der Jünger Buddhas ist aufgerufen zu einer grenzenlosen Liebe gegenüber allen lebenden Wesen (vgl. das sog. „Buddhistische Vaterunser“) und zu einer

Güte, die wie ein großer Baum allen Tieren, den zahmen wie den wilden, Schatten, Schutz und Zuflucht bietet; und der chinesische Weise Laotse ist gut zu den Guten wie zu den Nichtguten, „denn das LEBEN ist die Güte" (Spr 49). Jesus hat diese Traditionen sicher nicht gekannt; sein Denken, das sich hier fast wörtlich mit ihnen trifft, erwächst aus der Hebräischen Bibel und aus dem Judentum.

Auch viele seiner Gleichnisse bringen diese Haltung zum Ausdruck: Der vom orthodoxen Juden als abtrünnig betrachtete *Samariter* wird zum leuchtenden Vorbild jüdischer Gläubigkeit (vgl. Lk 10,30–35); die Sorge um das *Verlorene Schaf* lässt alle anderen Dinge zurücktreten (vgl. Lk 15,4–6); der *Barmherzige Vater* nimmt den in selbstverschuldetes Elend und kultische Unreinheit verlorenen Sohn rückhaltlos und in überschwänglicher Freude wieder bei sich auf (vgl. Lk 15,11–32). Alle, auch die „Krüppel", „Blinden" und „Lahmen", sind zum großen Gastmahl geladen (vgl. Lk 14,16–24). Der Gott, der hinter diesem Denken und Fühlen steht, verliert den Charakter *El*-hafter Allgewalt, aber auch die Zwiegesichtigkeit *Jahwes*, der die ihm ergebenen Israeliten in mütterlicher Zuwendung umsorgt, seinen Feinden gegenüber jedoch eine furchtbare *El*-Gewalt praktiziert. Jesus betet zu Gott im Lall-Wort seiner aramäischen Muttersprache: *Abba*. Noch in der beginnenden Nacht seines Leidens hält er an dieser Anrede fest (Mk 14,36). Der Barmherzige Vater ist nicht mehr *El* und nicht mehr *Jahwe*, sondern *Abba*. Die Gewalt als archaisches Element des Heiligen hat sich in dieser Gottesanrede aufgelöst wie die Dunkelheit in der Morgensonne.

Die Evangelien zeichnen jedoch Jesus nicht ausschließlich im Licht dieser gewaltlosen Gottesliebe. Gewalt als Element des Heiligen dringt vor allem über die jüdische Apokalyptik in die Erzählungen von Jesus ein. Diese religiöse Strömung entsteht im Judentum des 2. Jahrhunderts v. Chr. aus der religiös-politischen Unterdrückung, der Israel auch in nachexilischer Zeit ausgesetzt war. Nach der Eroberung des gesamten Orients durch Alexander den Großen und auch, als nach dessen Tod seine Feldherrn das Weltreich unter sich aufteilten und dabei überall ein hellenistisches Staatensystem gründeten, war die Hoffnung auf ein eigenständiges, auf den *Jahwe*-Glauben gegründetes Israel utopisch geworden. Zwar erreichte im Makkabäer-Aufstand Israel noch einmal eine gewisse Selbständigkeit, die aber bald infolge innerer Wirren zerfiel und die Römer als Fremdherrscher auf den Plan rief. Unter Antiochus IV. Epiphanes sind viele gläubige Juden den Märtyrertod gestorben. In dieser Situation bekam das messianische Friedensreich, das die Propheten verkündet hatten, den Charakter einer neuen und ganz anderen jenseitigen Welt, die *Jahwe* nach dem baldigen schreckensvollen Untergang der jetzigen

Welt aufrichten wird. Dieser Untergang wird als drohender und in kürzester Zeit hereinbrechender Gerichtstag Jahwes, als großes Weltgericht, vor Augen gestellt. In dieser gewaltsamen Umwandlung der Welt werden die *Jahwe*-treuen Israeliten, die lebenden wie die verstorbenen, wie die Sterne am Himmel glänzen, während die Feinde und Unterdrücker Israels in dem furchtbaren Strafgericht zu ewiger Höllenqual verdammt werden. In dieser Zeit formt sich im Judentum in den apokalyptischen Kreisen auch der Glaube an eine Auferstehung der Toten beim Weltgericht, damit die Frevler ihre gerechte Strafe und die Frommen ihren verdienten Lohn im Jenseits erhalten.

Das apokalyptische Denken ist geprägt durch Drohungen mit Gewalt und Vernichtung. Johannes der Täufer, der in den Evangelien am Beginn des öffentlichen Wirkens Jesu steht, nimmt die apokalyptische Gewaltdrohung in seine Predigt auf: „Schon ist die Axt an die Wurzel der Bäume gelegt. Jeder Baum, der keine gute Frucht hervorbringt, wird umgehauen und ins Feuer geworfen“ (Lk 3,9). Schon hält der Weltenrichter die Schaufel in der Hand, „um die Spreu vom Weizen zu trennen und den Weizen in seine Scheune zu bringen; die Spreu aber wird er in nie erlöschendem Feuer verbrennen“ (Lk 3,17). Ähnliche gewalttätige Drohweissagungen erzählen die Evangelien auch von Jesus. Die Übeltäter werden in einen Raum des „Heulens und Zähneknirschens“ verstoßen (vgl. Lk 13,28 u.ö.), und im Weltgericht verdammt Jesus als wiederkommender Weltenrichter die unbarmherzigen Menschen „in das ewige Feuer, das dem Teufel und seinen Engeln bereitet ist“ (Mt 25,41). In den synoptischen Evangelien findet sich eine längere Rede über das bald bevorstehende Weltende und über die Kriege, Verfolgungen und Drangsale dieser Zeit (vgl. Mk 13,1–37). Dieses schreckensvolle Ende und das nach dem Gericht anbrechende messianische Reich stehen unmittelbar bevor: „Dieses Geschlecht wird nicht vergehen, bis dies alles geschieht“ (Mk 13,30).

In den Evangelien finden sich aber auch vielfach Texte, in denen Jesus das apokalyptische Denken und die mit ihm verbundenen Gewaltdrohungen in einer für ihn eigentümlichen Weise verinnerlicht und modifiziert. Gegenüber den Johannesjüngern und deren apokalyptischer Gerichtserwartung charakterisiert er seine eigene Position durch ein Zitat aus dem Propheten Jesaja, in dem dieser den Anbruch des messianischen Reiches beschreibt: „Blinde sehen wieder, und Lahme gehen; Aussätzige werden rein, und Taube hören; Tote stehen auf, und den Armen wird das Evangelium verkündet“ (Mt 11,5 nach Jes 35,5f.; 26,19; 29,18). Eben dies, sagt Jesus, ereigne sich in seinem Wirken. Nicht auf einen gewaltigen Gerichtstag gilt es das Augenmerk zu richten, sondern auf dieses im Kleinen schon anbrechende Gottesreich. Denn: „Wenn ich durch den Finger Gottes die Dämonen austreibe, dann ist das Reich Gottes schon zu euch gekommen" (Lk 11,20). Die Gastmähler, die sein Wirken charakterisieren, sind der Beginn des Festmahls auf dem Berg Zion, mit dem Jesaja ebenfalls den Anbruch des Gottesreiches beschreibt, wo der Tod für immer beseitigt wird und *Jahwe* die Tränen von jedem Gesicht abwischt (vgl. Jes 25,6–8). Im Vaterunser lehrt Jesus die Menschen beten, dass sie in dem Brot, das sie täglich essen, schon die Speise des Zionsmahls schmecken und seine Tröstung erfahren können.[124] Das himmlische Hochzeitsmahl, ein anderes Bild für das Anbrechen des messianischen Reiches, hat schon begonnen; Jesu Jünger können nicht mehr wie die Jünger des Johannes und die Pharisäer das wöchentliche Fasten üben, denn sie sind Gäste des himmlischen Hochzeitsmahls und „Hochzeitsgäste können nicht fasten" (vgl. Mk 2,18f.).

Wo Verlorene wiedergefunden werden, wo Menschen ihre Schuld vergeben wird, wo die Blätter am Feigenbaum zu treiben beginnen, da ereignet sich jetzt schon, inmitten dieses unseres Lebens, Anbruch des Gottesreiches. Der Kriege, Drangsale und gewalttätigen Ereignisse sind auf dieser Erde und in der Menschheitsgeschichte genug gewesen, und sie ereignen sich immer noch. Die Geschichte ist das Gericht. Jetzt gilt es auf die kleinen, aber ausdrucksstarken Erfahrungen zu achten, die inmitten dieses Gerichtsgeschehens das Anbrechen des messianischen Reiches anzeigen. Grundvoraussetzung aber dafür, diese Anzeichen wahrzunehmen, ist der Verzicht auf Gewalt. Konsequent wird deshalb von Jesus erzählt, dass er sich lieber verhaften und zur Kreuzigung ausliefern ließ, als einen Aufstand um seine Person zu entfachen (vgl. Mt 26,51ff.).

Jesus ist jene Gestalt des Judentums, in der sich für seine Anhänger geschichtlich ereignet, was die Psalmdichter vom leidenden Gerechten und der Prophet Deuterojesaja vom leidenden Gottesknecht gedichtet haben. Gleichzeitig verdichtet sich in diesen Gestalten und am stärksten in Jesus das Wesen und die Geschichte des jüdischen Volkes, die in dieser gewaltverhafteten Welt eine Leidensgeschichte ist.

Es bleibt zu klären, wie sich diese im Spätjudentum entstandenen starken Bilder und Motive der Gewaltfreiheit mit jenen Texten der Hebräischen Bibel vereinbaren lassen, die Gewalt und Gewalttat verherrlichen und als Ausfluss göttlichen Wirkens charakterisieren.

Gewalt und Gewaltfreiheit: Die Vermittlung

In der gegenwärtigen Theologie gibt es zwei gegensätzliche Einstellungen gegenüber den gewaltverherrlichenden Texten der Bibel: Die eine Gruppe von Theologen hält diese Texte für grundlegend wichtig; in ihnen, sagt sie, komme der Ernst, die Größe, das Geheimnisvolle und die Transzendenz des biblischen Gottes zum Ausdruck. Die andere Gruppe sieht allein in Jesus das menschgewordene Wort Gottes, dem gegenüber die Schrift, insbesondere das Alte Testament, eine untergeordnete Bedeutung habe; der christliche Gott sei deshalb nichts anderes als der bedingungslos liebende Vater Jesu; die Beziehung des christlichen Glaubens zum Judentum wird von dieser Gruppe als unbedeutend oder als ausdrücklicher Gegensatz eingestuft.

Der hier vertretene Ansatz sucht beide Pole zu verbinden. Gott „an sich", „objektiv" charakterisieren zu wollen, ist eine Hybris und Selbstüberhebung des endlichen Menschen. Der Mensch *erfährt* die über sein Leben waltende Schicksalsmacht einmal als zuschlagende blinde Gewalt, ein anderes Mal dagegen als gütige und fürsorgende Macht. Die biblischen Schriften in ihrer Gesamtheit und Vielfalt fordern den Menschen auf, dort, wo Gott ihm als dunkle, gewalttätige Macht begegnet, sich nicht – wie der gläubige Moslem – mit der blinden Unterwerfung unter diese Macht zu begnügen, sondern immer noch, auch noch im äußersten Elend – wie von Jesus am Kreuz erzählt – ein gütiges Vaterantlitz in dem zu erleidenden Geschick zu suchen und aus ihm herauszuringen. Nach der Bibel ist das Gottesantlitz – subjektiv: für den endlichen und leidenden Menschen – *wandlungsfähig*. Typus des biblischen Menschen ist der Stammvater Jakob, der bei der nächtlichen Durchquerung der Furt am Jabbok die ganze Nacht hindurch mit dem ihn überfallenden *El* ringt – „ich lasse dich nicht, bis dass du mich segnest" – und im Morgengrauen zwar verletzt (er „hinkt an der Hüfte"), aber gesegnet den Fluss durchquert (vgl. Gen 32,23–33).

Wie im Kapitel über die achsenzeitliche Neuorientierung der Menschheitsgeschichte dargestellt, nimmt die Religion des Judentums dadurch an ihr Anteil, dass sie einen Raum öffnet, in dem sich – für die Erfahrung des Menschen – der archaische „Gewaltige Gott", *El-Kronos,* zum mütterlich-fürsorgenden Schutzgott *Jahwe* und im Leben und Wirken Jesu zum gewaltfrei liebenden *Abba* verwandeln kann (vgl. Kap. B.IV). Das Nebeneinander und die oftmals enge Verbindung von einerseits in erschreckender Weise gewaltverhafteten und andererseits von einer tiefen Friedenssehnsucht geprägten gewaltüberwindenden Texten findet in dieser Möglichkeit einer subjektiven Verwandlung der Gottesvorstellung vom *El-Schaddai* über *Jahwe* zum *Abba* ihre mögliche Erklärung.

Voraussetzung dieser Wandlung der Gotteserfahrung ist die *Perspektive*, aus der die biblischen Texte insgesamt – die gewaltverhafteten wie die gewaltüberwindenden – sprechen und erzählen. Es war die religionsgeschichtlich bedeutende Entdeckung Rene Girards, dass die Mythen der archaischen Religionen aus der Perspektive der Mächtigen und Herrschenden, d. h. aus der Perspektive der Verfolger erzählen. Es sind sogenannte „Verfolgungstexte“, welche die Opferung des Sündenbocks erklären und rechtfertigen. Demgegenüber entspringen die biblischen Texte aus einer Erfahrung der Rettung vor Verfolgung und Versklavung. Sie sind aus der Perspektive der Verfolgten geschrieben. Dies prägt grundlegend den Charakter der Gottheit, von der in diesen Texten erzählt wird: „Ich bin *Jahwe*, euer *Elohim*, der euch aus dem Land der Ägypter herausgeführt hat, sodass ihr nicht mehr ihre Sklaven zu sein braucht“ (Lev 26,13). *Jahwe-Elohim* ist der Gott der Verfolgten.

Während die Verehrung der Gewalt als des Heiligen in gerader Linie zur Vergöttlichung des Herrschers führt, sperren sich die biblischen Texte gegenüber dem Herrscherkult. *Jahwe* ist der Gott der von Herrschaft unterdrückten Menschen. In vielen Texten wird erwartet, dass er Gewalt ausübt gegen die Unterdrücker. Dadurch aber werden die Unterdrücker Unterdrückte und fallen als solche selbst unter die Fürsorge *Jahwes*. In dieser Perspektive verwandelte sich *El* – für die Erfahrung des Menschen – zu *Jahwe* und *Jahwe* wandelt sich in dieser Erfahrungsgeschichte zum *Abba*, dem gütigen Vater aller Menschen.

Wichtig ist dabei, zu sehen, dass diese mögliche Verwandlung nicht als ein „objektiver“, irgendwann geschichtlich abgeschlossener Vorgang dargestellt wird, sodass man die vorausgehenden Etappen des Vorgangs „ad acta legen“ könnte. Sie wird vielmehr immer neu als *Möglichkeit* ersehnt, erhofft und verheißen. Wie aber in der Darstellung gewaltüberwindender Texte der Hebräischen Bibel ausgeführt, wird der strafende und *El*-haft zuschlagende *Jahwe* oft schon innerhalb eines Erzählzusammenhangs am Ende abgelöst vom fürsorgend-rettenden Gott, der dem Mörder Kain ein Schutzzeichen auf die Stirn malt und dem leidenden Hiob ein neues größeres Glück schenkt. Als absolut gewaltlose Gottheit kann er nicht verhindern, dass sein Knecht Israel zum „Mann voller Schmerzen“ (Jes 53,3) wird und in Schmach und Schande endet; doch über den Verbrecher-Tod hinaus rettet er ihn und macht ihn zum „Licht für die Völker“ (42,6). Er kann auch nicht, wie das Matthäusevangelium es in der Fantasie reflektiert (vgl. 26,53 f.), mit Hilfe von „mehr als zwölf Legionen Engel“ die römischen Legionen aus dem Land jagen und Jesus vor dem Fluchtod am Kreuz bewahren; doch der *Abba*, in dessen Hände Jesus sich nach dem Lukasevangelium sterbend hineinsinken lässt, hat die – gewaltlose – Macht, ihn vom Tode aufzuwecken und ihn einzusetzen „als Sohn Gottes in [anderer] Macht“ (Röm 1,3). Unbeschreibliches, durch Gewalt verursachtes Elend wird aufgefangen von mütterlich-fürsorgender Zuwendung.

Worin liegen die geschichtlichen Bedingungen, dass sich eine solche Religiosität entwickeln konnte? Anders als in der fernöstlichen Religiosität der Achsenzeit wendet sich im Judentum der Mensch nicht konfrontativ von der Gewalt und von der gewaltverhafteten Gottheit ab. Er lebt mit ihr und nimmt sie mit in sein Schicksal hinein. Auch in Leid und Elend hält er dankend und hoffend an seinem *El* als einem persönlichen Gegenüber fest. Dadurch ereignet sich das religionsgeschichtlich und menschheitsgeschichtlich Neue: *El* wird Ohnmächtigen und Verlierern zum rettenden Gott. Zuerst klammert sich der Mensch dabei im Elend noch an das religionsgeschichtlich-archaisch überlieferte und als „heilig“ verehrte Gewaltpotenzial seines *El*. In überbordender göttlicher Rachegewalt wird sich sein *El*, so hofft der ungerecht leidende Mensch, schließlich doch als Sieger erweisen und die Verlierer in beutemächtige Sieger verwandeln. Je länger jedoch die Ohnmacht Israels andauert und der *Jahwe*-Gläubige im Status des Verlierers lebt und letztlich auch noch den Tod des Verlierers hinnehmen muss, desto mehr und desto deutlicher dämmert ihm auf, dass in dieser gewaltverhafteten Welt nicht der sieghafte Held derjenige ist, der Gott am nächsten steht, sondern der, der sich wie Jesus mit den Leidenden und den Ohnmächtigen solidarisiert. Gott ist gewaltfrei. Nicht die konfrontative und in der Konfrontation auf subtile Weise doch wieder gewalttätige Abwendung von der Gewalt – zu sehen etwa im Wirken Mahatma Gandhis – wird und kann Gewalt überwinden. Nur wo die Gewalt in Zuwendung und Liebe aufgefangen und unterlaufen wird, löst sie sich wie Nebel in der Sonne auf. Was vorher als Heilige Gewalt verehrt wurde, begegnet dann als gewaltfreier *Abba*.

Die fernöstlichen Heiligen Schriften beinhalten Texte, in denen sich eine Einsicht und Erleuchtung ausdrückt, die in der eigenen Meditation nachvollziehbar ist. Der *Koran* des Islam enthält eine in sich stimmige und zusammengehörige Sammlung von religiösen und ethischen Weisungen. Die Schriften der Bibel haben dagegen einen anderen Charakter. Die Bibel ist kein in sich stimmiges, zusammenhängendes Buch. Sie stellt vielmehr eine *Bibliothek* dar, in der sehr unterschiedliche, auch gattungsmäßig verschiedene Bücher und Schriften aus den verschiedenen Jahrhunderten der Geschichte Israels von ihren Anfängen bis zu ihrem Untergang im Jüdisch-Römischen Krieg zusammengestellt sind. Die Erzählungen, Lieder, Gesetzessammlungen, prophetischen Predigten und weisheitlichen Spruchsammlungen dieser Bibliothek sind ein je unterschiedlicher literarischer Ausdruck für die Art und Weise, wie dieses Volk, an seinem Gott festhaltend, auf die leidvollen Ereignisse seiner Geschichte reagiert. Die religiös-archaische Gewaltverherrlichung und die mit dieser verbundenen Rachefantasien und teilweise unmenschlichen Gesetzesforderungen finden sich in den Schriften dieser Bibliothek ebenso wie ergreifende Visionen eines weltumspannenden Friedens und Lieder und Erzählungen, in denen sich Gewalt in fürsorgender Liebe und Geborgenheit auflöst. Das Offenbarungspotenzial, das diese Bibliothek „Heilige Schrift" sein lässt, liegt darin, dass die in ihr zusammengestellten Bücher und Schriften im Ganzen genommen auf überzeugende Weise den Glauben und die Hoffnung zum Ausdruck bringen, von der tödlichen Einbindung in die Gewalt, von der abgrundtiefen Fesselung an sie, loszukommen und dem gewaltigen und oftmals gewalttätigen *El* als meinem *Abba* und dem *Abba* eines jeden Menschen begegnen zu können. Darin liegt die achsenzeitliche religiöse Botschaft des Judentums, das auch Jesus als seinen Propheten und Gesetzeslehrer mit einschließt.

2. Das Christentum

Die Passionsgeschichte als Ereignis radikaler Gewaltüberwindung

Der Tod am Pfahl galt im Judentum von alters her als Fluch. Das Aufhängen am Kreuz oder Pfahl war als Todesstrafe verboten. Wenn ein besonders gehasster Feind, der in der Schlacht gefallen war, nachträglich noch zur Schändung an einen Pfahl gehängt wurde, forderte die Tora, ihn dort nicht über Nacht hängen zu lassen, weil er sonst „das Land verunreinigt", denn – so heißt es – „ein Gehenkter ist ein von Gott Verfluchter" (Dtn 21,23). Dass diese archaische Tabuisierung des Aufhängens am Pfahl auch noch zur Zeit Jesu lebendig war, ergibt sich aus einem (fiktiven) Dialog des Märtyrerbischofs Justin mit dem Juden Tryphon, bei dem Tryphon zwar einsehen kann, dass es auch einen leidenden Messias geben könne, nicht aber einen, der den „verfluchten Tod" am Kreuz stirbt.[125] Dasselbe ergibt sich aus den in Qumran gefundenen Schriftrollen: In der sogenannten „Tempelrolle" heißt es, dass ein Gekreuzigter „von Gott und den Menschen verflucht" ist.[126] Ursache der Tabuisierung dieser Tötungsart war wahrscheinlich ein dunkles Wissen darüber, dass in früheren Zeiten Menschenopfer auf diese Weise getötet wurden (vgl. die altertümliche Erzählung von der Opferung der sieben Saul-Söhne durch Pfählung/Kreuzigung in 2 Sam 21,1–14).[127]

Von den Römern wurde die Strafe der Kreuzigung als eine Art Staatsterror an Aufrührern und Sklaven vollzogen. Sie brachte die raubtierhaft-„göttliche“ Gewalt zum Ausdruck, über die der römische Kaiser verfügte. Jede Kreuzigung demonstrierte und vertiefte den archaisch-„göttlichen“ Glanz des römischen Gottkaisers. Hinter der jüdischen Tabuisierung dieser Hinrichtungsart steht die Angst vor dem „eifersüchtigen“ Gott, der den Vollzug fremder Kulte innerhalb Israels – insbesondere Menschenopfer – unnachsichtig mit „Austilgung“ und Steinigung bedrohte. Sowohl die Kreuzigung selbst als auch ihre jüdische Tabuisierung haben als ihren Hintergrund einen „heilig“-gewalttätigen, Menschenopfer fordernden Gott. Von daher ist es verständlich, dass die Anhänger Jesu angesichts dieses Todes ihres Rabbi, wie die Evangelien erzählen, in Furcht und Schrecken geraten und in ihre Heimat nach Galiläa zurückfliehen (vgl. Mk 14,50).

Das Christentum nahm seinen Anfang, als einige Anhänger Jesu den mit der Kreuzigung verbundenen Gottesschrecken angesichts des Lebens und Wirkens ihres Rabbi Jesus zu überwinden und das schreckliche Ereignis von ihrer jüdischen Tradition her als Heilsereignis zu deuten versuchten. Dieser Versuch, der das Christentum begründete, war erstaunlich kühn. Von Jahwe als dem Gott der Verfolgten und Entrechteten ausgehend, stieß er in religiöses Neuland vor. Er nahm den im Judentum tabuisierten Kreuzestod gezielt in den Blick und erzählte ihn so, dass der in dieser archaisch-heidnischen Weise Hingerichtete nicht – wie *Tora* und Tempelrolle es sagten – am Ende als von Gott und den Menschen verflucht am Galgen hing und das Land verunreinigte, sondern umgekehrt – und zwar ausgerechnet vom römischen Hauptmann, der als solcher den Kaiser als *„filius divinus“* verehrte – als „Sohn Gottes“ proklamiert wurde.

Woher nahmen die Anhänger des Rabbi Jesus den Mut und die Kraft zu einer solchen Erzählung? Sie waren keine abstrakt denkenden Philosophen wie etwa die Vorsokratiker, die schon ein halbes Jahrtausend früher die Abschaffung der Sklaverei gefordert hatten. Ebensowenig verstanden sie sich als aufklärerische religiöse Reformer, die irrationale Tabus aus ihrer Religion beseitigen wollten. Die Motivation sowie der Mut und die Kraft zu ihrer Art und Weise, Jesu Tod zu erzählen, floss ihnen wohl einzig und allein aus ihrem Umgang mit Jesus zu, dessen Jünger sie waren. Die Art und Weise, zu leben und zu denken, die sie bei Jesus verwirklicht sahen, hatte sich teilweise auch auf sie übertragen, und aus dieser Einstellung heraus suchten sie unbekümmert um vorhandene religiöse Tabus nach einer Deutung des Todes ihres Rabbi, die dessen Person entsprach. Jesus hat durch sein Leben und Wirken diese Erzählung ermöglicht. In diesem Sinne ist er – als jüdischer

Rabbi – der Begründer des Christentums. Denn einen von heidnischen Römern am Pfahl Getöteten – aus dem Mund dieser Römer selbst – als Messias und Gottessohn zu verkünden, sprengte die jüdische Nationalreligion. *Dieser* Messias ist nicht nur der Retter Israels, sondern der „Erlöser" *aller* Verfolgten und Entrechteten dieser Erde.

Genau besehen sprengt die Verkündigung eines am Hinrichtungspfahl zu Tode geschundenen Menschen als „Gottessohn" nicht nur die jüdische Nationalreligion, sondern jede Religion. Denn, wie eingangs aufgezeigt (vgl. Teil A, *Einführung*), entstand Religion als Reaktion auf Symbolerfahrung (wobei die Gewaltsymbolik vorherrschend wurde und die Mutter-Kind-Symbolik überwucherte). Nach der schon zitierten Aussage Mircea Eliades kann alles, „was der Mensch tut, erlebt oder liebt", zu einer Hierophanie werden; aber unter den 80 Myriaden *kami*-Gottheiten des Shintoismus befand sich sicher kein zu Tode gefolterter Mensch. Ein Gekreuzigter ist ein *Nicht*-Symbol. Von ihm her eine Heilslehre zu entwickeln, ist dem buddhistischen Denken vergleichbar, das im *nirvana*, im „Verwehen", im Nichts, das Ziel menschlichen Lebens sieht und dieses Ziel durch „Leerwerden" in der Meditation zu erreichen sucht. Christen sind ja auch in der Antike des Atheismus beschuldigt worden, und der Buddhismus wird vielfach als „Religion ohne Gott", d.h. als Nicht-Religion, als Philosophie, bezeichnet. Im Christentum hat die Gotteserfahrung im Nicht-Symbol des gekreuzigten Jesus die Gottessymbolik von ihrer religionsgeschichtlichen Verdunkelung durch die archaische Identifizierung von Gott und Gewalt gereinigt; im *Abba*-Gott Jesu ist die Mutter-Kind-Symbolik strahlend neu aufgeleuchtet, und sie konnte auch durch den Rückfall in die Gewalt-Religiosität der Inquisition und des Hexenwahns nicht mehr bleibend überwuchert werden.

Die Leitlinien für diesen kühnen Versuch einer Deutung des Todes Jesu entnahmen die Anhänger Jesu hauptsächlich den Klagepsalmen des leidenden Gerechten. Sowohl die Ölberg-Angst (vgl. Ps 42,3.7.10.12) als auch die in Gefangennahme, Verhör, Geißelung, Verspottung und Kreuzigung sich aufrichtende Schreckensgewalt waren bildhaft in diesen Psalmen vorgezeichnet (vgl. vor allem Ps 22,13–18). Klagend und anklagend wendet sich Jesus nach ihrer aus diesen Motiven geformten Erzählung mit den Anfangsworten des 22. Psalms an den alle Gottesgewalt in sich vereinigenden *El*: *„Eloi, eloi lema sebachtani?"* – „Mein Gott, mein Gott, warum hast du mich verlassen?" (Mk 15,34). Doch wie sollte dieser Erzählansatz zu einem heilvollen Ende führen? Der leidende Gerechte wird in den Psalmen schließlich vom Tode errettet und seine Gegner werden entweder bekehrt oder durch ein Strafgericht *Jahwes* vernichtet. Dort, wo, wie etwa in den Makkabäer-Kriegen, anders als in den Psalmen, der Gerechte dennoch den Tod erleidet und als Märtyrer stirbt, werden Gewalt und Unrecht in der apokalyptischen Drohung aufgefangen. Dem sterbenden Gerechten werden die Auferstehung aus den Toten und das Leben bei Gott verheißen, dem Gegner aber das apokalyptische Endgericht und die mit ihm verbundenen Höllenstrafen angedroht (vgl. 2 Makk 7,14.34ff.).

Keine dieser beiden in der jüdischen Tradition enthaltenen „Lösungen" findet sich in der Erzählung von der Passion Jesu. Jesus stirbt wirklich und wird begraben; und statt seinen Henkern das apokalyptische Gericht anzudrohen, betet er im Lukasevangelium für sie: „Vater, vergib ihnen, denn sie wissen nicht, was sie tun" (Lk 23,34). Nur am Rande werden einige apokalyptische Elemente in der Passionserzählung berührt: die Ankunft des Menschensohnes auf den Wolken des Himmels (Mk 14,62 nach Ps 110), die Sonnenfinsternis bei Jesu Tod (Mk 15,33), das Zerreißen des Vorhangs im Allerheiligsten des Tempels (Mk 15,38) und bei Matthäus die Auferstehung verstorbener Gerechter (Mt 27,52). Doch diese Motive haben in der Erzählung kein Gewicht. Sie bewirken keine Änderung im Handlungsablauf. Keine der Erzählfiguren reagiert auf die Sonnenfinsternis oder das Zerreißen des Vorhangs im Tempel sowie die Auferstehung Toter. Es ist, als würden diese bedeutenden Ereignisse von den handelnden Personen der Geschichte gar nicht wahrgenommen. Es ist auch keine rächende Strafandrohung mit ihnen verbunden. Lediglich in der (relativ späten) Fassung der Passionserzählung nach dem Matthäus-Evangelium, wo die geschichtliche Auseinandersetzung zwischen Judentum und Christentum schon deutliche Spuren hinterlassen hat, ruft das jüdische Volk: „Sein Blut komme über uns und unsere Kinder" (Mt 27,26); es ruft also selbst frevelnd die Rache auf sich herab. Doch dies ist ein späterer Zusatz, der in der älteren Fassung der Erzählung nicht enthalten ist.

Die ursprüngliche Passionserzählung gestaltet eine radikal neue, absolut gewaltfreie Sicht des Lebens und Sterbens: Der von Gott geliebte Gerechte stirbt unschuldig den Terrortod und Fluchtod am Kreuz. Er wird nicht vor diesem Tod errettet; und kein apokalyptisches Schreckensgericht, weder real hereinbrechend noch wenigstens als Rache angedroht, fängt das schreiende Unrecht auf. Stattdessen ereignet sich eine unerhörte Verwandlung: Die monströse Gewalttat bewirkt das Gegenteil von dem, was die Täter mit ihr hatten erreichen wollen. Am Ende hängt nicht ein Verfluchter, von dem man das Auge abwendet, sondern, erschrocken vom Exekutionskommando selbst bemerkt und festgestellt, „Gottes Sohn" (Mt 27,54) am Kreuz. Was als Fluch und abgrundtiefes Verderben geplant war, wurde zur Erhöhung und Verherrlichung. Der Terrortod und Fluchtod verwandelte sich in einen Entrückungs- und Auferstehungstod, wie er in der jüdischen Tradition vom

Patriarchen Henoch und vom Propheten Elija erzählt wird (vgl. Gen 5,24 u. 2 Kön 2,11). Nicht erst drei Tage später – die „drei Tage" sind eine symbolische Zahl[128] –, sondern schon *im* Tod ereignet sich Jesu Auferstehung und Verklärung, seine Einsetzung „als Sohn Gottes in Macht" (Röm 1,3). Diese „Macht" manifestiert sich aber nicht in einer apokalyptischen Strafgewalt, sondern in rückhaltloser Vergebung.

Durch diese Erzählung wurde die Gewalt radikal aus dem Bereich des Göttlichen ausgeschieden. Gewalt ist die Sache des *Menschen*, Rettung, Verherrlichung und Vergebung die Sache *Gottes*: „*Gott* hat ihn zum Herrn und Messias gemacht, diesen Jesus, den *ihr* gekreuzigt habt", so beschließt Petrus seine Pfingstpredigt (Apg 2,36). Der Gerechte war seinen Weg mit Gott gegangen; in entscheidender Stunde hatte er schon zu Lebzeiten tief in seinem Inneren erkannt, dass Gewalt keine Kategorie dieses Gottes ist: Er konnte ihn nicht um „zwölf Legionen Engel" bitten, um seine Verhaftung am Ölberg zu verhindern, auch konnte er nicht seinen Weg mit diesem seinem Gott gehen und dabei um seine Person einen Aufstand entstehen und seine Anhänger für sich kämpfen lassen (vgl. Mt 26,51–54). Vielmehr „musste" er „all das erleiden, um so in seine Herrlichkeit zu gelangen" (Lk 24,26).

Die Verfasser des Neuen Testamentes taten sich schwer mit dieser Deutung des Todes Jesu. Zu sehr war von einer Jahrhunderttausende zurückreichenden Religionsgeschichte her Göttliches mit Gewalt verbunden. Der evangelische Exeget Gerhard Barth beschreibt in seinem Buch über die neutestamentlichen Deutungen des Todes Jesu insgesamt *neun* „frühchristliche Versuche, Jesu Tod zu verstehen".[129] In einigen dieser Deutungen bleibt die Gewalt in Gott erhalten, etwa wenn der Tod Jesu als Sieg Christi über den Satan verstanden wird. Vor allem aber bleibt eine raubtierhafte und Schrecken erregende, „tragische" Gewalt in Gott – oder in der zu versöhnenden Seinsordnung (die ja von Gott geschaffen wurde) – erhalten, wenn Jesu Tod als stellvertretendes Sühnopfer für die Sünden der Menschen gedeutet wird. Diese Interpretation, die sich in den authentischen Paulusbriefen und in den Evangelien in einigen formelhaften Wendungen findet und im Hebräerbrief ausgeführt ist, lässt die archaische, vorachsenzeitliche Religiosität in das Neue Testament eindringen. Sie setzt die Linie der Opfertötungen fort, die vorgeschichtlich mit dem Aufhängen eines Menschenopfers am Baum oder Pfahl die Gottheit versöhnen und Fruchtbarkeit und Heil erwirken sollten. Was in diesen Versuchen nicht gelungen war, weil die Opfermaterie immer noch zu gering war, wird jetzt durch das Opfer Jesu, der von Gott selbst zu diesem Zweck den Menschen geschenkt wurde, endlich – ein für allemal – erreicht. Künftig sind also keine kultischen Opfer mehr notwendig.

Dies ist die Interpretationslinie des Hebräerbriefs. Zusammen mit den Texten, die im Alten und teilweise auch noch im Neuen Testament Gott als heilige und Schrecken erregende Gewalt zur Sprache bringen, liegt hier die Quelle dafür, dass das Christentum, die Religion der Gewaltüberwindung und Liebe, dennoch in der Geschichte eine so breite Spur blutiger religiöser Gewalt hinterlassen hat. Der Entrückungstod Jesu am Kreuz, erzählt als das Ereignis radikaler Gewaltüberwindung, ist dabei völlig verdunkelt worden.

Gerade die Deutung des Todes Jesu als Sühnopfer aber ist in die Liturgie der Kirche eingedrungen und hat dadurch die anderen frühchristlichen Versuche, Jesu Tod zu verstehen, an den Rand gedrängt. Dazu gehört vor allem das sogenannte „Kontrast-Schema", wonach Gewalt und Töten ausschließlich Sache des *Menschen* ist, während *Gott* in einer Gegenbewegung zu dieser Gewalt den Menschen zum Leben erweckt und ihn bei sich aufnimmt. Schon vor drei Jahrzehnten hat der evangelische Exeget JÜRGEN ROLOFF diese Interpretation des Todes Jesu in den neutestamentlichen Texten identifiziert und zusammenfassend dargestellt.[130] Ebenfalls hat er in den neutestamentlichen Texten das von ihm so genannte „heilsgeschichtlich-kausale Schema" entdeckt und beschrieben. Nach dieser Deutung liegt der Sinn des Todes Jesu darin, dass er die äußerste Konsequenz eines gewaltfreien Lebens und der Verkündigung eines gewaltfreien Gottes darstellt; indem Jesus diese äußerste Konsequenz seines gewaltfreien Lebens und Wirkens auf sich nimmt, hat er seine Botschaft mit seinem Leben besiegelt und bestätigt.

Vor allem im Johanneischen Schrifttum, aber in Spuren auch schon in den Paulusbriefen, findet sich – gleichsam alle anderen Interpretationen zusammenfassend – die Deutung, dass sich in Jesu Kreuzestod Gott als Liebe offenbart.[131] In diesem Tod offenbart sich eine Liebe, die in ihrer Gewaltfreiheit auch noch den Terrortod und Fluchtod am Kreuz umgreift und sogar noch die brutalen Gewalttäter mit einschließt. In ihrer absoluten Gewaltfreiheit bekundet sie dennoch eine unendliche Kraft, das gewaltverhaftete und schuldhafte Tun des Menschen zu umfassen und zu verwandeln. „Gott ist Liebe", sagt deshalb der Verfasser des Ersten Johannesbriefes (4,16b), und fügt hinzu: „Furcht gibt es in der Liebe nicht, sondern die vollkommene Liebe vertreibt die Furcht. Denn die Furcht rechnet mit Strafe, und wer sich fürchtet, dessen Liebe ist nicht vollendet" (1 Joh 4,18).[132]

Der grundsätzliche Gewaltverzicht im frühen Christentum

Der Terror- und Fluchtod Jesu am Kreuz, von seinen Anhängern verstanden als Auferstehungs- und Entrückungstod, ist, so erzählt, das nicht mehr überbietbare Ereignis radikaler Gewaltüberwindung. Es ist gleichzeitig das Ursprungsereignis des Christentums. Der Nationalismus des Judentums ist in diesem Ereignis gesprengt – „es gibt nicht mehr Juden und Griechen, nicht Sklaven und Freie, nicht Mann und Frau; ihr alle seid 'Einer' in Christus Jesus" (Gal 3,28) – und Gott ist im Zuge dieser Erzählung in einer neuen Dimension, in der Dimension des *Abba* erfahren worden. Es liegt in der strengen Konsequenz dieser Erfahrung, dass ein Mensch, der von hierher sein Leben begründet, sich auch selbst zur Gewaltfreiheit verpflichtet weiß. Hier liegt der Ursprung für den radikalen Gewaltverzicht des frühen Christentums. Mag der geschichtliche Jesus, zumindest im Anfang seines Wirkens, angesprochen von der spätjüdischen Apokalyptik, noch von Gericht, Hölle und endzeitlichen Schreckensereignissen gesprochen haben, so ist der Jesus, der von Ostern, von Kreuz und Auferstehungstod her erzählt wird, eindeutig charakterisiert durch rückhaltlose Feindesliebe, durch Verzicht auf Wiedervergeltung und durch seine Bereitschaft, auf Böses mit Gutem zu antworten.

Das Verhalten der Alten Kirche zu Krieg, Kriegsdienst und Todesstrafe entspricht diesem Ansatz unmittelbar und eindeutig. Als sich in Judäa die Gefahr eines Aufstandes gegen die Römer immer mehr zuspitzte, floh die christliche Urgemeinde aus Jerusalem nach Tella in Peräa, weil es für sie unmöglich war, an einem bewaffneten Aufstand teilzunehmen. Diese Verweigerung des Kriegsdienstes trug wesentlich dazu bei, dass nach der Niederschlagung des Aufstandes die Christen von der Synagoge ausgeschlossen wurden. Auch als später unter Kaiser Hadrian Bar Kochba einen zweiten und letzten Aufstand vom Zaun brach, verweigerten die jüdischen Christen ihre Teilnahme am Kampf; sie wurden von Bar Kochba und seinen Anhängern wegen dieser Weigerung grausam verfolgt.

Von allen frühchristlichen Schriftstellern vor der Zeit Konstantins wurde das Recht auf die Tötung eines Menschen grundsätzlich abgelehnt. Es war sogar verboten, ein Verbrechen, auf dem die Todesstrafe stand, anzuzeigen, weil dies indirekt zum Tode eines Menschen führen würde. Von Justin über Tatian, Athenagoras, Tertullian, Origenes, Cyprian bis zu Arnobius und Laktanz geht die Reihe der frühchristlichen Schriftsteller, die für den Christen jede Form von Gewalt verworfen haben.

Als Beispiel seien die Schriften *De idololatria* („Über den Götzendienst") und *De corona* („Vom Kranze des Soldaten") des in Karthago lebenden Juristen TERTULLIAN angeführt. Er behandelt in diesen Schriften die Stellung des Christen gegenüber dem Soldatendienst. Dieser wird kategorisch von ihm abgelehnt. Er stützt sich dabei besonders auf den Passus der Passionsgeschichte im Matthäusevangelium, wo Jesus bei seiner Verhaftung am Ölberg dem Petrus verbietet, ihn mit dem Schwert zu verteidigen: „Steck dein

Schwert in die Scheide, denn alle die zum Schwert greifen, werden durch das Schwert umkommen" (Mt 26,52). Nach dieser Erzählung lässt sich Jesus lieber gefangen nehmen und zur Kreuzigung ausliefern, als sein Leben mit Gewalt zu verteidigen. Von diesem Bewusstsein lebt die frühchristliche Absage an jede Form von Gewalt. Wenn auch in den Evangelien von Soldaten berichtet wird, die zu Johannes dem Täufer kamen, sowie von der Bekehrung eines römischen Hauptmanns, so ist nach Tertullian durch die Haltung Jesu bei seiner Gefangennahme doch jedem Soldaten das Recht zu töten verwehrt.[133] Nicht einmal in Friedenszeiten soll ein christlicher Soldat das Schwert oder die Lanze, diese zum Töten dienenden Waffen, tragen. Wenn einer, der schon Soldat ist, den christlichen Glauben annimmt, soll er entweder sofort den Soldatenstand verlassen oder zum Martyrium bereit sein, wenn man Blutvergießen von ihm fordert.[134] Auch die dem Presbyter Hippolyt zugeschriebene römische Kirchenordnung aus dieser Zeit lässt es zwar zu, dass ein Soldat, der Christ wird, in seinem Stand verbleibt; sie verlangt jedoch, dass er sich dabei des Blutvergießens und der Opfer an die staatlichen Gottheiten enthält. Der Apostel Paulus hatte ja schon in seinem ersten Brief an die Korinther den Grundsatz ausgesprochen, jeder solle in dem Stand bleiben, in dem ihn der Ruf Gottes getroffen hat (1 Kor 7,20). Ausdrücklich aber sagt die römische Kirchenordnung: „Ein Soldat, der im Dienst der Staatsgewalt steht, soll niemanden töten. Wenn es ihm befohlen wird, soll er den Befehl nicht ausführen."[135] Auf keinen Fall aber darf ein Christ in den Soldatenstand eintreten. Für diesen Fall wird ausdrücklich bestimmt, dass er aus der christlichen Gemeinde ausgeschlossen werden soll. Der etwas später in Karthago lebende Bischof Cyprian sagt, dass die Hand des Christen, die vom eucharistischen Mahl gegessen hat, nicht mehr durch Schwert und Blut besudelt werden darf.[136] Ein Christ darf in dieser frühen Zeit des Christentums auch kein staatliches Amt bekleiden, in dem er über die *potestas gladii*, die staatliche Tötungsgewalt, verfügt. „Wer über Exekutionsgewalt verfügt oder ein Staatsbeamter, der den Purpur trägt, soll entweder verzichten oder er soll ausgestoßen werden."[137]

Der Krieg ist grundsätzlich geächtet. „Begeht der Einzelne einen Mord, so ist es ein Verbrechen", schreibt Bischof Cyprian, „Tapferkeit aber nennt man es, wenn das Morden im Namen des Staates geschieht."[138] Wegen dieser Verweigerung des Kriegsdienstes warf der Christengegner Celsus den Christen vor, sie seien schlechte Staatsbürger, da, wenn alle so handeln und denken würden, den Barbaren Macht über das Leben der Menschen gegeben wäre. Der christliche Schriftsteller Origenes antwortet auf diese Anklage, die Christen würden durch ihre Gebete und ihre Gesinnung mehr für den Frieden und für die Humanität der Menschen tun als die Soldaten mit ihrer Waffengewalt.[139]

Es ist erstaunlich, dass dieses rückhaltlose Bekenntnis der frühen Christen zur Gewaltfreiheit trotz der oben erwähnten gewaltverhafteten Texte der Bibel entstehen und sich während der ersten drei Jahrhunderte des Christentums durchhalten konnte. Origenes und andere Kirchenväter lösten das Problem dieser Texte dadurch, dass sie die gewaltverhafteten Stellen allegorisch auslegten, also die in der Bibel zu findenden Vernichtungsaufträge nicht, wie im Text wörtlich gesagt, als gegen konkrete Städte und Menschen gerichtet interpretierten, sondern gegen die menschlichen Laster und gegen die Mächte der Finsternis, die der Christ in seiner Jesusnachfolge überwinden muss. Der oben schon erwähnte Marcion, Sohn des Bischofs von Sinope am Schwarzen Meer, der gegen 140 nach Rom kam, hat dagegen die Texte in ihrem wörtlichen Sinn gelesen und als Jesusjünger seine Aufgabe darin gesehen, alle gewaltverhafteten Abschnitte aus der Heiligen Schrift der Christen auszuscheiden. Tertullian, Justin und Irenäus gehen das Problem auch schon in der Weise an, dass sie auf eine mögliche stufenweise religiöse Erziehung des Menschengeschlechts verweisen, die in ihren niederen Stufen noch Krieg und gerechte Rache duldet, dann aber im neuen Gesetz des Evangeliums Schwert und Lanze verwirft und die absolute Gewaltfreiheit vom Menschen fordert.[140]

Das Christentum im Römerreich: Der neue Einbruch der Gewalt

In den Passionserzählungen der Evangelien ist der aus Urzeiten überkommene Stier- und Raubtiergott, der als *El*-Gewalt auch noch in biblischen Texten wirksam ist, überwunden. Die religionsgeschichtliche Gewaltfaszination, Gewalt als das Heilige, hat sich aufgelöst. Die Wirklichkeitsfülle Gottes begegnet ausschließlich als *Abba*, der in seiner fürsorgenden Zuwendung auch noch den Terror- und Fluchtod am Kreuz – den Hingerichteten zusammen mit seinen Henkern – umgreift.

Der radikale Gewaltverzicht in den ersten Jahrhunderten des Christentums ist die unmittelbare Folge dieser verwandelten und verwandelnden Gotteserfahrung. Doch in der vom Ursprung her gewaltverseuchten Welt kann solche Erfahrung nicht ein bleibender Besitz werden, der fortan unangefochten die Zukunft gestaltet. Die Erfahrung des *Abba*-Gottes ist vielmehr das helle und warme Aufleuchten eines Lichts inmitten eines uferlosen Ozeans von Dunkelheit und Finsternis. Wenn es einmal geschehen ist, kann es immer wieder aufleuchten; immer wieder freilich wird auch die Dunkelheit dieses Licht verschlucken. Drei Jahrhunderte sind eine lange Zeit, in der dieses Licht geleuchtet hat. Dann freilich, ausgelöst durch die Konstantinische Wende, durch die allmählich das Christentum zur Staatsreligion wurde, brach neu finstere Gewalt sich Bahn.

Es gab zwei Ansatzpunkte, von denen aus sich dieser relativ abrupte Rückfall in heilig-heidnische Gewalt vollzog. Einmal ist dies die Verwendung militärisch-kriegerischer Sprachbilder in der Beschreibung der ethischen Haltung des Christen. Aus der Sprachwelt des Essener-Klosters Qumran stammt der Dualismus zwischen den „Kindern des Lichts" und den „Kindern der Finsternis" oder den „Kindern dieser Welt", der schon im Lukasevangelium auftaucht (vgl. Lk 16,8) und im Johanneischen Schrifttum und in den Paulusbriefen eine große Rolle spielt. Da ist die Rede von den Juden als den Kindern des Teufels (Joh 8,45; vgl. auch 1 Joh 3,10) und von den „Kindern des Zorns". In dieser dualistischen Aufgliederung der Menschen ist die Tür zu Aggression und Gewalt geöffnet. Im Ersten Korintherbrief spricht Paulus davon, dass ihm aus der Gemeinde von Korinth ein Fall zu Ohren gekommen sei, wonach ein Mann mit der – wohl in zweiter Ehe angeheirateten – Frau seines Vaters lebt. Dies sei, schreibt er, „Unzucht, wie sie nicht einmal unter den Heiden vorkommt" (1 Kor 5,1), und er fordert die Gemeindemitglieder auf, sich „im Namen Jesu, unseres Herrn" zu versammeln, „ihr und mein Geist", damit sie „zusammen mit der Kraft Jesu, unseres Herrn", diesen Menschen aus der Gemeinde ausstoßen und ihn „dem Satan übergeben zum Verderben seines Fleisches, damit sein Geist am Tag des Herrn gerettet wird" (1 Kor 5,4f.). In solchen Sätzen sind Denkfiguren vorgebildet, die einige Jahrhunderte später, als man Ketzer und Hexen lebendig auf dem Scheiterhaufen verbrannte, brutal und grausam in Realität umgesetzt wurden.

Bedenklich ist es auch, wenn Paulus, ebenfalls im Ersten Korintherbrief, seine Missionstätigkeit als Kriegsdienst interpretiert (1 Kor 9,7) und im Zweiten Korintherbrief seine Missionsreisen als „Feldzug" darstellt, bei dem er „alle hohen Gedankengebäude" niederreißt, „die sich gegen die Erkenntnis Gottes auftürmen. Wir nehmen alles Denken gefangen, so dass es Christus gehorcht; wir sind entschlossen, alle Ungehorsamen zu strafen [...]" (2 Kor 10,4–6). In Inquisition und Hexenverfolgung ist dieses Pathos in brutale Wirklichkeit umgesetzt worden. Im Zweiten Timotheusbrief versteht Paulus sich selbst und den Adressaten seines Briefes als „Soldaten Christi" (1 Tim 2,3f.) und im Römerbrief spricht er von sich und seinen Mitarbeitern, die in Rom mit ihm im Gefängnis saßen, als von „Kriegsgefangenen" (Röm 16,7). Im Ersten Clemensbrief, dem ältesten erhaltenen Schreiben aus der Gemeinde von Rom (verfasst um das Jahr 96), sind nicht mehr nur Gemeindevorsteher und Missionare, sondern *alle* Christen Soldaten Christi; Priester und Bischöfe sind in diesem Bild die „Offiziere“, deren Befehle gehorsam zu vollziehen sind.[141] Im Kampf gegen Laster und Dämonen wird früh auch schon das Kreuz, an dem im Tod Jesu seinen Anhängern Gott als unergründliche *Abba*-Macht aufging, zum *Vexillum*, zum „Feldzeichen“ des Heerführers Christus. Für Tertullian sind in der Verfolgungszeit Gerichtsstube, Kerker und Hinrichtungsort die Kampfplätze, an denen der Teufel von den christlichen Märtyrern geschlagen und überwunden wird.[142] Das Podium, auf dem sie lebendig verbrannt werden, ist der Siegeswagen, auf dem sie triumphieren.[143]

In dieser militärischen und kriegerischen Interpretation des Christseins geht das in den Passionserzählungen aufleuchtende Pathos der Gewaltlosigkeit und der Feindesliebe verloren, auch wenn in den Gemeindeordnungen vom Christen absolute Gewaltlosigkeit gefordert wird.

Der zweite Ansatzpunkt, von dem aus die heidnisch-archaische Gewaltreligiosität wieder in das Christentum einfließen konnte, ist die religiöse Hochschätzung der Staatsgewalt. Von Jesus ist in den synoptischen Evangelien das Wort überliefert: „Ihr wisst, dass die, die als Herrscher gelten, ihre Völker unterdrücken und die Mächtigen ihre Macht über die Menschen missbrauchen“ (Mk 10,42). Auch in Jesu ausweichender Antwort auf die Steuerfrage: „Gebt dem Kaiser, was des Kaisers ist, und Gott, was Gottes ist“ (Mk 12,17), bringt Jesus ein völlig profanes Verständnis der Staatsgewalt zum Ausdruck. Paulus dagegen gibt im Römerbrief der staatlichen Gewalt eine religiöse Legitimität: „Es gibt keine staatliche Gewalt, die nicht von Gott stammt; jede ist von Gott eingesetzt“ (Röm 13,1). Die römische Staatsgewalt steht nach Paulus „im Dienste Gottes“ (Röm 13,4). Wie Paulus dies mit seinem Wissen in Einklang bringen kann, dass Jesus durch die römische Staatsgewalt verurteilt und hingerichtet wurde, ist nicht ersichtlich.

Als dann am Ende des ersten Jahrhunderts die grausame Verfolgung der Christen durch Kaiser Domitian kurz vor ihrem Ausbruch steht, ist in der christlichen Apokalypse, der letzten Schrift des Neuen Testaments, die römische Staatsgewalt ein großer feuerroter Drache mit sieben Köpfen und zehn Hörnern und mit sieben Diademen auf seinen Köpfen; er kämpft im Himmel gegen Michael und seine Engel (vgl. Offb 12,1–12); Rom ist die Hure Babylon, „betrunken vom Blut der Heiligen und vom Blut der Zeugen Jesu“ (Offb 17,6). Auch in dieser Sicht ist die römische Staatsgewalt eine transzendente Macht. Das „Heerlager Christi“ und das „Heerlager Belials“ (d.h. des römischen Kaisers als des Teufels) liegen auf einer Ebene. Staatliche Gewalt ist auch hier das *sacrum*, ein Wort, das im Lateinischen gleicherweise das „Heilige“ wie das „Verfluchte“ bedeutet.

Von diesen beiden Ansätzen aus – der Beschreibung menschlichen Verhaltens in kriegerischen Bildern und Denkformen und der transzendenten Sicht der Staatsgewalt – konnte die frühchristliche, in der Erzählung des Passionsgeschehens Jesu errungene Gewaltfreiheit gekippt und in relativ kurzer Zeit in ihr Gegenteil verkehrt werden.

Als im Westen des Römischen Reiches um das Jahr 305 nach dem Rücktritt des Kaisers Diokletian, der die Christen noch konsequent und grausam verfolgt hatte, die Verfolgungen größtenteils eingestellt wurden, und als im Jahre 311 der zum Augustus nachgerückte Galerius die Nutzlosigkeit seines Kampfes gegen die Christen erkannte und ihnen in einem Toleranz-Edikt die Existenzberechtigung zubilligte, begannen römischer Staat und christliche Kirche sich einander anzunähern. Den Ausschlag gab Konstantin, der 306 nach dem Tod seines Vaters entgegen römischem Recht von den Soldaten zum Kaiser ausgerufen wurde. Er war damit Herrscher über den westlichen Teil des Römischen Reiches. Er baute diese Stellung aus, wobei er sich von dem christlichen Bischof Hosius von Corduba begleiten und in religiösen Fragen beraten ließ. Er strebte auch nach Herrschaft über den östlichen Teil des Reiches und suchte sie militärisch mit Hilfe seiner Truppen zu erreichen. Dabei gelang ihm der Sieg über seinen Schwager Maxentius an der Milvischen Brücke vor Rom im Jahre 312. Diesen entscheidenden militärischen Sieg schrieb er der Unterstützung durch den christlichen Gott Christus zu, den er unter dem Bild der wahren Sonne *(sol invictus)* als mächtige kriegerische Staatsgottheit verehrte. Dass auf einer von ihm geprägten Münze das Kreuz den militärischen Siegesaltar schmückt und er die griechischen Buchstaben XP, die Anfangsbuchstaben von *Christos*, auf die Schilde seiner Soldaten malen ließ,[144] ließ die durch Jesus bewirkte Offenbarung der Gewaltfreiheit Gottes wieder in der religionsgeschichtlichen Verehrung der Gewalt als des Heiligen versinken; Christus ist zum Kriegsgott geworden. In seinem Namen werden von nun an überall auf der Erde in christlichen Ländern die Waffen gesegnet, die Menschen den Tod bringen. Die Bischöfe wurden in die höheren Ränge der staatlichen Beamten eingereiht, denen anzugehören im frühen Christentum den Ausschluss aus der Gemeinde zur Folge hatte. Im Jahre 314, also nur zwei Jahre nach der Schlacht an der Milvischen Brücke, bestimmte eine Kirchenversammlung in Arles, dass Soldaten, die in Friedenszeiten freiwillig aus dem Soldatenstand ausscheiden, aus der Kirche ausgeschlossen werden; die dem Hippolyt zugeschriebene römische Kirchenordnung hatte noch umgekehrt verlangt, dass ein Mann, der Soldat werden will, aus der Gemeinde ausgestoßen wird.

Das Verbot, Menschen zu töten, wirkte allerdings noch nach. Um die Mitte des 4. Jahrhunderts, also schon nach Konstantins Tod, wurde einem

Soldaten oder einem christlichen Beamten, die am Tod eines Menschen mitgewirkt hatten, eine Kirchenbuße auferlegt. Basilius d. Gr. unterscheidet zwischen einem Mord und der Tötung in einem „gerechten" Krieg; er gibt aber noch zu bedenken, ob einer, der auf solche Weise Blut vergossen hat, nicht doch wenigstens drei Jahre lang der Kommunion fernbleiben sollte. Erst um die Wende zum 5. Jahrhundert fallen diese Bedenken endgültig weg, und die Christen gelten jetzt vollkommen im Gegensatz zur frühchristlichen Ethik der Gewaltfreiheit als die einzigen Personen, die zum Soldaten- und Beamtenstand geeignet sind.

Seit Konstantin kehrte sich die Verfolgungssituation allmählich um. Konstantin, der Kirche und Christentum in vielen Dingen begünstigte, hat zwar das Heidentum und den römischen Staatskult ebenfalls gelten lassen und blieb bis kurz vor seinem Tod, wo er sich erst taufen ließ, noch der *Pontifex Maximus*, der höchste heidnische Priester des Römischen Reiches. Doch gelegentlich wurden von einer christlichen Volksmenge schon heidnische Tempel zerstört und ihre Priester verjagt. Konstantin ging auch mit Truppen gegen die Donatisten vor, die sich in Nordafrika von der Großkirche abgespalten hatten und zu keiner Einigung zurückfanden.

Bekannt ist die folgenschwere Interpretation des Gleichnisses Jesu vom großen Festmahl (Lk 14,15–24), die der Kirchenlehrer AUGUSTINUS im Zusammenhang der Auseinandersetzung mit den Donatisten gegeben hat. Das Gleichnis spiegelt die Missionssituation im frühen Christentum: Die ursprünglich Geladenen, die Israeliten als Glaubensbrüder Jesu, sagen ihre Teilnahme ab. Darauf befiehlt der Gastherr, „die Armen und die Krüppel, die Blinden und die Lahmen" in den Festsaal zu holen; und als immer noch Platz frei ist, lässt er den Diener „auf die Landstraßen und vor die Stadt hinaus", also auf heidnisches Gebiet gehen, um die Leute mit überschwänglicher Freundlichkeit zum Festmahl zu laden: „Nötige die Leute zu kommen" (Lk 14,23). Augustinus übersetzt dieses fragliche Wort im Lateinischen mit *compelle intrare* und versteht dabei das Wort auch im Sinne von „jagen", „in die Enge treiben", „zwingen". Der frühmittelalterliche Mönch Gratian, der in seiner Sammlung kirchlicher Rechtsnormen den Grundstock für das kirchliche Rechtsbuch geschrieben hat, formuliert in dieser Tradition den Rechtssatz: „Häretiker sind zu ihrem eigenen Heile auch gegen ihren Willen zu zwingen."[145] Auch Luther berief sich in seiner Befürwortung der Staatsgewalt gegen die aufständischen Bauern und gegen die Wiedertäufer auf diesen Grundsatz und Calvin begründete mit ihm seine blutigen Ketzerurteile in Genf.

Als erster römischer Kaiser hat Theodosianus 438 in seinem Reichsgesetzbuch Gesetze gegen sogenannte „Ketzer" erlassen. Ihre Kirchen wurden ihnen weggenommen, ihre Gottesdienste und Versammlungen verboten, und schließlich wurden sie auch mit Verbannung, Konfiskation ihres Besitzes und mit der Todesstrafe bedroht. Doch schon Jahrzehnte vorher, im Jahre 385, wurde in Trier unter Kaiser Maximus auf Betreiben einiger Bischöfe der spanische Gelehrte PRISZILLIAN, der eine besonders asketische Bewegung in Spanien und Gallien ins Leben gerufen hatte, zusammen mit sechs seiner Anhänger, darunter auch eine Frau, mit dem Schwert hingerichtet. Dies gilt als die erste Ketzerhinrichtung. Mit dieser Entwicklung ging für lange Zeit die durch Jesu Leben und Tod entdeckte bedingungslose Liebe und Gewaltfreiheit Gottes wieder verloren und die archaische, in der Verehrung des Raubtiergottes gründende Gewaltfaszination brach wieder in Kirche und Gesellschaft ein.

Die Blutspur: Inquisition, Hexenverfolgung, Kreuzzüge, Gewalt-Mission

Es ist ein großes Paradox, aber ein nicht bezweifelbares historisches Faktum: Ausgerechnet die „Religion der Liebe", die Religion, die grundgelegt ist in der von Rachegedanken und Gewaltfantasien freien Erzählung von der grausamen Hinrichtung eines unschuldigen Menschen, die Religion, die einen am Schandpfahl zu Tode Geschundenen, einen Gekreuzigten, als Gottessohn preist und als Auferstandenen zur Rechten Gottes setzt – ausgerechnet diese Religion hinterließ die längste und breiteste Blutspur in der Geschichte der Weltreligionen.

Wie im vorigen Kapitel aufgezeigt, lag der Wendepunkt, der das Christentum aus der völlig gewaltfreien Religion der ersten drei Jahrhunderte zu einer Religion blutiger Kriege und Verfolgungen werden ließ, in der Anerkennung der christlichen Kirche durch Kaiser Konstantin, durch die das Christentum allmählich zur Staatsreligion wurde und begann, Abweichende und Andersgläubige abzuwerten und zu verfolgen. Schon in den Briefen des Apostels Paulus ist die Rede von Glaubensverkündern, die einen „anderen Jesus" und ein „anderes Evangelium" verkünden. Paulus bezeichnet sie als „Lügenapostel", „unehrliche Arbeiter" und als „Handlanger" des Teufels (vgl. 2 Kor 11,1–15). Natürlich erfolgt diese Abwehr von „Irrlehrern" im frühen Christentum auf völlig gewaltfreier Basis. Sie wird allerdings schon von Paulus mit dem alttestamentlichen Motiv des eifersüchtigen Gottes begründet, der keine anderen Gottheiten neben sich duldet (2 Kor 11,2). Bekannt sind die christologischen Streitigkeiten, die Kaiser Konstantin auf dem von ihm geleiteten Konzil in Nicäa beizulegen suchte und die zur abwechselnden Verbannung des Arius und des Athanasius führten. Im Streit gegen die Donatisten setzte er Waffengewalt ein. Die Hinrichtung Priszillians und seiner Anhänger 385 in Trier wurde noch von vielen Bischöfen verurteilt. Jahrhundertelang – anfangs auch noch im Karolingerreich – wurden Theologen und Prediger, die von der allgemeinen Meinung abwichen, nur durch Exkommunikation, Verbannung, Einweisung in ein Kloster und Schreibverbot, gelegentlich allerdings auch schon durch körperliche Züchtigung, bestraft.

Erst ab dem 11. Jahrhundert kommt es wieder zu Hinrichtungen. 1025 verurteilte in Orléans ein vom König geleitetes Gericht die Anhänger einer Bewegung, die auf Sakramente, Kirche und Klerus verzichten wollten, erstmals zum Feuertod. Diese grausame Hinrichtungsart wurde schon im Römerreich für bestimmte Verbrechen verhängt. Bei den Germanen wurden Zauberer dem Verbrennungstod ausgeliefert. Im christlichen Bereich steht hinter der Verbrennung von Ketzern und Hexen die im Alten Testament öfters erhobene Forderung: „Du sollst das Böse aus deiner Mitte austilgen" (Dtn 22,21; 21,21; 17,7 u.ö.). Was im Feuer verbrennt, gilt als ausgelöscht und ausgetilgt. Wenn später manche Theologen noch nach ihrem Tod zum Ketzer erklärt wurden, hat man bisweilen ihre Gebeine ausgegraben und sie noch nachträglich im Feuer verbrannt.

Im 12. Jahrhundert kam es zur systematischen Ketzerverfolgung. Die gedankliche Grundlage war die vorausgesetzte Beziehung zwischen Reichseinheit und Glaubenseinheit. Der kirchlich verkündete christliche Glaube war gleichsam die Verfassung des Heiligen Römischen Reiches Deutscher Nation. Wer diesen Glauben in Frage stellte, stellte damit die Einheit und die gedankliche Mitte des Reiches in Frage. Er war eine Art „Hochverräter". Tatsächlich wurde die Häresie als „Majestätsbeleidigung" betrachtet und geahndet.

Mitte des 12. Jahrhunderts wurde dies im Auftreten und in der Bekämpfung der *Katharer* deutlich. Ihr Name ist abgeleitet von griech. *katharsis*, „Reinigung". Die *Katharer* waren ihrem Selbstverständnis nach die „Reinen", die den kirchlichen Prunk, das weltliche Leben der Kleriker sowie insgesamt die Bilder und Sakramente als Äußerlichkeiten ablehnten; auch verwarfen sie das Alte Testament als zu weltlich und gewalttätig. Der Name „Ketzer" ist vom dem Wort *Katharer* abgeleitet. 1143 wurden in Köln die ersten *Katharer* verbrannt.

Seit dem Ende des 12. Jahrhunderts wurde dann eine systematische Ketzerverfolgung aufgebaut. Papst Innozenz III. entwickelte ein geregeltes Inquisitionsverfahren, das in seiner Endphase (unter Papst Innozenz IV.) die Anwendung der Folter und die Übergabe des Ketzers an die weltliche Staatsgewalt vorsah. Innozenz III. rief zum Kreuzzug gegen die Ketzer auf, wobei es vor allem in Südfrankreich zu Massakern und Gräueltaten an den *Katharern* kam. Das 4. Laterankonzil von 1215 beauftragte die Diözesanbischöfe, überall die Ketzer aufzuspüren, zu überführen und abzuurteilen. Von Papst Gregor IX. beauftragt und bevollmächtigt, entwickelte der Marburger Propst Konrad die spezifische Ketzerinquisition, die sich vor allem auf Denunziationen aufbaute und dann auch für die Hexenprozesse übernommen wurde. Ein der Häresie oder der Hexerei Denunzierter hatte dabei von Anfang an nur eine grausame Wahl: Er konnte die ihm angelastete Häresie oder Zauberei zugeben, wobei er Mitwisser nennen und mit schwerer Bestrafung – in Hexenprozessen auch mit Verbrennung – rechnen musste; die zweite Möglichkeit bestand darin, die Anschuldigungen zu bestreiten, was dann aber als „Hartnäckigkeit" ausgelegt wurde und unmittelbar zu Folter und Feuertod führte.

Die „Hexe" oder der „Zauberer" waren ebenfalls „Hochverräter", sofern sie mit den gegnerischen Mächten, dem Teufel, dem Bösen, paktierten und in der Kraft dieses verräterischen Bündnisses ihre Mitmenschen schädigten; auch für sie gilt: „Du sollst das Böse austilgen aus deiner Mitte" (Dtn 21,21 u. ö.). Beide Verfolgungs- und Wahnszenarien setzten sich auch in den reformierten Kirchen fort. Seine offizielle kirchliche Bestätigung erhielt der Hexenwahn 1484 durch die von Papst Innozenz VIII. erlassene sogenannte „Hexenbulle". Die beiden Dominikanermönche Heinrich Institoris und Jakob Sprenger schrieben dazu eine Art Kommentar, den sogenannten „Hexenhammer", der in fast dreißig Auflagen erschien und den noch vorhandenen Widerstand einiger Fürsten und Bischöfe brach. In auf- und abschwellenden Perioden wütete die Gewaltepidemie fast fünf Jahrhunderte lang durch Europa. Die letzte Hexe starb 1782 in Glarus in der Schweiz den Feuertod.

Durch die Verbindung der Kirche mit der staatlichen Gewalt wurde der Damm durchbrochen, der, wie aufgezeigt, in der Achsenzeit in den verschiedenen Ländern und Kulturen auf unterschiedliche Art und Weise von hellsichtigen Menschen gegen archaische Grausamkeit und Gewaltfaszination aufgebaut worden war. Der Blutwahn erfasste vor allem die unteren sozialen Schichten des Volkes, wurde dann aber von kirchlicher und weltlicher Obrigkeit legitimiert. Deutlich drückt sich in ihm das archaische Muster des *Sündenbockmechanismus* aus. Wenn eine Viehseuche oder ansteckende Krankheiten ausbrachen, wenn in einem Dorf mehrere Frauen schwere Geburten hatten, wenn es durch Dürre und Trockenheit zu Ernteverlusten kam, suchte man nach Sündenböcken. Neben den Juden und Ketzern waren dies dann Zauberer und Hexen.

Die Hinrichtungen hatten lynchmordartigen Charakter. Ort und Zeit wurden weit im Umkreis ausgerufen und das grausige Schauspiel fand stets großen Zulauf. Manchmal wurden mehrere Hexen auf einmal verbrannt und die Zuschauer brachten das Holz für die Scheiterhaufen herbei. Die Urteile wurden öffentlich verlesen, und wenn die Feuer aufflammten, übertönten bisweilen Kirchenlieder das Schreien der gequälten Menschen. In der gemeinsam veranstalteten Austilgung des Sündenbocks empfanden die Beteiligten ein neues Zusammengehörigkeitsgefühl und sahen darin eine Kraft zur Bewältigung der sie bedrängenden Übel. Der Raubtiergott hatte seine Beute und er würde, so hoffte man, die anderen, die ihm diese Beute verschafften, nun verschonen.

Die Deutung des Todes Jesu als eines stellvertretenden Sühnopfers, durch das die Menschen aus der Verdammnis erlöst wurden, eine Denkform, die überall in Liturgie und Kirchenliedern ihren Ausdruck fand, basiert in ihrer Struktur ebenfalls auf dem Sündenbockmechanismus: Jesus starb stellvertretend – als Sündenbock – für die Sündennot und Gottesferne der Vielen. Dieses Denkmuster war in der Volksfrömmigkeit lebendig und es konnte deshalb in Judenpogromen und Hexenverfolgung in etwas veränderter Form leicht aufflammen. Jede staatliche Hinrichtung, besonders aber wenn sie religiös motiviert und kirchlich sanktioniert war, hatte den Charakter eines Menschenopfers – als Opferung des Sündenbocks.

Der Kirchenkritiker Karlheinz Deschner beziffert – sicher in maßloser Übertreibung – die Zahl der Opfer, die im Laufe der etwa 500 Jahre der Ketzer- und Hexenverfolgung in Europa einen grausamen Tod fanden, auf neun Millionen Menschen.[146] Bei aller Übertreibung lässt diese Zahl doch ahnen, wie breit die Blutspur ist, die das Christentum in seiner Geschichte hinterlassen hat. In theologisch orientierten Kirchengeschichtsbüchern finden sich, soweit ich das überblicken kann, keine entsprechenden Zahlenangaben.

So erstaunlich es ist: Die furchtbaren Gräuel konnten dennoch die in Jesu Leben und Tod aufgebrochene urchristliche Gewaltfreiheit, erwachsen aus der Identifikation Gottes mit der Liebe (vgl. 1 Joh 4,16b) und dem „Aufleuchten der Gottherrlichkeit“ auf dem Antlitz des Verfolgten und Gequälten (vgl. 2 Kor 4,6), nicht auslöschen. Es waren der christliche Arzt Johann Weyer und die beiden Jesuitenpatres Adam Tanner und Friedrich Spee, die als Erste trotz der großen Gefahr, dadurch selbst als Ketzer angeklagt zu werden, den Wahn der Hexenverfolgung in ihren Büchern beschrieben und aufdeckten. Auch der holländische reformierte Geistliche Balthasar Becker und der deutsche Rechtsgelehrte und Philosoph Christian Thomasius trugen mit ihren Schriften zur Überwindung des Hexenwahns bei.

Vertieft und ausgeweitet wird die Blutspur des Christentums im Mittelalter durch Kreuzzüge und gewaltsame Mission. Die urchristliche Gewaltfreiheit verwandelte sich hier völlig in ihr Gegenteil. Wurde nach der Kirchenordnung von Rom im 2. Jahrhundert ein Mann, der Soldat werden wollte, aus der christlichen Gemeinde ausgeschlossen, so wurde jetzt denen, die sich aufmachten, um mit Waffengewalt gegen die Sarazenen zu kämpfen, von Papst Urban II. ein vollkommener Ablass aller ihrer Sündenstrafen zugesprochen. Anlass zu den Kreuzzügen waren die türkischen Eroberungen des 11. Jahrhunderts in Kleinasien, die das Oströmische Reich und den Pilgerweg nach Jerusalem gefährdeten. Ziel des ersten Kreuzzuges war die Befreiung der Christen in Palästina von der muslimischen Herrschaft und die Eroberung der heiligen Stätten in Jerusalem. Der religiös motivierte Aufruf zu Kampf und Krieg rief jedoch die vorachsenzeitlichen, archaischen Verhaltensmuster wach, die in der Gewalt das Heilige sahen; archaische Gewaltfaszination konnte sich jetzt als religiöser Eifer verstehen und ausleben. Dies kam schon darin zum Ausdruck, dass nicht, wie geplant, allein die christlichen Fürsten und Ritter sich angesprochen fühlten, sondern auch Bauern und kleine Leute, die keine Vorstellungen von den wirklichen Entfernungen hatten, in Kampfbegeisterung verfielen und gleich im eigenen Land über die Juden als die „Christusmörder" herfielen und blühende Judengemeinden am Rhein von Speyer bis nach Xanten vernichteten. Plündernd und mordend zogen sie durch Ungarn, wo der größte Teil von ihnen erschlagen wurde.

Auch der erste „ordentliche" Kreuzzug, der in neunmonatigen Vorbereitungen von Adel und Rittertum organisiert wurde und dem es nach vielen militärischen Erfolgen im Jahre 1099 schließlich gelang, Jerusalem zu erobern, entartete bei der Einnahme dieser Stadt zu einem hemmungslosen Blutrausch: Entsprechend den Kriegsgesetzen des Alten Testamentes (vgl. Dtn 20,10–18) wurden Männer, Frauen, Kinder und Greise niedergemacht und die Häuser geplündert und in Brand gesteckt. Auch bei der späteren Eroberung der Küstenstädte in Syrien, Libanon und Palästina wurden die muslimischen Einwohner grausam niedergemetzelt. Es entstanden ein christliches Königreich Jerusalem und andere Kreuzfahrerstaaten.

Ausgehend vom Königreich in Jerusalem entstanden in dieser Zeit auch die *geistlichen Ritterorden*, in denen ein christliches Ordensleben (Armut, Gehorsam, Ehelosigkeit) regulär mit dem Kriegsdienst verbunden wurde. Sie leisteten wichtige karitative Dienste in Hospitälern an Kranken und Verletzten. Ebenso aber gehörte zu ihrer Aufgabe der militärische Schutz der Bürger und der militärische Einsatz beim Kampf um die Ausweitung und den Schutz christlicher Staaten gegenüber dem Heidentum. In Grenzgebieten schufen sie ein ausgedehntes Burgensystem. Insgesamt bildeten sie ein stets einsatzbereites stehendes christliches Ritterheer. Bezeichnend ist, dass die kriegerische und die christlich-karitative Aufgabe in dieser Zeit nicht mehr als Widerspruch, sondern als zusammengehörige religiöse Aufgabe empfunden wurde. Im Unterschied dazu wurden in Japan, wie schon erwähnt, die buddhistischen Kriegermönche *akuso* genannt, was übersetzt „schlechter Mönch" heißt. Hier ist der innere Widerspruch zwischen Mönchtum und Kriegsdienst deutlich empfunden worden.

Die christlichen Staaten konnten sich in der muslimischen Umwelt nicht halten. 1187 fiel auch wieder Jerusalem in die Hand der Muslime. Immer wieder aber wurde von den Päpsten zu Kreuzzügen aufgerufen, die zwar stets zu großem Blutvergießen führten, aber das Heilige Land nicht mehr zurückerobern konnten. Der menschenverachtende religiöse Wahn der Kreuzzugsbewegung zeigte sich besonders in den beiden Kinderkreuzzügen. Als 1212 ein französischer Hirtenjunge seine Altersgenossen zum Kreuzzug aufrief, hat – mit wenigen Ausnahmen – weder die weltliche noch die geistliche Obrigkeit etwas dagegen unternommen, dass sich ihm der Überlieferung nach 30000 Menschen, hauptsächlich Kinder, anschlossen und sich in Marseille zur Fahrt in den Osten einschifften. Ihr Schicksal war, dass sie in Ägypten als Sklaven verkauft wurden. Auch in Deutschland kam ein Zug von etwa 20000 Jungen und Mädchen zustande, der über die Alpen zog und in Brindisi an Bord von Schiffen gehen wollte. Dem trat jedoch der Bischof von Brindisi entgegen. Die Folge war, dass die Kinder in christlichen Landen zugrunde gingen. Die religiöse Mentalität, die sowohl auf Seiten der Kinder wie auch auf Seiten der Erwachsenen hinter diesen Bewegungen stand, ist nur vergleichbar mit dem vorachsenzeitlich überall auf der Erde verbreiteten Brauch, Kinder der Gottheit zu opfern, um sie gnädig zu stimmen.

Im 13. Jahrhundert wurde der Kreuzzugsgedanke auch auf den bewaffneten Kampf gegen politische Feinde des Papsttums (z. B. gegen die Staufer) und gegen häretische und aufrührerische Bewegungen innerhalb des Heiligen Römischen Reiches ausgedehnt. Auch der Vernichtungsfeldzug gegen die Albigenser, die blutigen Kämpfe gegen Normannen, Serben und Stedinger Bauern wurde mit dem kirchlichen Ablass der Sündenstrafen belohnt. In die Eroberungskriege christlicher Fürsten und Könige zur Ausweitung ihres Geltungsbereiches drang ebenfalls der Kreuzzugsgedanke ein. Dies galt im Osten für die Unterwerfung der slawischen Völker und auf der Iberischen Halbinsel für die Rückeroberung Spaniens und Portugals aus der Hand der Muslime. Die eroberten Gebiete galten dabei erst dann in das christliche Reich integriert, wenn ihre Bewohner den christlichen Glauben annahmen; solange sie das nicht taten, galten sie als Feinde. Es ist klar, dass dadurch gewalttätige Elemente in die Missionsbemühungen der Kirche eindrangen und die Taufe häufig unter äußerem Zwang erfolgte.

Die unter dem Kreuzzugsgedanken stehende Rückeroberung der islamisch besetzten Teile der Iberischen Halbinsel fand ihre Fortsetzung in der Kolonialisierung und Missionierung der 1492 von Columbus entdeckten karibischen Inselwelt und später der Küstengebiete von Mittel- und Südamerika. Wie blutig und gewalttätig diese Eroberung und „Missionierung“ vor sich ging, zeigt die Tatsache, dass im karibischen Raum innerhalb von dreißig Jahren fast die gesamte Urbevölkerung den Tod fand.[147] In Mittel- und Südamerika ging die indianische Bevölkerung von anfangs etwa 55 Millionen Menschen auf ca. 9 Millionen zurück; also etwa 45 Millionen Menschen fielen direkt oder indirekt der *conquista* zum Opfer.[148] Erst nach jahrzehntelangen Debatten unter spanischen Theologen und Rechtsgelehrten verbot die spanische Krone 1573 die gewalttätige Eroberung und erlaubte nur das friedliche Vordringen von Missionaren in indianische Gebiete, das freilich auch meistens unter militärischem Schutz stattfand.

Einige Missionare wandten sich allerdings schon 1511 gegen die militärischen Gräuel und Gewalttaten gegenüber der indianischen Bevölkerung, und seit 1514 prangerte der Dominikanerpater Bartolomé de Las Casas in jahrzehntelanger Arbeit die von ihm selbst erlebten Grausamkeiten der *conquista* in der Karibik und in Mittelamerika an, wobei er die Unvereinbarkeit von Gewaltanwendung und christlicher Mission vertrat. Doch erst in den von Jesuiten gegründeten Indianerreservaten, von denen weiße Siedler systematisch ferngehalten wurden, gelang eine wirklich friedliche Evangelisierung. Auch das Leben und Wirken des Petrus Claver, des „Vaters der Schwarzen und Sklaven“, galt der christlich begründeten Absage an die Gewalt.

Die Entwicklung der Menschenrechte, die heute in die meisten staatlichen Verfassungen Eingang gefunden haben, erfolgte anfangs zwar gegen den Widerstand der höheren kirchlichen Stellen. Sie ist aber zweifellos wesentlich inspiriert von der in der biblischen Tradition ausgeprägten „Religion der Verfolgten“, in der die von Gewalt Unterdrückten und die Unterprivilegierten – Arme, Waisen und Witwen – *Jahwe* in besonderer Weise nahe stehen, sowie besonders von der im Neuen Testament enthaltenen Überlieferung, in der ein von der römischen Staatsgewalt unschuldig Gekreuzigter als Messias und Gottessohn vor Augen gestellt wird. Der Basis-Satz aller Menschenrechtserklärungen, wie er erstmals 1776 in der Präambel der amerikanischen Unabhängigkeitserklärung niedergeschrieben wurde – *all men are created equal* –, findet sich, vom Christusbekenntnis her formuliert, schon im Brief des Apostels Paulus an die Galater: „Es gibt nicht mehr Juden und Griechen, nicht Sklaven und Freie, nicht Mann und Frau, ihr alle seid 'einer' in Christus Jesus" (Gal 3,28).

Die Blutspur, die sich, wie aufgezeigt, durch das christliche Mittelalter hindurchzieht, ist angesichts dieses freiheitlichen und gewaltlosen Ursprungs des Christentums nur als Rückfall in eine vorachsenzeitliche Gewaltreligiosität erklärbar. Noch heute erinnern massive autoritäre Strukturen in den christlichen Kirchen mehr an den vom Soldatenkaiser Konstantin geprägten weströmischen Imperialismus als an Kreuzigung und Auferstehung Jesu. Man denke z.B. an das von Papst Johannes Paul II. erlassene Verbot, die Frage der Zulassung der Frau zum Priesteramt überhaupt nur zu diskutieren. Auch der streng hierarchische Aufbau der Ämter und die Überwachung und disziplinarische Maßregelung wissenschaftlich arbeitender Theologen gehören in dieses Bild. Anders als in der Urkirche sind Krieg, Kriegsdienst und Todesstrafe von diesen Kirchen in der Geschichte nie generell in Frage gestellt worden. Erst das Zweite Vatikanische Konzil forderte die Ächtung des Krieges. Manche Freikirchen oder sogenannte „Friedenskirchen" suchen dagegen wieder unmittelbar am frühkirchlichen Gewaltverzicht anzuknüpfen. Während der Gewaltherrschaft des Nationalsozialismus sind viele Mennoniten und Zeugen Jehovas wegen ihrer Verweigerung des Kriegsdienstes in die Konzentrationslager gegangen.

3. Der Islam

Der Islam als die „Religion Abrahams" und die darin liegende Gewaltüberwindung

Der Isalm ist die jüngste der heutigen fünf Weltreligionen. Er entstand als dritte Offenbarungs- und Schriftreligion nach dem Judentum und dem Christentum. Dabei wollte jedoch Mohammed ursprünglich nicht eine eigene Religion gründen. Vielmehr wollte er den im Judentum und Christentum praktizierten Monotheismus, die vorbehaltlose Verehrung des einen Gottes, in Arabien einführen. Er fühlte sich diesen beiden Religionen so sehr verbunden, dass bei der Ablehnung und Bekämpfung seiner Botschaft in Mekka zuerst eine größere Gruppe von Moslems (im Jahre 615) nach Abessinien zu den dort lebenden Christen flüchtete und von diesen auch gut aufgenommen wurde; bei der zweiten Auswanderung 622, bei der auch Mohammed selbst seinen Gegnern weichen musste, vertraute er auf die in Medina ansässigen jüdischen Stämme.

In dieser Zeit war die Gebetsrichtung der Muslime, ebenso wie die der Juden nach der für Juden und Christen heiligen Stadt Jerusalem ausgerichtet. Erst als die in Medina lebenden Juden der Verkündigung Mohammeds skeptisch und ablehnend gegenübertraten, während er bei den ursprünglich heidnischen Bewohnern der Stadt großen Anklang fand, begann sich eine Feindseligkeit zwischen den Anhängern Mohammeds und den jüdischen Stämmen zu entwickeln; daraufhin wendete sich die Gebetsrichtung der Muslime zum altarabischen Heiligtum der *Kaaba* in Mekka, einem würfelförmigen steinernen Gebäude, in dessen Ostecke ein schwarzer Stein, der vermutlich als Meteorit vom Himmel gefallen war, eingelassen ist. Die Abgrenzung und immer stärker werdende Spannung gegenüber den Christen entstand vor allem durch die später auftauchenden Grenzstreitigkeiten und kriegerischen Auseinandersetzungen mit Byzanz.

Die blutigen Kriege zwischen Christentum und Islam, wie sie das ganze Mittelalter hindurch bis zum Beginn der Neuzeit stattfanden, hatten ihre Ursache nicht in unterschiedlichen Glaubensüberzeugungen; dasselbe gilt für die Kriegszüge Mohammeds gegen die jüdischen Stämme Medinas. Der Krieg war eine Art Urzustand in der Gesellschaft der damaligen Welt; unterschiedliche Glaubensauffassungen wurden erst nachträglich herangezogen, um die Kriege religiös zu legitimieren. Juden und Christen werden im Koran stets als „Leute der Schrift" bezeichnet und stehen als solche dem Islam wesentlich näher als die sogenannten „Ungläubigen". Aber, so wird jetzt – den Krieg legitimierend – gesagt, Juden und Christen „vergaßen einen Teil von dem, was ihnen offenbart worden war" (Sure 5,14[149]), Gott selbst erregte deshalb unter ihnen Feindschaft und Hass „bis zum Tag der Auferstehung" (ebd.). Auch Juden und Christen sind jetzt Leute, die Gott jemanden „beigesellen". „Die Juden sagen: 'Uzair (Esra) ist der Sohn Gottes' und die Christen sagen: 'Christus ist der Sohn Gottes'"; damit gleichen sie den Ungläubigen und müssen im Namen Gottes bekämpft werden (Sure 9,30).

Mohammed will an den Ursprung der biblischen Schriftoffenbarung zurückkehren, er will diesen Ursprung von der jüdischen und christlichen Überlagerung befreien und neu zur Geltung bringen. Wenn der Moslem aufgefordert wird, Jude oder Christ zu werden, soll er sagen: „(Für uns gibt es nur) die Religion Abrahams [...] wir glauben an Gott und (an das), was (als Offenbarung) zu uns, und was zu Abraham, Ismael, Isaak, Jakob und den Stämmen (Israels) herabgesandt worden ist, und was Moses und Jesus und die Propheten von ihrem Herrn erhalten haben, ohne dass wir bei einem von ihnen (den anderen gegenüber) einen Unterschied machen. Ihm sind wir ergeben" (Sure 2,136). Die Kennzeichnung des Islam als „Religion Abrahams" begegnet relativ oft im Koran (vgl. Sure 22,78; 2,131; 2,130; 2,135 u.ö.). Dabei ist Abraham für den Moslem weder Jude noch Christ. Er war jedoch auch kein Heide, keiner von denen, die Gott „jemanden beigesellen". Vielmehr war er ein sogenannter *Hanif*, das heißt einer jener Menschen, die am Ursprung der biblischen Offenbarung die Verehrung mehrerer Gottheiten abgelehnt und sich dem einen Gott ganz ergeben haben (vgl. Sure 3,67). Mohammed glaubte, dass auch Abraham schon eine – schriftlich aufgezeichnete – Offenbarung zuteil wurde, die aber in der Tradition des Judentums und des Christentums verloren ging. Der Koran stellt das wieder her, was auf diesen „ersten Blättern der Offenbarungsschrift" verkündet wird (Sure 87,18; 53,36f.).

Die wahre und ursprüngliche Religiosität, die von Abraham und anderen *Hanifen* wiederentdeckt und in der Menschheitsgeschichte zur Geltung gebracht wurde, war die restlose Ergebung des Menschen unter den Willen des einen allgewaltigen Gottes. Das Wort *Islam* drückt diese Ergebung aus. Es ist abgeleitet von dem arabischen Verb *salima*, „vollständig sich hingeben", „vollständig aufgeben", „sich vollständig unterwerfen". Es ist verwandt mit dem hebräischen Wort *shalom*, das „Frieden" bedeutet. Indem der Mensch sich dem einen Gott unterwirft, sich ihm vollständig ergibt, gewinnt er inneren Frieden mit sich und der Welt.

Wie dies mit der Lehre vom „Heiligen Krieg" *(Dschihad)* zu vereinbaren ist, ist Inhalt des nächsten Kapitels. Hier schon jedoch ist zu bedenken, wer dieser eine Gott ist, dem sich der Muslim und – ihm vorausgehend – der *Hanif* Abraham rückhaltlos ergibt. Etymologisch wird das Wort *Allah* aus dem in Nord- und Südarabien weit verbreiteten Wort für Gott *ilah* abgeleitet. Dieses Wort aber ist eine Singularform von *Il*, der arabischen Vokalisierung des ursemitischen *'l*, aus dem in Palästina der Gottesname *El* gebildet wurde. Durch Hinzufügung des arabischen Artikels *al* entsteht *al ilah*, „der" Gott. Diese Wortbildung ist wahrscheinlich zu *Allah* zusammengezogen worden.

Wenn sich der Muslim diesem *Allah* vollständig unterwirft, unterwirft er sich also jenem *El*, den der antike phönizische Schriftsteller Sanchunjaton mit dem griechischen Himmelsgott *Kronos* identifizierte. Hinter *El-Kronos*, der seine eigenen Kinder frisst, das heißt als Opfergabe fordert, steht in der vorgeschichtlichen Religiosität der Raubtiergott. Das menschheitsgeschichtliche Kriegerethos, das zum Krieg als einem gesellschaftlichen Urzustand in der Menschheit geführt hat, entstand wahrscheinlich aus der im ersten Buchteil (Kap. A.II: „Der Rausch des Tötens") beschriebenen „Urrebellion" des Menschen gegenüber der im Raubtier verkörperten Schicksalsmacht. Der Islam vollzieht in seinem Ursprung, dargestellt an der Gestalt Abrahams, der sich vor *El* auf sein Angesicht niederwirft (vgl. Gen 17,3), das genaue Gegenteil dieser Rebellion, nämlich die bedingungslose Unterwerfung, das bedingungslose Sich-Ergeben, den *Islam*.

In diesem grundsätzlichen Sinne bezeichnet das Wort „Islam“ nicht eine Religion unter anderen Religionen, sondern die allein angemessene Grundhaltung des Menschen gegenüber einer transzendenten Wirklichkeit. In Indien unterscheidet man deshalb zwischen dem *Muslim* und dem *Muselman*. *Muslim* ist jeder Mensch, der die religiöse Grundhaltung des Sich-Ergebens lebt, gleichgültig, welcher Religionsgemeinschaft er dabei angehört; auch ein Hindu, etwa Mahatma Gandhi, ist in diesem Sinne ein *Muslim*. Der Koran verwendet für diesen in Ergebenheit gegenüber der Schicksalsmacht lebenden Menschen das Wort *Hanif*; Menschen dieser Art hat es nach dem Koran schon lange vor Mohammed gegeben, und zu ihnen gehören auch Abraham, Moses und Jesus. Die bekannte Islamwissenschaftlerin Annemarie Schimmel verweist in diesem Zusammenhang auf Goethes *West-östlichen Divan*, wo es heißt: „Wenn Islam Ergebung in Gottes Willen heißt, im Islam leben und sterben wir alle.“[150] Der muslimische Autor Mawdudi geht noch darüber hinaus, indem er den Islam entsprechend der Sure 30 des Koran als „Religion der Schöpfung“ (Sure 30,30) charakterisiert. Alle Dinge der Welt nämlich ergeben sich in die Ordnung des Universums, die der Schöpfer in es hineingelegt hat: Die Pflanzen gehorchen dem Gesetz des Wachsens und Verblühens, die Sterne gehorchen den Gesetzen der Schwerkraft, die ihnen ihre Bahnen zuweisen, und die Tiere folgen den in sie hineingelegten Instinkten.[151]

In diesem weiten Sinn als vollständiges Sich-Ergeben in die übergeordnete und persönlich gedachte Macht des Schicksals beinhaltet das Wort tatsächlich auch das Wesen des Friedens. Denn „Frieden“ ist das Versöhntsein des Menschen mit sich und der Welt. Es ist die Alternative zur vorgeschichtlichen Urrebellion des Menschen und beinhaltet so auch den Ursprung der biblischen Tradition. Da dies das Grundanliegen Mohammeds und des Koran ist, ist die von ihm verkündete Religiosität die „Religion Abrahams“. Sie beinhaltet die älteste Schicht der biblischen Tradition, auch wenn der Islam als Religion erst Jahrhunderte nach Judentum und Christentum in die Geschichte eingetreten ist. Das Judentum führt diese Religiosität weiter, indem hier der Mensch nicht in der Unterwerfung verbleibt, sondern den Dialog mit Gott sucht und wie Jakob in der Nacht des Flussübergangs auch mit *El* um den Segen ringt. *Jahwe* bezeichnet das aus diesem Ringen gewonnene dialogisch zugewandte Gottesantlitz; und Jesus, der noch im Terror- und Fluchtod am Kreuz an diesem Antlitz festhält, hellt es auf zum *Abba*, der den sterblichen und geschundenen Menschen in letzter Weise bergend umfängt.

Keine dieser drei Abrahamreligionen ist in dieser Zusammenschau höher oder niedriger bewertet als die andere. Jede braucht die andere: Der Islam verfestigt vorachsenzeitlich-archaische, auf Gewaltausübung aufbauende gesellschaftliche Verhältnisse, wenn er sich nicht dem mosaischen Dialog, dem Ringen Jakobs mit *El*, öffnet. Das Judentum erstarrt zu einem Gesetzesformalismus, wenn es sich nicht immer neu auf den abrahamitischen Glaubensakt des Sich-Ergebens zurückbezieht und nach der im Christentum verkündeten messianischen Erfüllung des Lebensweges Ausschau hält. Und das Christentum schließlich zerfließt zu einer weltfremden Esoterik oder erstarrt in Dogmatik und in hierarchisch-zwanghaften Institutionen, wenn es nicht ständig auf beides, den abrahamitisch-islamischen Glaubensakt und den mosaischen Dialog zurückbezogen bleibt und darauf aufbaut.

Unterdrückung der Frau, Blutrache, Opfertötung, „Heiliger Krieg": Die Profanisierung archaischer Gewalt

Nicht als Religion des Friedens, wie er im Wort *Islam* enthalten ist, sondern als die Religion des *Dschihad*, des „Heiligen Krieges", ist die Religion Mohammeds in die Geschichte eingegangen. Oberflächlich gesehen ist dieses Urteil sicher berechtigt. Keine andere Religion – auch nicht das Christentum – hat ihr Einflussgebiet so systematisch durch „Feuer und Schwert" ausgebreitet wie der Islam. Eroberungskriege und Unterwerfung fremder Völker galten als das legale Mittel, den Glauben an *Allah* über die Erde zu verbreiten. Von der beschriebenen achsenzeitlichen Abwendung des Menschen von der Gewalt, wie sie auch für den Ursprung der biblischen Tradition in Anspruch genommen wurde, ist hier auf den ersten Blick wenig zu sehen.

Um das im Islam enthaltene Gewaltpotenzial richtig einzuschätzen, gilt es jedoch die Zeit und Umwelt, in der diese Religion entstand, genau ins Auge zu fassen. Die Arabische Halbinsel ist ein Land der Wüsten und Steppen. Es liegt abseits der großen Heer- und Karawanenstraßen, die vom Zweistromland Mesopotamien durch Palästina hindurch ans Mittelmeer führen. Nur wenige und wenig begangene Karawanenstraßen verbinden das Land mit den Kulturländern. Nur in Mekka lebten die Menschen vom Handel. Medina war eine Oasensiedlung, wo sich vor allem jüdische Klans niedergelassen hatten. Im Allgemeinen aber bestand die Bevölkerung Nordarabiens aus Nomadenstämmen, die Kamele oder Schafe und Ziegen züchteten. Das Land und seine Bevölkerung lagen gegenüber der umliegenden Welt im toten Winkel der Kulturentwicklung. Von den Kulturländern aus gesehen war Arabien ein verschlossenes, barbarisches Land. Die sprichwörtlich „kriegerischen Beduinenstämme" prägten die Mentalität und Lebensweise. Der geistige Aufbruch der Achsenzeit, wie er sich in den Hochkulturen der Erde seit etwa einem Jahrtausend ereignet hatte, ist nicht bis hierher vorgedrungen. Lediglich die monotheistische Denkweise des Judentums und des Christentums drang von den benachbarten Ländern her und über die Handelsbeziehungen als oberflächliches Wissen in diese Gebiete ein. Ausgehend von diesen Einflüssen hat Mohammed den Islam begründet. Gegenüber der übrigen Welt um fast ein Jahrtausend verspätet, hat er dadurch in Nordarabien gleichsam vom Nullpunkt aus – ohne vorherige Entwicklung einer Hochkultur, von der er sich hätte absetzen können – die achsenzeitliche Wende des menschlichen Denkens nachvollzogen.

So mutet es, etwa gegenüber der Einstellung und Lebenshaltung des Buddhismus oder gegenüber der urchristlichen Spiritualisierung der Ehe, noch vorachsenzeitlich-barbarisch an, wenn der Koran jedem Mann vier Frauen zubilligt und den Männern empfiehlt: „Wenn ihr fürchtet, dass (irgendwelche) Frauen sich auflehnen, dann vermahnt sie, meidet sie im Ehebett und schlagt sie! Wenn sie euch (daraufhin wieder) gehorchen, dann unternehmt (weiter) nichts gegen sie! Gott ist erhaben und groß" (Sure 4,34b). Nimmt man jedoch als Ausgangspunkt der Beurteilung die *vorislamische* Stellung der Frau in Nordarabien, beinhaltet die gesellschaftliche Stellung der Frau, wie der Koran sie festlegt, doch schon eine deutliche Wende hin zu größerer Freiheit und Selbstständigkeit. Denn vorislamisch war die Frau in diesen Gebieten das rechtlose Eigentum des Mannes: Die Polygamie war in keiner Weise begrenzt, die Frau verfügte nicht über eigenen Besitz, besaß kein Erbrecht und konnte keinerlei geschriebenes Recht gegenüber dem Mann geltend machen. Im Islam dagegen ist die Frau erbberechtigt, kann eigenständig Verträge schließen, und der Mann ist verpflichtet, jede seiner Frauen in der gleichen Weise mit Schmuck und Kleidung auszustatten und jeder auch die gleiche sexuelle Zuwendung zu geben. Auch die Verschleierung der Frau ist im Koran nicht vorgeschrieben; er spricht nur von dezenter Kleidung.

Aus mehreren Stellen des Koran ist zu erschließen, dass im vorislamischen Arabien noch der barbarische Brauch geherrscht hat, unerwünschte Kinder, besonders Mädchen, gleich nach ihrer Geburt im Sand zu „verscharren" (vgl. Sure 16,59; 81,8 u.ö.). Wenn einem Ungläubigen, heißt es, die Geburt eines weiblichen Wesens mitgeteilt wird, „macht er dauernd ein finsteres Gesicht und grollt (dem Schicksal) [...] (und überlegt) ob er es trotz der Schande behalten oder ob er es im Boden verscharren soll" (Sure 16,58f.). Mohammed ist mit dem ganzen Gewicht seiner religiösen Botschaft dieser Praxis des Kindesmordes entgegengetreten. Zu den großen Ereignissen der Endzeit – „wenn die Sonne von Dunkelheit umhüllt wird und die Sterne vom Himmelsgewölbe herabstürzen" – gehört auch, dass das Mädchen, das (nach der Geburt) verscharrt worden ist, gefragt wird, „wegen was für einer Schuld man es umgebracht hat" (Sure 81,10f.). Zwar liegen diese Bestimmungen noch innerhalb des barbarischen Milieus, sie beinhalten aber doch sehr deutlich eine Wende hinsichtlich der Bewertung der Frau in Richtung rechtlicher Sicherheit und größerer Selbstständigkeit.

Ähnliches gilt hinsichtlich der Handhabung der *Blutrache.* Vorislamisch war dies die einzige Institution, durch die das Leben des einzelnen Menschen geschützt war, und die Klans wetteiferten in der Ausübung der Rachegewalt. Diese exzessive Ausübung der Rache gehörte (wie in Kap. A.IV ausgeführt) wesentlich zur archaischen Religiosität; in ihr wurde ja Gewalt als das Heilige verehrt, und in der Ausübung von Gewalt glaubte der Mensch einen göttlich-unsterblichen Seinsstatus zu gewinnen. Die Welt Nordarabiens im 7. Jahrhundert war noch ähnlich archaisch strukturiert. Zwar gab es bereits die Möglichkeit, die Blutrachedrohung durch die Zahlung eines Blutgelds abzuwenden. Aber der Preis, der für die Tötung eines männlichen Erwachsenen zu zahlen war, bestand in dem Vermögen von 100 Kamelen,[152] was sich kaum jemand leisten konnte, und außerdem wurden häufig jene verspottet, die 'Milch statt Blut', das heißt Kamele akzeptierten, statt wirkliche Blutrache zu üben.

Grundsätzlich lässt der Koran die Blutrache gelten: „Die Wiedervergeltung sichert euch das Leben" (Sure 2,179). Doch angesichts der beschriebenen archaischen Rachementalität, die den Ausgangspunkt bildete, bedeutet es doch eine Wende des Denkens, wenn der Koran fordert, in der Ausübung der Rache „nicht maßlos zu sein", sondern sich mit der *talio,* also dem gerechten Ausgleich zu begnügen (Sure 2,178; 16,126; 17,33). Darüber hinaus empfiehlt der Koran mehrmals, Verzeihung zu üben, d.h. sich mit einer Geldbuße zu begnügen, statt den blutigen Racheakt auszuüben (Sure 42,40; 2,178 u.ö.). Besonders stark wird die Rachegewalt dadurch eingeschränkt, dass der Rächer nur noch den wirklich Schuldigen, nicht jedoch ein beliebiges Mitglied oder gar mehrere Angehörige aus der Sippe des Schuldigen zur Rache töten darf; außerdem gilt es, die Schuld des Totschlägers in einem geregelten Verfahren zweifelsfrei nachzuweisen.

Ähnlich wie mit der Blutrache ist es mit der Opfertötung. Der vorachsenzeitlich weltweit verbreitete blutige Opferkult bleibt grundsätzlich weiter erhalten. Noch heute findet zum Abschluss der Wallfahrt nach Mekka das große Opferfest statt, an dem in aller Welt Millionen von Lämmern und Ziegen getötet werden. Im Koran ist die Rede von den „Opferkamelen", die in langer Reihe zum Schlachten aufgestellt sind (Sure 22,36). Im Todesstoß dessen, der opfert, soll jedoch nicht mehr im Sinne archaischer Religiosität menschliche Tötungsgewalt als das Heilige aufgerichtet werden, sondern *Allah* soll als der einzig berechtigte Inhaber dieser Gewalt in Erscheinung treten. Sein Name ist über dem zu tötenden Tier auszurufen (Sure 22,36). Außerdem soll der Mensch sich nicht anmaßen, im Opfer dem allmächtigen Gott als Spender einer Gabe gegenüberzutreten. Allah braucht nicht das Fleisch der Kamele: „Weder ihr Fleisch noch ihr Blut gelangt zu Gott, wohl aber die Gottesfurcht (die ihr) eurerseits (empfindet und an den Tag legt)" (Sure 22,37). Von dem Opferfleisch sollen die Bedürftigen gespeist werden.

Es sind relativ kleine, aber von der religiösen Haltung her wichtige Elemente, die der Koran in die noch vorachsenzeitlich-archaische Situation und Mentalität der Araber des 7. Jahrhunderts einführt. Dies gilt sogar für das Phänomen des *Krieges*, der als *Dschihad* fest in der Religion des Islam verankert ist. Wieder gilt es davon auszugehen, dass vorachsenzeitlich Blutfehde und Krieg selbstverständliche Lebensbereiche waren, in denen der Mann in Ausübung der Tötungsgewalt seinen – dem Raubtiergott analogen – göttlichen Heldenstatus jeweils neu dokumentieren und aufrichten konnte. Der Soziologe Wolfgang Sofsky spricht vom „Paradies der Grausamkeit"[153] und vom „Rausch der Gewalt", die den Menschen erfasst, ihn mit sich fortträgt, ihn von der Angst zum Tode befreit und zu dem „seltenen Erlebnis der inneren Einheit" führt; der tödliche Kampf vermittelt dem Menschen die Erfahrung einer „orgiastischen Selbststeigerung".[154] Man braucht nur die Kriegsschilderungen des deutschen Schriftstellers Ernst Jünger zu lesen, um zu sehen, wie noch im 20. Jahrhundert der Soldat im Krieg vom Rausch der Gewalt erfasst und fortgetragen wurde.

Die Zeit und Welt, in der Mohammed lebte und wirkte, war von dieser Gewaltmentalität geprägt. Kriegerische Auseinandersetzungen, Raubzüge und Mord gehörten zum Alltag. Auch in manchen Versen des Koran spiegelt sich diese Mentalität: „Ich werde denjenigen, die ungläubig sind, Schrecken einjagen", sagt *Allah*. „Haut (ihnen mit dem Schwert) auf den Nacken und schlagt zu auf jeden Finger von ihnen! Das (wird ihre Strafe) dafür (sein), dass sie gegen Gott und seinen Gesandten Opposition getrieben haben" (Sure 8,12 f.). „Kämpft gegen diejenigen, die nicht an Gott und den jüngsten Tag glauben [...], bis sie kleinlaut aus der Hand Tribut entrichten!" (Sure

9,29). Mohammed hat selbst mehrmals Raubüberfälle auf mekkanische Karawanen angeführt, einmal sogar im heiligen Monat Ragab. Die jüdischen Stämme, die ihn nicht mit der erwarteten Bereitwilligkeit und Offenheit in Medina aufgenommen hatten, vertrieb er aus der Stadt und machte sie tributpflichtig. Den jüdischen Stamm der *Quraiza*, von dem er argwöhnte, dass er sich mit mekkanischen Angreifern verbünden könnte, hat er bis zur völligen Niederlage bekämpft, die Frauen und Kinder als Sklaven verkaufen und 600 Männer an einem Tag hinrichten lassen; das entsprach den Kriegsgewohnheiten der Zeit. Ebenso hat er – der Vorgehensweise und Haltung seiner Zeit und Welt entsprechend – Männer, die gegen ihn opponierten und ihm gefährlich erschienen, auf zum Teil recht heimtückische Weise ermorden lassen.[155]

Im Zusammenhang der kriegerischen Aktivitäten Mohammeds spricht man von der Institution des „Heiligen Krieges" im Islam. Doch auch auf diesem Feld ist ein winzig kleiner Schritt in Richtung achsenzeitlicher Gewaltüberwindung sichtbar. Als *erster Schritt* in diese Richtung inmitten einer noch archaisch-gewaltverhafteten und gewaltfaszinierten Welt ist er jedoch entscheidend. Er beinhaltet die innere Abwendung des Menschen von der angstfaszinierten Verehrung der Gewalt als des Heiligen. Genau besehen ist *jeder* Krieg ein „heiliger" Krieg, weil er sich, wie oben dargelegt, von Kräften speist, die den Menschen aufgrund seiner latent immer gegebenen Todesangst bewegen und ihm suggerieren, durch Gewaltausübung einen transzendenten, todüberwindend-„göttlichen" Seinszustand zu erlangen.

Sicher ist diese „Heiligkeit" des Krieges auch in den Schlachten und Kriegszügen, die Mohammed als Feldherr anführte, lebendig gewesen. Doch der Name *Dschihad*, der üblicherweise mit „Heiliger Krieg" übersetzt wird, weist in eine andere Richtung. Er ist abgeleitet aus dem Verb *gahada*, das „sich bemühen" bedeutet. Westliche islamische Autoren weisen heute darauf hin, dass *Dschihad* mit „Krieg" falsch übersetzt ist. In Wirklichkeit bedeute es das angestrengte Sich-Abmühen des gläubigen Menschen um die persönliche Vervollkommnung.[156] Blickt man jedoch in den Koran, dann ist aus dem Kontext ersichtlich, dass dort, wo von einem „Sich-Abmühen" die Rede ist – Paret gibt in seiner Übersetzung diese wörtliche Bedeutung mit an –, konkret immer der Krieg gemeint ist (z.B. Sure 8,72; 4,95). Gerade die Kennzeichnung der kriegerischen Tätigkeit als „Mühe", als ein „Sich-Abmühen" beinhaltet jedoch die angesprochene achsenzeitliche Wende in der Bewertung der Gewalt.

Gewalt, wie sie im Krieg ausgeübt wird, ist nach dem Koran nicht in sich selbst das Heilige, zu dem der Mensch im Kampf auf Leben und Tod aufsteigt, sondern sie ist eine mühsame Arbeit, für die der Mensch, der sie ausführt, den entsprechenden Lohn verlangen darf. Von diesem Lohn ist im Koran mehrfach die Rede: „Gott hat die Kriegführenden gegenüber denen, die daheim bleiben, mit gewaltigem Lohn ausgezeichnet, (mit besonderen) Rangstufen (die sie) von ihm (im Paradies zugewiesen bekommen) und Vergebung und Barmherzigkeit" (Sure 4,95 f.). Mehrfach sucht der Koran die Gläubigen durch den Hinweis auf den jenseitigen Lohn zur Kriegführung zu motivieren: „Ihr Gläubigen! Warum lasst ihr den Kopf hängen, wenn zu euch gesagt wird: 'Rückt aus (und kämpft) um Gottes Willen?' Seid ihr (denn) mit dem diesseitigen Leben eher zufrieden als mit dem Jenseits? Die Nutznießung des diesseitigen Lebens hat (doch) im Hinblick auf das Jenseits nur wenig zu bedeuten" (Sure 9,38). Er droht sogar mit schmerzhafter göttlicher Strafe, wenn der Gläubige dem Kriegsaufruf nicht folgt (Sure 9,39).

Gegenüber den stets kriegslüsternen und kampfbereiten Beduinen seiner Zeit ist diese Einstellung sicher neu. Aus Angst vor jenseitiger Strafe und aus Verlangen nach jenseitiger Belohnung in den Krieg zu ziehen, wertet das Kampfgeschehen als solches ab. Dieses hat seinen Sinn aus dieser Sicht nicht mehr in sich selbst, es ist nicht mehr die große, vom Mann ersehnte Möglichkeit, zum Helden zu werden, sondern es ist Mittel zum Zweck der Ausbreitung des Islam und zur Erringung des Paradieses. Gegenüber der archaischen Vergöttlichung der Gewaltausübung ist dies eine Profanisierung, eine Ent-Heiligung des Krieges, auch wenn er um der Religion willen und im Auftrag Gottes geführt wird.

Nicht einmal wenn der Gläubige im harten Kampf siegt, darf er sich zu heldischer Größe aufrichten. Analog zur biblischen Einstellung wird dem Gläubigen gesagt, dass dort, wo er gesiegt hat, nicht *er*, sondern *Allah* die siegreichen Waffen führte. Von der Schlacht an der Oase von Badr, wo die Moslems (im Jahre 627) gegen eine dreifache Übermacht der Mekkaner einen überwältigenden Sieg erkämpften, ist im Koran zu lesen: „Nicht *ihr* habt sie (die Ungläubigen, die in der Schlacht bei Badr gefallen sind) getötet, sondern Gott. Und nicht *du* hast jenen Wurf ausgeführt (oder: jenen [Pfeil-] Schuss abgegeben), sondern Gott" (Sure 8,17). Wo die Gläubigen siegen, kämpfen „Truppen (vom Himmel)", die nicht sichtbar sind (Sure 9,26; 9,40). Der kämpfende Muslim ist nur ein Werkzeug in der Hand Allahs, der durch ihn die Ungläubigen bestraft (Sure 9,14).

Der Krieg ist ein Instrument zur Ausbreitung des Islam im Auftrag *Allahs*. Die Welt ist zweigeteilt in das „Gebiet des Islam" *(dar al-islam)*, wo der Mensch mit Gott, den Mitmenschen und sich selbst in Frieden *(shalom)* lebt, und in das „Gebiet des Krieges" *(dar al-harb)*, wo es zu kämpfen gilt, bis auch dieser Teil der Welt zum *dar al-islam* geworden ist. Dabei soll jedoch kein Zwang zur Bekehrung ausgeübt werden, denn nach dem Koran gibt es in der Religion keinen Zwang (Sure 2,256). Vor allem bei den Schriftbesitzern (Juden und Christen) genügt es, sie zur Zahlung von Tribut zu verpflichten, mit dessen Hilfe wieder weitere Kriegszüge finanziert werden können. So entsteht als eine Art Zwischengebiet auch ein „Gebiet des Vertrags" *(dar al-suhl)*. Doch letztes Ziel ist es, die ganze Welt zum *dar al-islam* zu machen. Darum – auch mit Krieg – sich zu bemühen, ist *Dschihad*, „Heiliges Sich-Abmühen". Es ist klar, dass in dieser Einstellung latent stets ein hohes Gewaltpotenzial steckt, das besonders dann virulent wird, wenn es auf andere – heute etwa auf US-amerikanische Bestrebungen – trifft, ihre „weltliche", als demokratisch-freiheitlich proklamierte Lebenshaltung über den Erdball auszubreiten. Es liegt dabei auch nahe, dass dort, wo der Islam auf solche Konfrontation stößt, die durch den Koran initiierte Profanisierung des Krieges wieder vergessen wird und neu das archaische Helden- und Kriegerpathos aufbricht; es begegnet uns heute im Terror islamischer Selbstmordattentäter (vgl. Kap. C.II.3).

Der gewaltige Gott: Das im islamischen Gottesverständnis enthaltene Gewaltpotenzial

Der Muslim lebt in engem Kontakt zu seinem Gott. Fünfmal am Tag – zu gleich bleibenden Tageszeiten – wirft er sich im Gebet vor ihm zu Boden. Im Fastenmonat verzichtet er von Sonnenaufgang bis Sonnenuntergang auf Essen und Trinken. Im Koran begegnet ihm unmittelbar Gottes Wort. Sein Leben ist darauf ausgerichtet, wenigstens einmal vor dem Tod zu den heiligen Stätten nach Mekka zu pilgern. Alle seine Lebensregungen sind vom Gottesgedanken durchtränkt; eine Tradition sagt, dass *Allah* dem Menschen näher ist als seine eigene Halsschlagader.

'Sage mir deinen Gott, und ich sage dir, wer du bist.' Bewirkt der Umgang mit Allah ein latentes Gewaltpotenzial im Menschen?

Jede der 114 Suren des Koran – mit Ausnahme der mit „Buße" überschriebenen Sure 9 – beginnt mit den Worten: „Im Namen des barmherzigen und gnädigen Gottes." Tatsächlich ist der Gnade und Barmherzigkeit *Allahs* im Koran ein breiter Raum gewidmet: „Gott ist es, der Himmel und Erde geschaffen hat und der vom Himmel Wasser herabkommen ließ und dadurch, euch zum Unterhalt, Früchte hervorbrachte. Und er hat die Schiffe in euren Dienst gestellt; damit sie – auf seinen Befehl – auf dem Meer fahren, ebenso die Flüsse, desgleichen die Sonne und den Mond (die beide) voller Eifer (ihre Bahn durchlaufen), und den Tag und die Nacht. Und er hat euch allerlei gegeben, worum ihr ihn batet. Wenn ihr die Gnade Gottes (im Einzelnen) errechnen wollt, könnt ihr sie (überhaupt) nicht zählen" (Sure 14,32–34). *Allah* heilt den Menschen, wenn er krank ist, er lässt ihn sterben und macht ihn bei der Auferstehung wieder lebendig, und am Tag des Gerichts vergibt er dem Gläubigen seine Sünde (vgl. Sure 26,77–82). Er bereitet ihm im Jenseits „Gärten der Wonne", wo die Gläubigen auf golddurchwirkten Ruhebetten einander gegenüberliegen und von ewig jungen Knaben mit köstlichem Wein, der nicht betrunken macht, und mit Früchten und feinsten Speisen bewirtet werden. „Und großäugige *Huris* (haben sie zu ihrer Verfügung), (in ihrer Schönheit) wohl verwahrten Perlen zu vergleichen, (dies) zum Lohn für das, was sie (in ihrem Erdenleben) getan haben. Sie hören darin (d.h. in den Gärten der Wonne) kein (leeres Gerede) und keine Versündigung, sondern nur das (Gruß-)Wort 'Heil! Heil!'" (Sure 56,12–26).

Der Umgang mit diesem barmherzigen und segensreichen Gott motiviert den Muslim, auch seinen Mitmenschen gegenüber barmherzig und sozial zu sein. Die *zakat*, die Almosensteuer, gehört zu den fünf Säulen des Islam; in ihr drücken sich unmittelbar Gottesfurcht und Unterwerfung unter *Allah* aus (vgl. Sure 7,156). Über diese Pflichtabgabe hinaus soll jeder Muslim das, was er als „Überschuss" hat, als Almosen geben (Sure 2,219). Diese Gelder sind für Arme, Bedürftige, Kranke, Waisen und „Söhne des Weges" (d.h. Pilger und Reisende) bestimmt; ausdrücklich sollen sie nach dem Koran auch für den „Loskauf von Sklaven" verwendet werden (Sure 9,60). Auch die Forderung des Koran, Schutzsuchenden Asyl zu gewähren, selbst wenn es sich dabei um Heiden handelt, erfließt aus dem Verständnis *Allahs* als des „Allerbarmers": „Wenn einer von den Heiden dich um Schutz angeht, dann gewähre im Schutz, damit er das Wort Gottes hören kann! Hierauf lass ihn unbehelligt dahin gelangen, wo er in Sicherheit ist" (Sure 9,6). Diese humane und soziale gesellschaftliche Praxis im Islam steht allerdings im Widerspruch zu den schweren, teilweise auch körperlichen Strafen, die in islamischen Ländern verhängt werden. Auch die harte Kriegführung, die an manchen Stellen des Koran gefordert wird, widerspricht *Allah* als dem „Allerbarmer".

Das Gottesverständnis des Islam ist zwiegesichtig. Unmittelbar vor der Forderung, den Heiden Asyl zu gewähren, steht der Vers: „Und wenn nun die heiligen Monate abgelaufen sind, dann tötet die Heiden, wo (immer) ihr sie findet, greift sie, umzingelt sie und lauert ihnen überall auf! Wenn sie sich aber bekehren, das Gebet verrichten und die Almosensteuer geben, dann lasst sie ihres Weges ziehen! Gott ist barmherzig und bereit zu vergeben"

(Sure 9,5). Die Gnade und Barmherzigkeit Gottes ist abhängig von der Gläubigkeit des Menschen. „Und (lasst euch gesagt sein) (oder: das geschieht euch darum), dass die Ungläubigen (dereinst) die Strafe des Höllenfeuers zu erwarten haben" (Sure 8,14). Die Zweiteilung der Menschen in Gläubige und Ungläubige korrespondiert mit Paradies und Hölle: „Gott will (auf diese Weise) das Schlechte vom Guten scheiden und das Schlechte aufeinander tun und alles zusammenhäufen und in die Hölle bringen" (Sure 8,37). Das Höllenfeuer ist für die Ungläubigen unausweichlich. Auch wenn es ihnen auf Erden gut geht, ist diese Strafe für sie bestimmt. Es klingt fast etwas sadistisch, wenn *Allah* im Koran sagt: „Wer aber ungläubig ist, den lasse ich (die Güter dieser Welt) ein wenig genießen. Hierauf weise ich ihn unweigerlich in die Strafe des Höllenfeuers ein – ein schlimmes Ende" (Sure 2,126). Den Ungläubigen soll der Muslim sagen: „Genießet (euer Dasein noch eine kurze Weile)! Enden werdet ihr im Höllenfeuer" (Sure 14,30). Dabei werden die Höllenstrafen detailliert geschildert: „Der Saqqum-Baum ist (in der Hölle) die Speise des Sünders. (Er ist mit seinen Früchten) wie flüssiges Metall und kocht im Bauch (der Sünder, die davon gegessen haben), wie heißes Wasser kocht. (Den Höllenwärtern wird zugerufen:) 'Greift ihn (d.h. den zur Höllenstrafe Verdammten) und befördert ihn mitten in den Höllenbrand!' Hierauf gießet ihm zur Strafe heißes Wasser (w. [etwas] von der Strafe des heißen Wassers) über den Kopf (mit den Worten): Jetzt bekommst du es zu spüren" (Sure 44,43–49).

Die Scheidung der Menschen in Gläubige (und spätere Paradiesbewohner) und Ungläubige (die später unweigerlich in der Hölle schmoren) enthält ein großes Gewaltpotenzial. Wenn islamistische Attentäter im Rahmen des von ihnen geführten „Heiligen Krieges" unschuldige Zivilisten, etwa die Besucher eines Kaufhauses oder eines Cafés, bei ihren Anschlägen in die Luft sprengen, dann sind sie von dem Gedanken geleitet, dass es sich bei allen Getöteten um Ungläubige handelt, die sowieso unweigerlich für die Hölle bestimmt sind, so dass es wenig ausmacht, ob sie etwas früher oder später im Höllenfeuer landen. So wie *Allah* auf vielen Seiten des Koran unbarmherzig die Höllenstrafe über die Ungläubigen verhängt, so soll auch der Gläubige hart gegen sie vorgehen: „(Setze den Ungläubigen und den Heuchlern heftig zu) und sei hart gegen sie! Die Hölle wird sie (dereinst) aufnehmen" (Sure 9,73).

In der Motivation islamistischer Terroristen sind diese Koranverse unmittelbar lebendig. „Wenn du deine Tat beginnst, schlage hart wie ein Held zu, [...] schlag sehr hart in das Genick, in dem Wissen, dass der Himmel auf dich wartet [...]", ist in der *Spirituellen Anleitung für den Selbstmordanschlag auf das World Trade Center* zu lesen, die man in der am Flughafen liegen gebliebenen Reisetasche des Selbstmordattentäters Mohammed Atta gefunden hat und die „Der Spiegel“ veröffentlichte.[157] Auch die Unterscheidung zwischen Gläubigen und Ungläubigen ist in dem Papier stark ausgeprägt.

Die erste grundlegende „Säule“ des Islam ist das Bekenntnis zu *Allah* als dem alleinigen Gott. *La illaha illa-llah, muhammad rasul 'llah* ist das Gebet, das der Moslem fünfmal am Tag spricht und das ihm noch ins Grab nachgerufen wird. Es bedeutet wörtlich übersetzt: „Es gibt keinen *El* (*ilah*) außer *Allah* (*la ilah*), Mohammed ist sein Prophet.“ Hier ist deutlich *El* zuerst abstrakt im Sinne von „Gottheit“ gebraucht und dann, enthalten in *Allah*, als Eigenname: „Es gibt keine Gottheit außer *Allah*.“ Der uralte, in archaische Zeit zurückreichende semitische Hochgott *El*, den Sanchunjaton mit dem griechischen Gott *Kronos* gleichsetzte, ist der einzige Gott.

Die heute intensiv diskutierte Frage, ob der Monotheismus, wie er für die Abrahamreligionen kennzeichnend ist, ein besonderes Gewaltpotenzial in der Welt der Religionen darstellt, soll im Anschluss an den Islam in einem eigenen Kapitel behandelt werden. Allerdings ist hier schon zu sagen: Eine befreiende rückhaltlose Hingabe des Menschen an den persönlichen Gott, die inneren und äußeren Frieden bringt, ist nur im monotheistischen Denken möglich. Gibt es mehrere Gottheiten, kann sich der Mensch niemals sicher sein, ob er sich in seinen verschiedenen Nöten an den „richtigen“ Gott, der ihm helfen kann und helfen will, gewandt hat. Er muss sich jonglierend zwischen den einzelnen Gottheiten bewegen.

Ob der im Monotheismus erreichbare innere Friede – *Islam* im Sinne von *shalom* – auch nach außen hin zu Gewaltfreiheit führt, hängt allerdings vom Wesen und Charakter des Gottes ab, der als alleinige Gottheit verehrt wird, sowie von den Motiven, die zur Verehrung dieser einen Gottheit führen. *Allah*, dessen Name auf den semitischen Hochgott *El* zurückverweist, ist von diesem seinem Ursprung her wesentlich der „Gewaltige Gott“: „Er ist der Erhabene und Gewaltige“ (Sure 2,255). Er ist in seiner Allgewalt unbegrenzt: „Sag: Herr, Gott, der du über die Herrschaft verfügst! Du gibst die Herrschaft, und du entziehst sie, wem du willst. Du machst mächtig und du machst niedrig, wen du willst [...] du hast zu allem die Macht“ (Sure 3,26). Willkürlich bestimmt er die einen zur Hölle und die anderen zum Paradies: „Gott führt nun irre, wen er will, und leitet recht, wen er will. Er ist der Mächtige und Weise“ (Sure 14,4). „Die Frevler führt er irre. Gott tut, was er will“ (Sure 14,27). Seine Allmacht ist Willkür. Was er fordert, muss getan werden; es kann an keinem von ihm unabhängigen ethischen Maßstab gemessen werden. Wenn von den Gläubigen die Ausweitung des Gebiets des

Islam *(dar al-islam)* durch Krieg von Allah gefordert wird, dann sind die Ungläubigen – auf welche Weise auch immer – zu bekriegen. Entsprechend der Mehrdeutigkeit des islamischen Gottesbildes kennt die islamische Tradition jedoch auch ein tolerantes Gottesverständnis. Die Tradition vom Islam als der „Religion der Schöpfung" führt diesen Aspekt des islamischen Gottesbegriffs aus: *Islam* als fraglose Unterordnung der gesamten Schöpfung unter den Willen *Allahs* umfasst – als dessen Geschöpfe – auch die Ungläubigen.

Diese weit gespannten Aspekte des islamischen Gottesverständnisses ermöglichen beides: Gewaltfreiheit und Frieden einerseits und terroristische Gewalt andererseits. Da, wie oben aufgezeigt, der Islam von seiner Entstehungssituation her an der Schnittstelle von archaischer Gewaltreligion und achsenzeitlicher Wende liegt, besteht die Gefahr, dass von ihm aus Menschen wieder in die archaische Gewaltreligiosität zurückfallen. Wir erleben das in unserer Zeit in den Terrorakten islamistischer Gewalttäter.

Islamische Selbstmordattentäter: Rückfall in archaische Gewaltreligiosität

Der internationale Terrorismus, dem die Weltmacht USA seit dem Terroranschlag am 11. September 2001 den Krieg erklärt hat, wird fast ausschließlich von islamischen Gruppen wie den palästinensischen Milizen *Hamas* und *Islamischer Dschihad* sowie den *Al-Aksa-Brigaden* und vor allem der Terrorgruppe *Al-Kaida* ausgeübt. Am gefährlichsten, unberechenbarsten und durch Schutzmaßnahmen kaum zu verhindern sind die in diesen Gruppen tätigen Selbstmordattentäter. Seit den Anschlägen vom 11. September 2001 ordnet man sie global in die Kategorie „Verbrecher" ein und verlangt ihre möglichst baldige Festnahme und Bestrafung. Nach den Anschlägen in Saudi-Arabien, die an die 40 Menschenleben forderten, sprach der amerikanische Präsident George W. Bush von „feigen Kriminellen", die bald die amerikanische Justiz kennen lernen würden, und erntete dafür stürmischen Applaus.

Gewiss handelt es sich bei diesen Attentätern um Schwerverbrecher, die möglichst rasch gefunden und hinter Schloss und Riegel gebracht werden müssen, ehe sie geplante Terrortaten verüben; ob sie jedoch, wenn sie sich mit ihren Opfern selber in die Luft sprengen, mit dem Adjektiv „feige" zutreffend charakterisiert sind, ist eine offene Frage. Ebenso fragwürdig ist es, ob die von ihnen ausgeübte brutale Gewalt strategisch wirksam durch staatliche Gegengewalt bekämpft werden kann. Gewalt ist für diese Menschen das Heilig-Göttliche, das sie unter Aufopferung ihres Lebens immer neu gegenüber der profanen militärischen Allgewalt der „Ungläubigen“ aufrichten; diese profane Gewalt fordert sie zu ihrer „heiligen Gewalttat“ heraus. Im Sinne der archaischen, das Göttliche als Gewalt verehrenden Religiosität handelt es sich bei diesen Verbrechern um tief religiöse Menschen. Als solchen gilt es ihnen entgegenzutreten. Dazu ist es notwendig, in der Religionsgeschichte nach parallelen Erscheinungen zu suchen und den Nährboden aufzudecken, aus dem solche Verbrechen herauswachsen; erst von daher sind sie wirkungsvoll zu bekämpfen.

Am stärksten verwandt mit dem Phänomen sind wohl die japanischen *Kamikaze*-Piloten, die sich gegen Ende des Zweiten Weltkrieges in von der Heeresleitung strategisch geplanten Aktionen mit ihren mit Sprengstoff gefüllten Flugzeugen auf ein feindliches Schiff oder in eine Truppenansammlung des Gegners stürzten. In Japan hat diese Art der Kriegsführung ihre Vorgeschichte im Verhaltenskodex der schon erwähnten Kriegerkaste der *Samurai.* Diese Gruppe bildete nach und nach große klanähnliche Organisationen, die die alte Aristokratie ersetzten und in der japanischen Gesellschaft eine politisch vorherrschende Stellung einnahmen. Die mittelalterlichen Erzählungen von diesen Kriegern glorifizieren Heldentum, Mut, Ehre und Treue gegenüber dem Kriegsherrn. Es entwickelte sich der sogenannte *Bushido*, der Moralkodex der Samuraiklasse. Das hervorstechende Element dieses Kodex bestand darin, unter allen Umständen eine Gefangennahme durch den Gegner zu vermeiden. Sich fremden Händen auszuliefern und auf die eigene Verfügungsgewalt, vor allem auf die Handhabung der eigenen Waffen, zu verzichten, empfand der *Samurai* als schlimmstes Unglück. Um es zu vermeiden, praktizierte er *seppuku*, volkstümlich auch *harakiri* genannt, d.h. ein rituelles Aufschlitzen des *hara*, der Region unterhalb des Bauches, von der man glaubte, sie sei das vitale Zentrum des Lebens und der Beherrschung des eigenen Selbst.

Der *Samurai* war ein gefürchteter Selbstmord-Kämpfer. „Ehre“, Verfügungsgewalt über die eigenen Waffen und damit über Leben und Tod – und sei es auch nur gegenüber sich selbst – war ihm wichtiger als das Leben. Im *seppuku* demonstrierte er seinen bleibenden Kriegerstatus auch noch im Tod. Auch hier war eine starke religiöse Komponente mit im Spiel. Der Kriegerstatus war vorgeschichtlich der Raubtier-Status, innerhalb dessen sich der Mensch als göttliches Wesen fühlen und bewegen konnte. Wie oben (Kap. A.IV) aufgezeigt, konnte im Rahmen archaischer Blutrache der Rächer den neu zu demonstrierenden Jäger- und Kriegerstatus der eigenen Sippe auch durch Selbstmord zur Erscheinung bringen. Zum Ehrenkodex der *Samurai* gehörte es auch, dem Feudalherrn, der für seinen Lebensunterhalt sorgte, bedingungslose Gefolgschaft zu leisten, auch wenn der eigene Tod damit verbunden war. Dies erinnert an die kriegerische Solidarität in den archaischen Krieger- und Männerbünden.

Auch bei den *Kamikaze*-Piloten des Zweiten Weltkrieges war dieses archaisch-religiöse Element lebendig. Ähnlich wie die islamischen Selbstmord-Brigaden banden sich die *Kamikaze*-Piloten nach dem Vorbild der *Samurai*-Krieger weiße Tücher um Hals und Stirn, um dadurch ihre Bereitschaft zum Kriegertod zu demonstrieren. Teilweise griffen sie auf die Einstellung des *Zen*-Buddhismus zurück, wonach der Tod keine größere oder geringere Bedeutung als jedes andere Ereignis des Lebens hat. Bedingungslose Gefolgschaft gegenüber dem als Gott verehrten Kaiser, ihrem obersten Gefolgsherrn, war starkes Motiv ihres Handelns. Persönlich wurden sie vom *Tenno*, dem Gottkaiser, mit ihrer tödlichen Aktion beauftragt, und es wurde ihnen versichert, dass die Seelen von Kriegern, die im Gehorsam gegenüber dem Gottkaiser sterben, auf alle Fälle in den *Shinto-Yasukuni*-Schrein, d.h. in das Land des Friedens aufgenommen werden. „Wir sehen uns in *Yasukuni*" riefen sich die japanischen Soldaten vor dem Sturmangriff gegenseitig zu.

Im Islam gab es schon in frühester Zeit aufständische Gruppen, die ihren Lebensunterhalt nach Art von Kriegerbanden durch Raubüberfälle oder Beschlagnahme von Lebensmitteln bestritten. Sie setzten sich aus Nomaden zusammen, die nach Art der kriegerischen Stämme Nordarabiens die Angehörigen aller anderen Stämme, wenn sie nicht gerade mit ihnen verbündet waren, für ihre potentiellen Feinde hielten, deren Blut vergossen werden durfte. Vor allem die sog. *Azraqiten*[158] schreckten vor Plünderung, Brandschatzung und Massenmord nicht zurück. Muslime, die nicht wie sie in den Kampf gegen die Ungläubigen zogen, verstießen ihrer Meinung nach gegen ein göttliches Gebot und waren deshalb selbst Ungläubige. Als solche waren sie nach dem Koran für die Hölle bestimmt und konnten rechtmäßig beraubt und getötet werden. Dies galt auch für Frauen und Kinder, da diese als Angehörige der Ungläubigen selbst Ungläubige waren. Wie sehr sich die Gruppe durch Gewaltanwendung definierte, lässt sich daraus ersehen, dass das Aufnahmeritual darin bestand, dass man dem Aufzunehmenden einen Gefangenen zur Tötung übergab. Nach heutigem rechtlichem Verständnis handelt es sich bei diesen Gruppen zweifellos um terroristische Verbrecherbanden. Dabei kann aber nicht bestritten werden, dass das Verbrechertum und der Terrorismus dieser Gruppen mit einem starken religiösen Glauben verbunden waren. Sie betrachteten ihre Gewalttaten als von *Allah* im Rahmen des *Dschihad* befohlene kriegerische Handlungen.

An dieser Stelle wird deutlich, wie stark der Islam, obwohl erst im 7. Jahrhundert entstanden, bei den kriegerischen nordarabischen Nomadenstämmen wirklich an der Schnittlinie zwischen vorachsenzeitlich-archaischer Gewaltreligiosität und ihrer achsenzeitlichen Überwindung angesiedelt ist. Es wird deutlich sichtbar, dass es sich bei der religiösen Einstellung dieser Gruppen nicht um wirklichen Islam, nicht um ein rückhaltloses Sich-Ergeben in den Willen *Allahs*, sondern um die Nachahmung des archaisch verehrten Raubtiergottes handelt. Auch in ihrer gewaltorientierten geheimbundartigen Gruppensolidarität erinnern sie an archaische Männer- und Kriegerbünde und deren martialische Initiationsriten.

In besonderer Weise trifft dies auch auf die sog. *Assassinen* zu, eine ismailitische Sekte, die zur Zeit der Kreuzzüge gegründet wurde. Sie errichtete Bergfestungen im Iran, von wo aus sie ihre Leute zur Ausübung von Meuchelmorden ausschickte, bei denen der Täter in der Regel damit rechnen musste, selbst gefasst und getötet zu werden. Der Anführer der Sekte, der sich in einer der Bergfestungen versteckt hielt, wurde „der Alte vom Berg" genannt. Er war eine von einem religiösen Nimbus umgebene, mythische Gestalt, heute vergleichbar dem beinahe schon legendären Osama Bin Laden, von dem man annimmt, dass bei ihm – falls er überhaupt noch lebt – die Fäden des islamistischen Terrors zusammenlaufen. Erst im 13. Jahrhundert wurden die *Assassinen* von den einfallenden Mongolen in ihren Bergfestungen besiegt.

Nochmals gilt es zu betonen: Die Raub-, Mord- und Terrorgruppen der beschriebenen Art sind – entgegen unserem christlich-abendländischen Verständnis von Religion – *religiös motiviert.* Sie gewinnen ihr Selbstverständnis und ihre Identität aus religiösen Wurzeln und Zusammenhängen, wobei sie der Meinung sind, der Islam böte ihnen dazu den geeigneten Rahmen. Dies ist jedoch nicht der Fall. Der Islam, wie ihn Mohammed begründete und wie der Koran als Ganzes genommen ihn ausdrückt, ist schon seinem Namen nach – Hingabe an *Allah* und Hoffen auf seine Barmherzigkeit – von grundsätzlich anderer Geisteshaltung als sie in solchen Mord- und Terrorgruppen zum Ausdruck kommt. Mohammed hat selbst eine Offenbarung darüber empfangen, dass die kriegerischen beduinischen Nomadenstämme, wenn sie islamisch werden, ihre gewaltreligiöse archaische Geisteshaltung dabei nicht aufgeben. In Sure 49,14 heißt es: „Die Beduinen sagen: 'Wir sind gläubig.' Sag: Ihr seid nicht (wirklich) gläubig. Sagt vielmehr: 'Wir haben den Islam angenommen!' (Denn) der Glaube ist euch noch nicht ins Herz eingegangen."

Die genuin islamische Geisteshaltung drückt sich auch darin aus, dass von ihr der Selbstmord abgelehnt wird. Die entsprechende Stelle im Koran:

„Tötet euch nicht selbst" (Sure 4,29), kann zwar auch als Aufforderung verstanden werden, nicht die eigenen Glaubensgenossen umzubringen (vgl. die Übersetzung von Paret), aber ein *Hadit*, ein überlieferter Ausspruch Mohammeds, ist eindeutig: „Jeder, der sich von einer Klippe wirft und Selbstmord begeht, wirft sich selbst in das Feuer der Hölle. Jeder, der Gift trinkt und Selbstmord begeht, wird dieses Gift für immer im Feuer der Hölle trinken. Jeder, der sich selbst mit einer Waffe tötet, wird diese Waffe halten und sich für immer im Feuer der Hölle erstechen."[159] Islam, Ergebung in *Allahs* Willen, heißt, alles was *Allah* gibt, ergeben und dankbar aus seiner Hand anzunehmen, in erster Linie das eigene Leben. Dass es unter den heutigen islamischen Rechtsschulen und Rechtsgelehrten trotzdem auch Stimmen gibt, die das Tun islamistischer Selbstmordattentäter als Märtyrerhandlung beurteilen – so etwa der in Katar lehrende ägyptische Rechtsgelehrte Jussif El Kardawe –, ist aus der hasserfüllten kriegerischen Spannung zu verstehen, in der die Palästinenser dem Staat Israel und der mit Israel verbundenen westlichen Welt gegenüberstehen. Abdelaziz El Scheich, der Mufti von Saudi-Arabien, sieht dagegen in den Selbstmordattentätern keine Märtyrer, sondern Sünder, und der Scheich Mohammed Said Tantawe, das Oberhaupt der richtungweisenden Al-Azar-Universität in Kairo, sagt, ein selbstmörderischer Einsatz im Krieg sei zwar erlaubt, aber es sei verboten, Kinder, Frauen und Alte mit in den Tod zu reißen.

Der *Islam* ist eine nachachsenzeitliche Religion, die von ihrem Ansatz aus die archaische Verehrung der Gewalt als des Heiligen überwindet. Allerdings enthält er, wie aufgezeigt, noch Elemente, die es islamistischen Terrorgruppen ermöglichen, zwar den Kern der islamischen Geisteshaltung auszublenden, sich dabei aber doch als islamisch zu identifizieren. Zu diesen Elementen gehört zunächst die in allen Abrahamreligionen lebendige Verherrlichung des Märtyrertums. Auch im Judentum blieb der Selbstmord der Überlebenden im Römisch-Jüdischen Krieg auf der Festung Masada, die sich selbst in den Abgrund stürzten, bis heute ein Vorbild. Und in der christlichen Liturgie wird die Bedeutung des Kreuzestodes Jesu als eines freiwilligen blutigen Selbstopfers hervorgehoben, obwohl sich mehrere andere Interpretationen des Todes Jesu in den Evangelien finden;[160] entsprechend ausgeprägt war auch die Hochschätzung der Märtyrer im frühen Christentum. Der Islam nimmt die gleiche Haltung ein: Der Märtyrer ist ein *Sahid*, der durch seinen Tod für Gott Zeugnis ablegt und dafür im Paradies den höchsten Rang ganz nahe am Throne Gottes einnimmt. Vor allem im schiitischen Islam hat das Martyrium einen hohen Stellenwert. Hier gibt es auch die rituelle Selbstgeißelung, durch die der Muslim seine Bereitschaft zum Martyrium zeigt. Die in dieser Religiosität zum Ausdruck kommende Missachtung von Schmerzen und Tod ist ein Element der Kriegerideologie aller Zeiten und aller Völker; sie hat ihre Wurzeln in der archaischen Gewaltreligiosität.

Auch der islamische Gottesbegriff enthält, wie oben aufgezeigt, noch Elemente dieser archaischen Religiosität. *Allahs* willkürlich ausgeübte Allmacht, seine immer wieder plötzlich hervorbrechende Höllendrohung und sein wiederholter Aufruf zum *Dschihad* (auch im Sinne des wirklichen Krieges) fordern zwar einerseits die bedingungslose Unterwerfung und Anheimgabe, regen andererseits aber auch dazu an, im Umgang mit Menschen, die als Feinde *Allahs* betrachtet werden, ähnlich zu verfahren. Hier fällt vor allem die unmenschliche Trennung der Menschen in Gläubige und Ungläubige ins Gewicht. Infolge des Nahost-Konflikts und der liberalen Einstellung vieler Juden und Christen werden auch diese „Schriftbesitzer" mehr oder weniger generell zu den „Ungläubigen" gerechnet. Sie durch selbstmörderische Attentate zu bekämpfen und zu töten, kann dann von den radikal-islamistischen Gruppen als Ausbreitung des *dar al-islam* durch den *Dschihad* und damit als Auftrag Gottes verstanden werden.

Große Bedeutung hat dabei auch die scharfe Trennung zwischen Diesseits und Jenseits und die religiöse Abwertung des diesseitigen Lebens. Von Ali, dem Vetter und Schwiegersohn Mohammeds, der von den Schiiten als erster rechtmäßiger Nachfolger Mohammeds anerkannt wird, aber auch in sunnitischen Quellen eine bedeutende Rolle spielt, ist der Ausspruch überliefert: „Die Welt ist Unrat, wer immer ein Stück von ihr will, muss damit zufrieden sein, mit Hunden zu leben; gesegnet sind die, die die Welt verneinen und nur nach der zukünftigen Welt streben."[161]

Bedenkt man die hier skizzierten archaisch-religiösen Hintergründe islamistischer Terrorgruppen, ist es sehr fraglich, ob Krieg und Demonstration staatlicher Gewalt das richtige Mittel sind, diese Art von Terrorismus zu bekämpfen. Denn dessen religiös geprägte Kriegerideologie wird durch einen von staatlicher Seite erklärten Krieg noch mehr herausgefordert und gestärkt. Geduldige Aufklärung, gerade auch über das eigentliche Wesen des Islam, und eine streng im Rahmen der Rechtsstaatlichkeit bleibende Verfolgung der begangenen Verbrechen könnten den Sumpf des religiös motivierten Terrorismus eher austrocknen.

4. Der biblische Monotheismus – eine Quelle von Intoleranz und Gewalt?

Unter den heutigen fünf großen Weltreligionen haben zweifellos das Christentum und der Islam am stärksten Gewalt in der Geschichte ausgeübt. Das Judentum war nie eine Weltmacht, von der solche Gewalt hätte ausgehen können; doch auch hier ist der Monotheismus von Gewaltfantasien und von einer extrem inhumanen innerisraelitischen Gesetzgebung begleitet. So legt sich die Frage nahe, ob nicht der in den drei Abrahamreligionen gegebene biblische Monotheismus die Quelle der teilweise extremen religiösen Intoleranz und Gewalt darstellt.

Zur postmodernen Infragestellung des biblischen Monotheismus

Im Zuge des postmodernen Pluralismus und der von ihm geforderten Toleranz ist der Monotheismus schon seit längerer Zeit in die Kritik geraten. Schon 1978 sang der Freiburger Philosoph Odo Marquard auf einer Philosophentagung in Berlin ein Loblied auf den Polytheismus.[162] Auch neonazistische und zum Teil antisemitische Stimmen mischen sich in die Auseinandersetzung.[163] In jüngster Zeit hat vor allem der in seinem Fach sehr angesehene Ägyptologe Jan Assmann durch seine Kritik des biblischen Monotheismus Aufsehen erregt.[164] Sogar Joseph Kardinal Ratzinger, der Präfekt der römischen Glaubenskongregation, hat dazu Stellung genommen.[165]

Assmann geht von der Götterwelt des alten Ägypten aus. Die vielen Gottheiten repräsentieren für ihn den Kosmos in seinem Reichtum und seiner Vielfalt. Dabei bringen die Gottheiten anderer Völker und anderer Religionen auf je ihre Weise dieselben Elemente zum Ausdruck, sodass es möglich ist, sie ineinander zu übersetzen. Nach Sanchunjaton entsprach, wie oben dargestellt, dem kanaanitischen *El* in der Religion der Griechen der Himmelsgott *Kronos*. Die Römer holten die Gottheiten der von ihnen eroberten Völker in ihr eigenes Pantheon. Es gab dabei keinerlei „Eifersucht", wie sie vom biblischen Gott mehrfach berichtet wird (vgl. Ex 34,14; Dtn 4,24; 5,9; Jos 24,19 u.ö.). Religionskriege waren für Assmann in dieser Welt undenkbar. Es gab keine Götter, die man nicht anbeten durfte, und keine Unterscheidung zwischen „wahrer" und „falscher" Religion. Der Mensch war „symbiotisch" in seiner von den Göttern durchwalteten Welt beheimatet und dachte nicht an eine gewaltsame Ausbeutung der Natur. Moses ist für

Assmann die Chiffre, unter der die Bibel die intolerante Unterscheidung zwischen dem *einen* wahren Gott und den anderen falschen Göttern erzählt. Er sieht darin eine Art „Ursünde" der Religionsgeschichte, durch die religiöse Intoleranz und Gewalt in die Menschheitsgeschichte eingedrungen sind.

Um sachgerecht auf diese postmoderne Kritik des biblischen Monotheismus antworten zu können, gilt es, dessen geschichtliche Entstehung und seine dadurch gegebene Eigenart zu vergegenwärtigen. Es war nicht, wie die Chiffre „Moses" es zum Ausdruck bringt, eine von einem einzelnen Religionsgründer getroffene Entscheidung, sondern ein Jahrhunderte dauernder Prozess, der in Israel den Monotheismus hervorbrachte. Erst in der exilischen und nachexilischen Zeit – also ab dem 6. Jahrhundert v. Chr. – war er voll ausgeprägt. Rückwirkend wurde er dann mit der Gestalt des Moses verbunden. Wie die Erzählung von der Kultreform des Königs Joschija (der in der zweiten Hälfte des 7. Jahrhunderts v. Chr. Juda regierte) zu erkennen gibt (vgl. 2 Kön 22 und 23), wurden vor dieser Reform im Jerusalemer Tempel auch Kultgegenstände anderer Gottheiten aufbewahrt; ja sogar Tempelprostitution scheint es gegeben zu haben (vgl. 2 Kön 23,7), und im ganzen Land wurden an Heiligtümern Fruchtbarkeitsgottheiten verehrt, denen eine eigene Priesterschaft zugeordnet war; auch von Kindesopfern nach kanaanitischem Vorbild ist die Rede (vgl. 2 Kön 23,10). Die Reform Joschijas hatte keinen dauerhaften Erfolg; schon unter seinem Nachfolger Joahas wurden auch wieder andere Gottheiten verehrt (vgl. 2 Kön 23,32).

Jahwe wurde also jahrhundertlang innerhalb einer polytheistischen Religiosität verehrt. Im Buch Hiob (vgl. Ijob 1,6) und in Psalm 82 tritt Jahwe bzw. *Elohim* innerhalb einer Götterversammlung auf. In diesen Jahrhunderten herrschte in Israel nicht ein Monotheismus (im heutigen Sinn des Wortes), sondern eine Monolatrie bzw. ein Henotheismus, d. h. die Verehrung – „offiziell" – nur des einen Gottes *Jahwe* unter mehreren vorhandenen Gottheiten. Erst in der Zeit des babylonischen Exils und in der nachexilischen Zeit steigerte sich dieser Henotheismus zum exklusiven – sich aggressiv aus der damaligen Welt der Religionen ausgrenzenden – Monotheismus. Der Paderborner Alttestamentler Bernhard Lang erklärt diese Entwicklung aus dem Kriegsgeschehen.[166] Im Vorderen Orient war es ein alter ritueller Kriegsbrauch, im Kriegsfall nur noch den Kriegsgott als einzige Gottheit zu verehren und anzubeten und alle anderen Gottheiten darüber – zeitweise – zu „vergessen". Die sogenannten „Richter", die nach den biblischen Erzählungen aus dem Buch der Richter beim Einfall fremder Völkerschaften ein Kriegsheer zusammenstellten und damit die Gefahr abwehrten, sahen nach Lang in *Jahwe* ihren Kriegsgott und forderten für die

Zeit des Krieges dessen alleinige Verehrung. Den – persönlich gedachten – Kriegsgott durch Verehrung auch einer anderen Gottheit zu erzürnen, war „Hochverrat", der den Untergang des eigenen Volkes zur Folge haben konnte, und wurde entsprechend mit höchster Strafe bedroht und geahndet. In Friedenszeiten konnten die Menschen dann wieder zum Polytheismus zurückkehren.

Als sich gegen Ende des 7. Jahrhunderts v. Chr. der strenge exklusive Monotheismus der Bibel als bleibende Haltung und Überzeugung herausbildete, war die Existenz des jüdischen Volkes aufs Äußerste bedroht. 722 war das Nordreich Israel von den Assyrern erobert worden und unter dem israelitischen König Manasse (699–643 v. Chr.) drangen – nicht zuletzt wohl unter assyrischem Einfluss – starke polytheistische Elemente in Israel ein. „Er baute", heißt es, „die Kulthöhen wieder auf, die sein Vater Hiskija zerstört hatte, errichtete Altäre für Baal, ließ einen Kultpfahl anfertigen [...] warf sich vor dem ganzen Heer des Himmels nieder und diente ihm" (vgl. 2 Kön 21,1–18). Israel drohte im assyrischen Reich aufzugehen. Die Kultreform König Joschijas hatte keinen dauerhaften Erfolg. Seit dem Ende des 7. Jahrhunderts bedrohte der Welteroberer Nebukadnezar von Babylonien aus auch das Südreich Juda. 586 wurde Jerusalem erobert und die jüdische Oberschicht nach Babylon in die Verbannung geführt. Das jüdische Volk als solches schien ausgelöscht.

Ein extremer Kriegsfall – die tödliche Bedrohung der Identität des jüdischen Volkes – war zum Dauerzustand geworden. Auf diese Situation reagierte Israel mit einem ähnlich extremen, exklusiven, aggressiv sich abgrenzenden, auf *Jahwe* bezogenen Monotheismus, um dadurch die Identität des Judentums zu retten. Jetzt entstehen die gewaltverherrlichenden Fluch- und Rachepsalmen, in denen die erbarmungslose Vernichtung der Feinde von *Jahwe* erfleht und in denen gepriesen wird, wer die „Kinder Babels" packt und sie am Felsen zerschmettert (vgl. Ps 137,8 f.). Es werden jene Gesetzestexte gebildet, in denen die Verehrung einer anderen Gottheit innerhalb Israels als höchstes Verbrechen erscheint und mit exzessiv-inhumaner Strafgewalt bedroht wird: Wer zur Verehrung anderer Götter verführen will, sei es heimlich oder durch Traumdeutung, muss unter allen Umständen angezeigt und mitleidlos hingerichtet werden (vgl. Dtn 13,7–12). „Das Böse soll ausgetilgt werden aus deiner Mitte" (Dtn 13,6; 22,21; 17,7 u. ö.). Eine Stadt innerhalb Israels, in der fremde Götter angebetet werden, soll mitsamt ihren Bürgern und mit all ihren Schätzen „als Ganzopfer" für *Jahwe* im Feuer verbrannt werden (vgl. Dtn 13,13–19). Auch bei der Eroberung noch polytheistischer Städte innerhalb des Landes, das *Jahwe* zugesagt hat, soll diese „Vernichtungsweihe" vollzogen werden, damit kein Anreiz zur Verehrung fremder Götter in Israel übrig bleibt (vgl. Dtn 20,1 ff.).

Diese Texte beschreiben nicht historische Vorgänge, sondern bringen „idealtypisch", auf extrem zugespitzte Art und Weise, ein – gewalttätig-inhumanes – „Ethos" zum Ausdruck, von dem sich das Judentum die Rettung und Erhaltung seiner Identität erhoffte. In diesem Sinne handelt es sich tatsächlich, wie Assmann in seiner skeptischen Beurteilung des biblischen Monotheismus[167] schreibt, hier um einen „politischen" Monotheismus. Doch dieser baut auf einer von Anfang an henotheistisch geprägten Religiosität auf, und sofern es in ihm um das nackte Überleben, um die Identität Israels, geht, ist er auch in dieser exklusiven Ausprägung von seiner Wurzel her existentiell-religiös. Wichtig ist die Beobachtung Assmanns, dass Israel in diesem exklusiven Monotheismus *sich selbst* aus seiner polytheistischen Umwelt ausgrenzt, nicht aber eine für alle Völker geltende Religion begründen will. Das skizzierte gewalttätig-inhumane monotheistische „Ethos" gilt nur innerhalb Israels, nicht für die umliegenden polytheistisch strukturierten Völker und Staaten. Israel und Juda haben niemals versucht – weder unter Einsatz von Gewalt noch durch friedliche Überzeugungsarbeit –, die umliegenden Völker zum Monotheismus zu bekehren. Nur innerhalb des – zukünftigen – israelitischen Staatsgebietes sollen die Altäre der anderen Völker niedergerissen werden, ihre Kultpfähle umgehauen, ihre Steinmale zerschlagen und die Baalpriester getötet werden (vgl. Ex 34,13 u.ö.).

Es gibt in der Bibel Texte, in denen die polytheistische Religion der umliegenden Völker als normal, ja sogar als von *Jahwe* eingesetzt dargestellt wird: *Israel* ist es verboten, sich vor „Sonne, Mond und Sternen" niederzuwerfen. „*Jahwe-Elohim* hat sie allen *anderen* Völkern überall unter dem Himmel zugewiesen. Euch aber hat *Jahwe* genommen und aus dem Schmelzofen, aus Ägypten, herausgeführt, damit ihr sein Volk, sein Erbbesitz werdet – wie ihr es heute seid" (Dtn 4,19f.). Dieser exklusive *Monojahwismus* begründet Israels Identität, die es von den anderen Völkern unterscheidet – und unterscheiden soll. Das Judentum hat niemals eine Weltmission betrieben. Die vom Christentum und vom Islam ausgehende weltweite Missionierung und die dabei teilweise in Anwendung gebrachte physische Gewalt sind nicht eine Folge des jüdisch-biblischen Monotheismus.

Von außen her und nach außen hin gesehen, ist der biblische Monotheismus ein extrem zugespitzter Henotheismus: Israel hat mit absoluter Strenge einzig und allein seinen Gott *Jahwe*; die anderen Völker haben andere und mehrere Gottheiten. In der Zeit des Exils stehen die nach Babylon Verbannten besonders stark in der Gefahr, ihre Identität, gekennzeichnet durch die *Jahwe*-allein-Verehrung, aufzugeben und im Götterglauben Babylons aufzugehen. Aus dieser Zeit stammen deshalb auch die Texte, in denen die fremden Götter abgewertet und ihres religiösen Gehalts entkleidet werden. Besonders Deutero-Jesaija, der zweite Verfasser des Jesaija-Buches, der in der Zeit des babylonischen Exils schreibt und seine Botschaft an die ins fremde Land Verbannten richtet, betont die Nichtigkeit der fremden Götter. Sie sind, sagt er, unfähig, die Ereignisse der Zeit, weder in Bezug auf die Vergangenheit noch in Bezug auf die Zukunft, zu deuten. „Seht her: Sie alle sind nichts, ihr Tun ist ein Nichts; windig und wesenlos sind die Bilder der Götter" (Jes 41,29). Sie sind „Machwerke von Menschenhand", aus „Holz und Stein" (Dtn 4,28). „Zum Holz sagen diese Menschen: Du bist mein Vater" (Jer 2,27), sie knien nieder „vor einem Holzklotz" (Jes 44,19). Hier erst steigert sich die satirische Abwertung der fremden Götter zu der metaphysischen Behauptung „Ich allein bin Gott" (Jes 43,12). Auch in der Weisheitsliteratur ist – schon unter dem Einfluss des Hellenismus – *Jahwe* als alleiniger Schöpfer des Alls aus der Perspektive eines philosophischen Monotheismus gesehen.

Doch der ursprüngliche Sinn der satirischen Abwertung der fremden Götter und der preisenden Steigerung *Jahwes* als des einzig mächtigen Gottes liegt darin, den in fremdem Land Verbannten und den in Israel und Juda ständig unter der Fremdherrschaft eines polytheistischen Volkes Leidenden den Rücken zu stärken, ihr jüdisches Selbstbewusstsein und ihre jüdische Identität zu festigen. Wenn im Alten Orient ein Volk über das andere siegte, bewies es damit die Stärke seiner Götter und die Schwäche und Nichtigkeit der Götter oder des Gottes des besiegten Volkes. Nur in untergeordneter Stellung wurden die Gottheiten der besiegten Völker von den toleranten Römern in ihr Pantheon aufgenommen, andere Eroberer haben die Götterbilder und den Kult des besiegten Volkes abgesetzt und zerstört. Die siegreiche Gewalt ist archaisch das Heilige.

Die jüdischen Propheten und biblischen Schriftsteller kämpfen im eigenen Volk, erfüllt von dem Bewusstsein eines transzendenten Auftrags unter Einsatz ihrer gesamten Existenz gegen diese Sakralisierung staatlich-militärischer Gewalt. Ihr Gott *Jahwe*, als einziger Gott verehrt vom ganzem Volk, ist ein Gott der Verfolgten und Unterdrückten und als solcher dennoch der Herr des Himmel und der Erde. Ihm gegenüber sind die anscheinend so starken Götter Assurs und anderer Eroberervölker nur lebloses Holz und toter Stein. Sieg, Herrschaft und Unterdrückung sind keine Kennzeichen des Göttlichen. Gerade als der unter solcher Gewalt Leidende, Geschmähte und aus dem Land der Lebenden Verstoßene ist der Gottesknecht Israel von *Jahwe* geliebt; er wird offenbar werden als „Licht für die Völker" (Jes 42,6; 49,6). Nur in dieser Tradition kann schließlich ein vom römischen Gottkaiser Gekreuzigter als „Sohn Gottes" gepriesen werden (vgl. Mk 15,39). Nur als Gott der Verfolgten kann *El* als die archaisch-heilige Urgewalt für die menschliche Erfahrung sein Antlitz „ändern" und für sein unterdrücktes Volk zum „Ich-bin-da", zu *Jahwe*, und durch den Kreuzestod des jüdischen Rabbi Jesus hindurch zum *Abba* aller sterblichen Menschen „werden".

In diesem Kontext steht der ursprüngliche biblische Monotheismus. Er kämpft um das Lebensrecht, die Würde und die Identität eines Volkes, dessen staatliche Selbständigkeit von der Gewalt mächtiger Erobervölker immer wieder und schließlich auf Dauer zerstört wurde. *Jahwe* offenbarte sich in der Geschichte als diesem ohnmächtigen Volk dennoch bleibend zugewandt; diese „Offenbarung" ist der Kern der biblischen Religion. Indem diese Geschichte die staatlich-militärische Gewalt als profan und unheilig entlarvte und die von staatlicher Gewalt Unterdrückten als Gott nahe stehend sichtbar werden ließ, fügt sich die nahöstliche Tradition bruchlos ein in die achsenzeitliche Desillusionierung der Gewalt als des Heiligen: In der fernöstlichen Tradition befreite sich der *Einzelne* aus den Fesseln dieser nur scheinbar „heiligen" Gewalt – schon *Parsva* gründete den Orden der *Nirgrantha*, der „Fessellosen" –; und in der nahöstlichen Tradition erfährt ein unterdrücktes und unterworfenes *Volk* diese Befreiung. Erst auf dem Hintergrund dieser geschichtlichen Entstehung des biblischen Monotheismus und seines dadurch gegebenen Charakters kann seine postmoderne Infragestellung sachgerecht beurteilt werden

Wie von verschiedener Seite gegenüber Assmann festgestellt wurde, richtet sich der biblische Monotheismus nicht gegen den altägyptischen Polytheismus. Nicht die Gottheiten des alten Ägypten werden satirisch abgewertet und für nichtig erklärt, sondern die Götter Kanaans und der babylonische Götterkult.[168] Ägypten wird nur gekennzeichnet als das „Sklavenhaus", aus dem *Jahwe* sein Volk herausführt. „Ich bin *Jahwe*, dein *Elohim*, der dich aus Ägypten geführt hat, aus dem Sklavenhaus", dies ist die beinahe stereotype Formel, mit der Israels Gott vor sein Volk hintritt (vgl. Dtn 5,6; Ex 20,2 u.ö.). Mit dieser Formel wird auch das erste der Zehn Gebote, in denen die Gesetze der Tora zusammengefasst sind, eingeleitet: „Du sollst neben mir keine anderen Götter haben." Hier ist auch die „Eifersucht" *Jahwes* begründet. Denn die Einzigkeit des Gottes, der aus dem „Sklavenhaus Ägypten" befreit hat, anzutasten, bedeutet, das Ereignis dieser Befreiung zu schmälern und wieder mit der Sklaverei zu „flirten". Die „Mosaische Unterscheidung" ist in ihrem

Kern nicht die Entscheidung der metaphysischen Frage, ob es nur einen Gott gibt oder mehrere, sondern die Unterscheidung zwischen Unterdrückung und Freiheit. Die Frage, ob das alte Ägypten dabei historisch zutreffend als „Sklavenhaus“ gekennzeichnet ist, ist für den Charakter des biblischen Monotheismus letztlich nicht relevant. Das alte Israel hat Ägypten jedenfalls so gesehen, und es erzählt in seiner Gründungsgeschichte, dass es lieber in die Wüste hinausgezogen ist, wo Hunger und Durst ihr Leben bedrohten, als bei den „Fleischtöpfen“ und dem Brot der ägyptischen Fronarbeit zu bleiben (vgl. Ex 16,3).

Dies ist auch die Unterscheidung zwischen „wahr“ und „unwahr“, die Assmann durch den biblischen Monotheismus als das große Gewaltpotenzial in die Welt des Religiösen eingeführt sieht. Nirgendwo wird in der Bibel gesagt, dass der Sonnengott *Aton-Re* sowie die Himmelsgöttin *Nut* mit ihren Söhnen *Osiris* und *Seth* Lug und Trug sind und ihre Anhänger deshalb im Namen des Monotheismus bekämpft werden müssen; „unwahr“ ist die Götterwelt des alten Ägypten vielmehr – ebenso wie die Götterwelt Assurs und Babylons –, weil unter ihrer, durch den Götterkönig repräsentierten Herrschaft Unterdrückung und menschenverachtende Sklaverei üblich sind.

„Assmann überschätzt die Friedfertigkeit des Polytheismus“, schreibt der Münsteraner Alttestamentler Erich Zenger in seiner Stellungnahme zu Assmans Buch.[169] „Die real existierenden Polytheismen der Antike legitimierten doch in der Regel hierarchisch strukturierte Klassengesellschaften, und der von Assmann so betonte Aspekt der ‘Internationalität’ der antiken Polytheismen verhinderte meines Wissens nirgends die Kriege, die in den Zeiten des biblischen Israel von den damaligen Großreichen als ‘legitimes’ Mittel der Politik eingesetzt wurden – mit dem besonderen Beistand ihrer Götter.“[170] Auch in Homers *Ilias* sind alle bedeutenden griechischen Götter in den Kampf um Troja verwickelt, und beim gewaltigen Endkampf, an dessen Ende Troja zerstört wird, kämpfen sie selbst in den Schlachtreihen. Wie soll ein Mensch zu Gewaltfreiheit und Frieden finden in einer Welt, deren Götter selbst tödlich verfeindet sind wie etwa *Apollo* und *Dionysos* in Griechenland, *Seth* und *Osiris* in Ägypten?

Die Friedfertigkeit polytheistischer Kulturen – und seien diese noch so „hoch-stehend“ – ist ein Mythos. Gott und das Göttliche sind in diesen Kulturen so stark mit den Weltrealitäten verflochten, dass die Mächtigen in Ausübung „heiliger“ Gewalt es an sich reißen und damit ihre Gewaltherrschaft uneingeschränkt legitimieren. Je uneingeschränkter und stierhafter die Gewalt ist, die sie ausüben, desto höher steigt ihre Göttlichkeit. Auf der berühmten Narmer-Schminkpalette stellt der ägyptische Pharao seine „Göttlichkeit“ dar, indem er einen nackten, vor ihm auf die Knie gesunkenen Gefangenen beim Haarschopf packt und ihn mit einer Keule erschlägt. Aus dieser „Kultur“ zog das monotheistische Israel aus. Nichts an der Gewalt vergangener islamischer Eroberungskriege und gegenwärtiger islamischer Terrorakte kann und soll beschönigt werden; aber dass ein islamischer Sultan, so gewalttätig-skrupellos, machtgierig und prunkstrotzend er auch sein mag, aufgrund seiner Macht vergöttlicht werden könnte, ist undenkbar. Beim täglichen Gebet steht er in einer Reihe mit seinen Untertanen und wirft sich gemeinsam mit ihnen vor *Allah* zu Boden; als Gläubiger ist er Mensch wie alle anderen, angewiesen auf die Gnade und Barmherzigkeit *Allahs.*

Polytheismus ist für die postmoderne Kritik des biblischen Monotheismus gleichbedeutend mit Kosmotheismus: „Eine Götterwelt steht der Welt aus Kosmos, Mensch und Gesellschaft nicht gegenüber, sondern ist ein Prinzip, das sie strukturierend, ordnend und sinngebend durchdringt.“ Sie bestimmt „die Zugehörigkeit eines jeden zu einer Stadt-, Fest- und Kultgemeinschaft“,[171] allerdings auch – das verschweigt Assmann – die *Nicht*-Zugehörigkeit der nubischen, äthiopischen und israelitischen Gefangenen, die auf den überlieferten Bildern häufig mit einem Strick um den Hals dargestellt, als Sklaven und Fronarbeiter geschunden werden. Sie gehören nicht zu dem von der ägyptischen Götterwelt strukturierten Kosmos. Während der biblische Monotheismus sich nach Assmanns Darstellung aus dem ägyptischen Kosmotheismus selbst ausgrenzt, hat dieser seinerseits schon vorher in seiner Struktur die Fremdvölker, gegen die er Krieg führt und aus denen er sich Gefangene holt, aggressiv ausgegrenzt. Es gehört zur Struktur polytheistischer Hochkulturen, abzulesen sowohl am antiken Griechenland wie auch am alten Rom, dass die Menschen, die außerhalb des eigenen Kulturbereichs leben, als „Barbaren“ gelten, die zu bekriegen und zu versklaven sind. Im alten – polytheistischen – Sparta gehörte es zur militärischen Ausbildung der jungen Männer, des Nachts Angehörigen der unterworfenen Heloten aufzulauern und sie zu töten. Diese Ureinwohner hatten keinen Platz in dem von der Götterwelt Spartas strukturierten Kosmos.

In der endzeitlichen Vision des Propheten Jesaija zieht die Völkerwelt von überall her zum Berg Zion und fügt sich ein in den Heilsbereich *Jahwes* (vgl. Jes 60,3–11). Hier wird die Tradition aus der biblischen Urgeschichte wirksam, wonach *Jahwe* nicht exklusiv der Gott Israels ist, sondern seit den Zeiten der Stammeltern, aus denen sich die Völkerwelt bildete, angerufen wird (Gen 4,26), *Jahwe* also der „Ich-bin-da-Gott“ aller Völker ist. Auch in den Bund, den *Jahwe* nach der Sintflut mit Noah schließt, sind alle Menschen aller Völker eingeschlossen. Ebenso ist Gott als Schöpfer der Welt und der

Menschen sowohl als *Jahwe* wie auch als *Allah* unmittelbar der Gott *aller* Menschen und wird deshalb, wo immer ein Gott verehrt wird, in diesem angebetet. Dies ist auch die tolerante Position *Krishnas*, der sich in der Bhagavadgita als alleiniger höchster Gott zu erkennen gibt und dabei sagt, dass auch die Menschen, die ihn unter anderem Namen verehren, seiner Gnade teilhaftig werden. Die Tradition vom Islam als der „Religion der Schöpfung" bringt diesen toleranten Aspekt des monotheistischen Gottesbegriffs auch in dieser Religion zur Geltung: Friede *(shalom)* des Menschen mit Gott, sich selbst und der Welt durch Anheimgabe, durch „Islam", kann nach *dieser* Tradition *jedem* Menschen als solchem zuteil werden. Erst dies ist weltweite, Frieden stiftende „Kosmotheologie".

Dies gilt auch gegenüber Assmanns Kritik, der biblische Monotheismus würde den Menschen aus der im Polytheismus gegebenen „Weltbeheimatung" herausreißen und ein „Nein zur Welt" konstituieren. Dem widerspricht allein schon die Welt-Zugewandtheit des Menschen in der Bibel. Darüber hinaus aber ist zu fragen, was „polytheistische Weltbeheimatung" genauer bedeutet. Menschsein – und damit gleichzeitig auch Religion – entsteht, wie eingangs aufgezeigt, durch die symbolische Ausdruckskraft der Wirklichkeit. Tiere und Pflanzen, Steine und Bäume „sprechen". Wie noch heute das Kind, so vermochte auch der frühe Mensch diese „Sprache" wahrzunehmen. Die Dinge hatten für ihn eine Aussagekraft und einen Wert, die ihr bloßes Vorhandensein und ihre zweckrationale Funktion übersteigen. Ohne dies als „Religion" zu kennzeichnen – in den alten Stammelkulturen gibt es kein Wort für „Religion" –, entstand daraus ein uferloser Polytheismus, der sich in den 80 Myriaden *kami*-Gottheiten des japanischen Shintoismus bis heute erhalten hat. Doch trotz dieser „polytheistischen Weltbeheimatung" sind die Japaner kein besonders friedliches Volk, wie an der *Samurai*-Tradition und den *Kamikaze*-Fliegern des Zweiten Weltkrieges zu sehen ist. Wie der Name *kami-kaze* sagt, sind diese Flieger ein „Gottes-Wind" (*kaze* heißt „Wind"), der mit selbstmörderischer Gewalt vom Himmel herabstürmt und die Feinde vernichtet. Hier artikuliert sich die symbolische Ausstrahlungskraft des Raubtiers, die – innerhalb der archaischen polytheistischen Religionen – die Gewalt als Signum für das Heilige und Göttliche prägte. Die ebenfalls „sprechenden" friedlichen Dinge und Wirklichkeiten, selbst das Symbol der Mutter, sind von dieser Gewaltsymbolik übertönt und überwuchert worden.

Schon von daher gesehen ist die polytheistische „Weltbeheimatung" kein Schutz vor Gewalt. In Form des – von Assmann so bezeichneten – „symbiotischen Weltverhältnisses" bindet sie umgekehrt den Menschen in diese von der Gewaltsymbolik geprägte Welt ein; sie verwehrt ihm die Möglichkeit, sich von ihren Gewaltstrukturen zu lösen. Diese Strukturen aber machten ihn blind dafür, dass auch der schwache, ohnmächtige und kranke Mensch *kami*-Ausstrahlung und damit eine unantastbare Würde besitzt. In den polytheistischen Hochkulturen Mittelamerikas wie im polytheistischen Kanaan, den vorislamischen polytheistischen Stammeskulturen Arabiens und dem antiken Rom waren das Kindesopfer an die Götter und die Aussetzung unerwünschter Kinder, besonders der Mädchen, weit verbreitet. Erst das monotheistische Israel und der monotheistische Islam nahmen den Kampf gegen diese Gewalt an den Hilflosesten aller Geschöpfe auf. Ähnliches gilt gegenüber der Einschätzung der Witwen, Waisen und Fremden und dem Verhalten ihnen gegenüber. Der monotheistische *Jahwe* ebenso wie der „allbarmherzige" *Allah* werden zum Schutzgott gerade auch dieser Menschen, um deren „Weltbeheimatung" es in polytheistischen Kulturen schlecht bestellt ist.

In einem symbiotischen Verhältnis zur Welt hat der Mensch dieser Welt gegenüber keine Freiheit. Soweit „Welt" nützlich ist für sein Leben, ist er mit ihr verbunden. Kranke, Witwen und Waisen sind für sein Leben wenig nützlich; sie fallen deshalb aus dieser Bindung heraus. Eine symbiotische Bindung ist nicht eine spezifisch menschliche, dem Menschsein förderliche Bindung. Ein Sohn, der auch als Erwachsener noch symbiotisch an seine Mutter gebunden bleibt, ist psychisch krank; er steht ihr nicht in freier menschlicher Vertrautheit gegenüber. Eine symbiotische Verbindung ist häufig durch verdrängte Hassgefühle gekennzeichnet. Die Aufgabe der „Primärgruppe" Familie besteht nach dem Soziologen René König darin, dass sie dem in ihrem Schoß heranwachsenden jungen Menschen die „zweite Geburt" ermöglicht, in der er sich wie in der ersten Geburt vom biologischen, nun auch vom „sozialen Uterus", auf den er nach der Geburt noch eine Zeitlang angewiesen ist, löst. Nur wenn diese „zweite Geburt" gelingt, kann er als Erwachsener in freier menschlicher Zuwendung, aufgeschlossen auch für die Sorgen und Nöte seiner Familienangehörigen, bleibend mit diesen verbunden sein.[172] Die biblische Erzählung vom Exodus der Israeliten aus Ägypten symbolisiert die zweite Geburt des Menschen in der Religionsgeschichte.

Gewiss führte die religiöse Ablösung aus dem symbiotischen Weltverhältnis in der Gnosis, im Neuplatonismus und in manchen auch heute noch – oder wieder – lebendigen Strömungen des Christentums zu einer asketischen Weltverneinung, in der sich der Mensch von den Aufgaben und Freuden der Welt zurückzieht. Doch in seinem Aufsatz „Die ignatianische Mystik der Weltfreudigkeit" hat der Theologe Karl Rahner klar gemacht, dass eine gewisse „Weltflucht", ein „Exodus" aus der Welt, gerade die Voraussetzung dafür ist, dass sich der Mensch in freier Liebe – auch ihre Schattenseiten umfassend – dieser Welt zuwenden kann.[173] In der geistesgeschichtlichen Linie, die von dem jüdischen Philosophen Maimonides über die Renaissance, über Spinoza, den Deutschen Idealismus bis hin zu Henry Bergsons Lebensphilosophie führt, sieht Assmann das verdrängte Erbe des alten Ägypten aufbewahrt und immer wieder neu lebendig werden. Rahner jedoch fragt, ob diese Linie der Philosophie nicht der „ewigen Versuchung“ erlegen sei, „Gott nur das sein zu lassen, was die Welt ist, Gott zu machen nach dem Bilde des Menschen“, ihn zu verstehen als „innere Verklärung“ der Welt, als ihren „geheimen Absolutheitsschimmer“, der den Blick auf das Ganze der Weltwirklichkeit verstellt.[174]

Dieser Weltsicht und diesem Denken fehlt ein „archimedischer Punkt“, vom dem aus der Mensch Freiheit zur Welt gewinnt und die Welt als Ganzes, einschließlich ihrer zu bekämpfenden Schattenseiten, sehen und annehmen kann. Der welttranszendente, monotheistische Gott der Bibel ist ein solcher Punkt. Von ihm aus, sagt Rahner an anderer Stelle, könne der Mensch die Welt „mit einer Kraft und Innigkeit“ lieben, deren ein symbiotisch der Welt Verhafteter niemals fähig ist, „denn schließlich liebt der doch am innigsten und treuesten, der seine Liebe frei verschenken kann“.[175]

Doch nicht nur die in der biblischen Exoduserzählung ausgedrückte „Mosaische Unterscheidung“ verfolgt das Ziel der Ablösung des Menschen aus dem symbiotischen Weltverhältnis. Alle im zweiten Buchteil beschriebenen „geschichtlichen Befreiungsimpulse“ beinhalten einen Auszug des Menschen aus der gegebenen, durch Gewaltstrukturen geprägten Welt. Schon die vedische Ritualisierung des Opferkampfes in der fernöstlichen Tradition ersetzte das „heilige“ Gewaltgeschehen durch sachkundiges, auf Wissen gegründetes rituelles Handeln. Verbunden ist diese Spiritualisierung auch schon mit einer monotheistischen Tendenz, sofern die vedischen Hymnen den Gott, an den sie gerichtet sind, jeweils als den Einen und Höchsten lobpreisen und dabei mehrere Gottheiten in dieser Weise besingen, also henotheistisch gestaltet sind. Der Rückzug des alternden Brahmanen in die Waldeinsamkeit ist dann schon ein wirklicher Auszug aus der Welt, der im Jainismus und Buddhismus das gesamte Leben des Menschen prägt. Laotse und Konfuzius verlassen ihre Heimat und auch die griechischen Philosophen geraten in Konflikt mit den politischen Instanzen ihrer Heimatstadt; seit Platon ziehen sie sich in die *academia* zurück. In der nahöstlichen Tradition verlassen schon die Stammeltern das „Paradies“ (in dem sie noch symbiotisch mit der Natur verbunden waren) und die biblische Heilsgeschichte beginnt mit dem Auszug Abrahams aus seiner polytheistisch geprägten Heimat.

Immer ist ein solcher „Auszug" mit einer starken monotheistischen Tendenz verbunden. Im Hinduismus tendieren *Shiva, Vishnu* und *Brahma* jeweils – teilweise miteinander konkurrierend – um eine monotheistische Position. Im Iran bewirkte die alleinige Verehrung *Ahura Mazdas* durch Zarathustra, dass neben ihm die alten vedischen Gottheiten als *daevas*, als Dämonen erschienen. Im Buddhismus verlieren die Gottheiten insgesamt an Gewicht; im Streben des Menschen nach Erleuchtung sinken sie zurück in die Welt des *samsara*, die es zu überwinden gilt, während allein das *nirvana*, das „Verwehen", als transzendente Größe übrig bleibt. Wenn in späteren buddhistischen Strömungen die Gestalt des Buddha als eine Art rettendes göttliches Wesen verehrt wird – vgl. in China und Japan den *Buddha Amitabha* –, dann ist dieses Wesen einzig, durch es allein kann der Mensch zur Erleuchtung und Erlösung finden. Neben dem *tao* des chinesischen Weisen Laotse konnte keine andere Gottheit bestehen. In der Idee der Ideen, dem höchsten Einen, das zugleich das höchste Gute ist, floss für Platon alles Göttliche zusammen. Die *prima causa*, die „Erste Ursache" in der Philosophie des Aristoteles ist ein monotheistisch gedachter Ursprung des Seins; und das göttliche Gebot, das der Antigone befiehlt, entgegen dem Gesetz des Königs unter Einsatz ihres Lebens den getöteten Bruder zu bestatten, stammt von einem unbedingten höchsten Gott. Die achsenzeitliche Wende der Menschheitsgeschichte beinhaltet insgesamt eine Hinwendung zum monotheistischen Denken und Fühlen in ethischer Akzentuierung. Die „Gegen-Religion", die Assmann in der „Mosaischen Unterscheidung" gegeben sieht, ist schon in den vielfältigen religiösen Strömungen der achsenzeitlichen Wende der Menschheitsgeschichte enthalten. Diese bilden zusammen eine Gegenbewegung zur archaischen Vergöttlichung der Gewalt.

Wie aber kommt es bei diesem auf Gewaltminderung zielenden Charakter des Monotheismus zu dem Ausbruch massiver religiös motivierter Gewalt in den monotheistischen Religionen des Christentum und des Islam?

Zur Gewalt im christlichen und islamischen Monotheismus

Das *Christentum* war, wie aufgezeigt, in den ersten drei Jahrhunderten seiner Existenz absolut gewaltfrei. Nachdem es dann, beginnend mit Kaiser Konstantins Hinwendung zum Christentum allmählich zur alleinigen Staatsreligion des Heiligen Römischen Reiches Deutscher Nation wurde, hat die Gewalt relativ rasch Einzug ins Christentum gefunden,[176] und es kam zu Ketzerverfolgung, Kreuzzügen, Inquisition und Hexenwahn. Wo ist der

„archimedische Punkt" geblieben, der welttranszendente Gott, der es ermöglicht, die Welt als Ganzes – einschließlich ihrer Schattenseiten – zu überblicken und als Schöpfung dieses Gottes anzunehmen? Wie ist – von einem solchen Standpunkt aus – die verbissene, skrupellose Gewalttätigkeit möglich, wie sie sich besonders in der Inquisition und der Hexenverfolgung Jahrhunderte hindurch ausgetobt hat? Es ist zu einfach, sich angesichts solcher Herausforderungen auf die – letztlich mythische – Rede von dem Geheimnisvollen des Bösen zurückzuziehen. „Habe Mut, dich deines eigenen Verstandes zu bedienen", diese Forderung Immanuel Kants gilt gerade gegenüber den häufig tabuisierten Fragen der Religion.

Als Kaiser Konstantin sich dem Christentum zuwandte, war er Gottkaiser und heidnischer *Pontifex Maximus* des römischen Weltreiches. Nach der Schlacht an der Milvischen Brücke, deren Sieg er dem Christengott zuschrieb, veranstaltete er einen Triumphzug, auf dem er sich in das Ornat *Jupiters* kleidete und sein Gesicht mit Mennige färbte „um in seiner roten Hautfarbe dem archaischen Kultbild auf dem Kapitol bis ins Letzte zu gleichen".[177] In Konstantinopel ließ er eine Kolossalstatue errichten, die ihn als Lichtgott Apollo darstellte. Dort feierte nach seinem Tod das Volk seine Aufnahme in den antiken Götterhimmel. Der Christengott lag für ihn auf der Ebene der höchsten Gottheiten des antiken Polytheismus, es gab keine Transzendenz im Sinne der „Mosaischen Unterscheidung", die ihn daran gehindert hätte, sich, wie im Polytheismus üblich, als Herrscher mit diesen Gottheiten zu identifizieren. Die Gewalt, die er ausübte, war für ihn – in archaischer Religiosität – das Heilige, das ihn zum Gott machte.

In der Ausprägung des Christentums als Staatsreligion, wie sie sich seit Kaiser Konstantin vollzog, fiel dieses wieder zurück in ein „symbiotisches Weltverhältnis". Die vielen nun aufkommenden Gestalten der Heiligen, entgegen dem mosaischen Bilderverbot dargestellt in kultisch verehrten Bildern und Statuen, traten an die Stelle des antiken Götterhimmels und die christliche Liturgie übernahm die prunkvollen Elemente des antiken Kults des Gottkaisers. Die Gewalt, wie sie Kaiser und Papst in ihren Institutionen ausübten, wurde wieder zum Signum des Heiligen. Wie im alten Ägypten, wie in Assur und Babylon wurde die Welteroberung das Ziel, das zu erreichen die Aufgabe der „heiligen" Gewalt war. Kreuzzüge und mit Missionierung verbundene Eroberungskriege waren auf diese Weise vorgezeichnet.

Innerhalb dieses polytheistisch-symbiotischen Weltverhältnisses musste sich die aus der Bibel übernommene Monotheismusvorstellung als verheerende religiöse Gewalt auswirken. Denn der eine große Gott war hier *nicht* ein archimedischer Punkt außerhalb der Welt, sondern er war höchste irdische Gewalt, er war „Allmacht“ in der Welt. Indem diese radikal und mitleidlos alles austilgte, was sich ihr entgegenstellte, bewies sie ihre Existenz und „Heiligkeit“. Das innerisraelitische radikale gewalttätig-inhumane „Ethos“ des exklusiven biblischen Monotheismus, das, wie oben dargestellt, die Ausgrenzung des kleinen Volkes Israel aus der uferlosen Welt des Polytheismus der umliegenden Völker bewirken und dadurch dessen Identität bewahren sollte, wird jetzt zur kirchlich-staatlichen Praxis eines Reiches, das nach dem Muster antiker polytheistischer Weltreiche die ganze damalige Welt zu umfassen beanspruchte. „Du sollst das Böse austilgen aus deiner Mitte“ (Dtn 13,6; 22,21; 17,7 u. ö.); dieser furchtbare Satz, ursprünglich geprägt, um die Identität Israels zu erhalten, wurde jetzt zum „Ethos“ innerhalb des Heiligen Römischen Reiches Deutscher Nation, das sich „bis an die Grenzen der Erde“ gesandt wusste. Überall in Europa und darüber hinaus im neu entdeckten Mittelamerika flammten nun die Feuer auf, in denen lebendige Menschen, die angeblich mit dem Bösen verbunden waren, auch Kinder, grausam ermordet, „ausgetilgt“, wurden.

Die furchtbare Gewaltspur des geschichtlichen Christentums ergibt sich daraus, dass der biblische Monotheismus beginnend mit Kaiser Konstantin in ein polytheistisch-symbiotisches Weltverhältnis nach dem Muster der antiken Hochkulturen eingebunden wurde und dadurch die von Kaiser und Papst ausgehende Macht als die *eine*, in zwei Pole aufgeteilte, „heilige Gewalt“ des Kosmos erscheinen ließ. Dadurch pervertierte der am welttranszendenten Gott orientierte biblische Monotheismus zu einer weltimmanenten Gottesvorstellung, in der die in der Welt wirksame, von Kaiser und Papst ausgehende menschlich-irdische Gewalt zu einer quasi-transzendenten göttlichen Macht hochstilisiert wurde; dieser gegenüber war Kritik Gotteslästerung, selbst wenn diese Macht Männer, Frauen und Kinder lebendig ins Feuer warf.

Die vom *Islam* ausgehende Gewalt ist nicht die Folge der Rückbiegung des biblischen Monotheismus in die Strukturen eines polytheistisch-symbiotischen Weltverhältnisses. Auf seinen Handelsreisen hatte Mohammed den Monotheismus, der die von ihm gestiftete Religion kennzeichnet, bei Juden und Christen kennengelernt. Sein Ziel war es, diese Denk- und Glaubensweise seinen arabischen Landsleuten zu vermitteln und dabei diese Überlieferung von jenen polytheistischen Elementen zu reinigen, die sich seiner Meinung nach im Lauf der Jahrhunderte in die ursprüngliche, auf Abraham zurückgehende Religion eingeschlichen hatten und sie verfälschten. Sein Ziel war es, den reinen Monotheismus Abrahams, der in dessen rückhaltloser Unterwerfung unter *El-Schaddai* zum Ausdruck kam, wiederherzustellen.

So wurden die im biblischen Monotheismus enthaltenen formalen Forderungen der „Mosaischen Unterscheidung“ als grundlegende Formen des Monotheismus streng gewahrt. Das begann mit der genauen Einhaltung des biblisch-mosaischen Bilderverbots. Nur eine kunstvolle Ornamentik verziert die Moschee; kein Bild, keine Figur eines Heiligen, eines Engels oder eines Propheten schmückt die Wände und zieht den Blick auf sich. Dies wäre nur eine „heidnische“ Ablenkung von der einzig geforderten Hingabe und Unterwerfung unter den alleinigen Gott *Allah.* Im fünfmaligen täglichen Gebet, im monatelangen Fasten, in der Wallfahrt nach Mekka wird die bedingungslose Unterwerfung unter den einen Gott vollzogen. *Allah* fordert diese Unterwerfung allein durch das Wort. Es gibt keine Sakramente, kein rituelles, von Priestern vollzogenes Handeln, das den Gläubigen, der es mitvollzieht, gleichsam in das Göttliche eintauchen lässt.

Ebenso wenig gibt es einen Stellvertreter Gottes auf Erden. Weder Mohammed selbst, noch einer der ihm nachfolgenden Kalifen oder einer der späteren Sultane sind – wie Kaiser und Papst im Abendland – mit einer Aura des Göttlichen umgeben. Von außen her gesehen ist der biblische Monotheismus streng durchgeführt. Was jedoch fehlt, ist die *inhaltliche* Unterscheidung zwischen transzendenter göttlicher Allmacht und irdischer Gewalt. Beides erscheint im Koran inhaltlich von gleichem Charakter. Die „Allmacht“ *Allahs* ist in ihrem Wesen die linear ins Unendliche verlängerte Macht eines irdischen Herrschers. *Allah* ist der all-gewaltige Herrscher des Himmels und der Erde und die Muslime sind seine ihm rückhaltlos ergebenen Diener, Werkzeuge in der Ausübung seiner Gewalt. Die archaisch-polytheistische Vergöttlichung der Gewalt ist – monotheistisch – in das Unendliche gesteigert. Die mangelnde *inhaltliche* Transzendenz, das mangelnde Gefühl für die radikale *Andersartigkeit* der in Gott versammelten Allgewalt gegenüber der auf Erden von Menschen – wenn auch im Auftrag Gottes – ausgeübten Gewalt ist die Quelle islamistischer Gewalttätigkeit. *Allahs* Gewalt ist Strafgewalt, Willkür und Vernichtungsgewalt, wie sie immer und überall von machthungrigen irdischen Herrschern ausgeübt wird. Der Mensch darf im Islam diese Gewalt nicht für sich selbst beanspruchen; nur im Auftrag *Allahs* darf er sie ausüben. Die Beduinen, die diese Gewalt im Heldenpathos archaisch noch für sich festhielten, sind, sagt der Koran, „nicht wirklich gläubig“ (Sure 49,14). Gott in seiner Allgewalt jemanden „beizugesellen“, ist die im Koran gebrandmarkte Ursünde. Aber als *Werkzeug,* als ausführendes Organ, darf und soll der Mensch diese göttliche Gewalt ausüben: göttliche Gewalt in der Hand des gläubigen Muslim.

Ebenso wenig wie das Christentum versteht sich der islamische Monotheismus als eine inselhafte Ausgrenzung aus der Umgebung polytheistischer Stammesreligionen. Sein Anspruch richtet sich an die gesamte Menschheit. Durch den *Dschihad* soll die ganze Welt zum *dar al-islam*, zum „Haus des Islam" werden. Damit war das Motiv für die islamischen Eroberungskriege gegeben, die gerade deshalb, weil sie nicht in einem archaischen Heldenpathos (zur Selbstinszenierung des eigenen göttlichen Status, sondern im Auftrag *Allahs* in kühler strategischer Planung durchgeführt wurden, so erfolgreich waren. Zumeist begnügten sich die „Gotteskrieger" mit der Unterwerfung des angegriffenen Volkes und der Zahlung von Tributen, die es ihnen ermöglichten, neue Eroberungskriege auszuführen.

Nicht in der biblischen Unterscheidung zwischen der polytheistischen Götterwelt und dem einen welttranszendenten Gott, sondern in der Aufteilung der Welt in *dar al-islam* und *dar al-harb*, in das Gebiet des Islam und das Gebiet des Krieges, sowie in der Unterscheidung der Menschen in Gläubige und Ungläubige, in diesen beiden globalen *innerweltlichen* Unterscheidungen liegen die Wurzeln der Gewalt, die uns in der Geschichte des Islam begegnet. Vor allem aber ist *Allah* seinem inhaltlich bestimmten Wesen nach kein „archimedischer Punkt" außerhalb der Welt. Er ist in seinem Charakter als allmächtiger Herrscher „symbiotisch" in diese Welt hineinverflochten; er ist nicht vorstellbar ohne die Welt, über die er herrscht.

Dies ist auch der ideologische Hintergrund islamistischer Selbstmordattentäter und Terroristen. Die Orte, an denen sie ihre Terrorakte ausführen, sind *dar al-harb*; die Menschen, die sie dabei töten, auch die Frauen und Kinder, sind Ungläubige. „Wenn nun die heiligen Monate abgelaufen sind, dann tötet die Heiden, wo (immer) ihr sie findet, greift sie, umzingelt sie und lauert ihnen überall auf [...]" (Sure 9,5; 1. Satz), diesen Satz des Koran haben Osama bin Laden und seine Anhänger auf ihre Fahnen geschrieben – ohne den zweiten Teil des Verses hinzuzufügen, der das *andere*, das barmherzige Gesicht Allahs zeigt: „Wenn sie sich aber bekehren, das Gebet verrichten und die Almosen geben, dann lasst sie ihres Weges ziehen! Gott ist barmherzig und bereit zu vergeben" (Sure 9,5; 2. Satz). Angesichts der überwältigenden Drohung, dass im Zuge der sogenannten „Globalisierung" westliches, d.h. für strenge Muslime „heidnisches" Denken und Fühlen die gesamte Welt überziehen und durchdringen und den *dar al-islam* ersticken, hat diese Ambivalenz keinen Platz mehr. Vielmehr gilt es, jetzt in den Zentren des „heidnischen Treibens" durch blutigen Terror die Gottesgewalt *Allahs* aufzurichten, d.h. *dar al-harb* zu schaffen, und an den verheißenen endzeitlichen durch den *Dschihad* zu gewinnenden *dar al-islam* zu erinnern. Die Zeit drängt, angesichts der immer wieder demonstrierten übermächtigen

Militärgewalt der „Heiden" ist kein Platz mehr für den *dar-al-sulh*, für das „Gebiet des Vertrages". Der Kampf der Endzeit hat begonnen.

Es ist zu sehen: Nicht ein Zuviel, sondern ein Zuwenig an inhaltlicher Unterscheidung zwischen dem transzendenten Gott und der irdischen Welt ist die Quelle der vom Islam ausgehenden Gewalt. Die mangelnde inhaltliche Transzendierung des Gottesbegriffs kann im Vergleich zum ursprünglichen *Theravada*-Buddhismus deutlich werden. Das Absolute ist für diesen Buddhismus so sehr *anders* gegenüber allem irdischen Sein, dass es dafür kein Wort in der menschlichen Sprache gibt; es hat keinen Namen. Der Mensch, der sein Sinnen und Trachten direkt auf es hinrichtet, hat es damit auch schon verfehlt, weil er es auf diese Weise vergegenständlicht, es in das irdische Sein und Denken hineinzieht. Nur im „Nicht", im „Verwehen" *(nirvana)* alles Irdischen und alles Erstrebbaren kann es aufleuchten. Wie irdisch ist dagegen *Allah*! Hier versagt die „Mosaische Unterscheidung", sie ist zu grob. Der *Theravada*-Buddhismus ist vielleicht deshalb die gewaltfreieste unter den heutigen fünf großen Weltreligionen, weil er das Anderssein des Absoluten in letzter Konsequenz festhält. Zur Seite steht ihm allenfalls die Gewaltfreiheit des frühen Christentums, die hier gelang, sofern es im radikalen *Nicht*-Symbol, in dem, wovon der irdische Mensch – fast instinktiv – den Blick abwendet, im Gekreuzigten, das Göttliche sucht. Der *Abba* Jesu kann nur als der rettende Gott des Gekreuzigten in absoluter gewaltfreier Transzendenz gedacht werden. Als solcher ist er – das Ziel und Ende des biblischen Ringens um das Verstehen Gottes kennzeichnend – gleichzeitig alles andere als der „harmlose", weil innerweltliche „liebe Gott". Alle christlichen Aussagen über Gott stehen innerhalb einer großen Klammer, deren Vorzeichen der gekreuzigte Jesus ist. Nur so sind sie sinnvoll und gewaltfrei. Dort jedoch, wo das eine Absolute oder das einzig als absolut Gedachte „symbiotisch" in die Weltwirklichkeit hineinverflochten wird, entsteht ein hochexplosives Gemisch, eine Quelle radikaler, letztlich religiös motivierter menschlicher Gewalt.

Abschließend gilt es jedoch daran zu erinnern, dass hier nur der *Gewaltaspekt* des islamischen Monotheismus betrachtet wurde; *Allah* als der Allbarmherzige und der Islam als die Religion der Schöpfung, in die sich sogar Tiere, Pflanzen und Planeten einfügen, sprechen eine andere Sprache; sie bergen in sich ein hohes Potenzial an Gewaltfreiheit und Frieden.

Assmann charakterisiert den Monotheismus, wie die Bibel ihn mit der Gestalt des Moses verbindet, als „sekundäre Religion",[178] als revolutionäre „Gegenreligion"[179] gegenüber der „primären" polytheistischen Religion, wie sie im alten Ägypten ausgebildet war. Die vorliegende Untersuchung des Gewaltpotenzials in den heutigen fünf großen Weltreligionen und in deren Vorgeschichte kann dieser Kennzeichnung durchaus zustimmen. Allerdings verliert sie dabei ihren abwertenden Sinn. Denn die „primäre" polytheistische Religion ist die vorachsenzeitliche archaische Religion des Opferkults, in der die Gewalt als das Heilige verehrt wurde. In der Vergöttlichung der Herrschergewalt im gesamten antiken Orient, nahöstlich besonders in Assur, Babylon und Ägypten, fand sie ihren Ausdruck. Aus dieser weltweit – in den verschiedensten Formen und Ausprägungen – verbreiteten Religiosität, versinnbildlicht im „Sklavenhaus Ägypten", zog Israel aus, um in *Jahwe* den befreienden welttranszendenten „archimedischen Punkt" zu suchen, der auch dem leidenden „Gottesknecht" Israel sowie dem unter Verfolgung leidenden Gerechten und zuletzt auch noch dem unschuldig gekreuzigten Rabbi Jesus Halt geben und sie im Tod auffangen konnte. Dieser biblische Monotheismus beinhaltet nicht eine Quelle der Intoleranz und der Gewalt, sondern er eröffnet den Weg zu Gewaltfreiheit und Frieden.

Schlussbetrachtung: Gewalt und Wahrheit

Die Untersuchung des Gewaltpotenzials in den heutigen fünf großen Weltreligionen auf dem Hintergrund ihrer Vorgeschichte hat ein wichtiges Nebenprodukt hervorgebracht. Es besteht in der Erkenntnis, dass alle diese Religionen von ihrer Entstehungsgeschichte her eine gemeinsame Zielrichtung haben. Sie wollen die Vergöttlichung der in den Naturabläufen zum Ausdruck kommenden und von den Menschen nachgeahmten Gewalt überwinden und das Göttliche als ethisch wirksame welttranszendente Wirklichkeit verehren. Diese – gleichsam unter der Hand festgestellte – Gemeinsamkeit der großen Weltreligionen kann den heute so notwendigen interreligiösen Dialog aus der hermeneutischen Sackgasse, in die er sich zu verlaufen droht, herausführen: Alle Religionen, die einen stärker, die anderen verhaltener – besonders stark das Christentum und der Islam –, beanspruchen, *wahr* zu sein, und treten dabei (auch wenn der Begriff in den einzelnen Religionen unterschiedliche Bedeutungsaspekte besitzt) zueinander in Konkurrenz. Zwar ist der *exklusive* Wahrheitsanspruch im gegenwärtigen interreligiösen Dialog nicht mehr stark vertreten, aber auch der *Inklusivismus*, der die eigene Wahrheit zumindest teilweise auch in den anderen Regionen gegeben sieht, stellt sich von seinem Denkansatz aus als den anderen Religionen überlegen dar; und der *radikale Pluralismus*, der von vornherein allen Religionen den gleichen Wahrheitsgehalt zubilligt, nimmt einen „super-religiösen" Standpunkt ein, der über den konkreten Religionen steht und diesen ihren existenziellen Ernst nimmt, sie in gewisser Weise „gleich-gültig" (im doppelten Sinne des Wortes) macht. Der neuerdings in das Spiel gebrachte sogenannte *„Interiorismus"*, der in Jesus Christus den Schlüssel für das Verständnis der Heilsbedeutung aller Religionen sieht,[180] setzt doch, auch wenn er es nicht wahrhaben will, in seinem Ausgangspunkt die eigene Wahrheit über die aller anderen Religionen. Von keiner dieser Positionen aus können die Religionen zu einem wirklich befreienden Dialog finden.

Soweit jedoch in der gegenwärtigen Studie sichtbar wurde, dass alle heutigen Weltreligionen *von ihrem je eigenen Ursprung her* das Ziel haben, die archaische Religiosität der Gewaltvergöttlichung zu überwinden, sehen sie sich aufgrund dieser ihrer eigenen Geschichte auf einer gemeinsamen Basis stehen. Es wird ein religiöses „Weltethos" sichtbar, das nicht nachträglich als

„kleinster gemeinsamer Nenner“ aus den einzelnen Weltreligionen abstrahiert werden muss,[181] sondern vom gemeinsamen Ursprung her immer schon besteht. Von dieser gleichen Zielsetzung her müsste es möglich sein, dass diese heutigen fünf großen Weltreligionen zu einem friedlichen Dialog und Austausch finden. Der in der klein gewordenen Welt gegenwärtig sich anbahnende Dialog der Religionen, der an die Stelle einer das Fremde vereinnahmenden Mission tritt,[182] ist hoffnungsvoll. Natürlich hat jede Religion das Recht, meistens sogar die aus ihrem Selbstverständnis heraus sich ergebende Verpflichtung, sich anderen Kulturen und Religionen mitzuteilen, dies umso mehr, als gegenwärtig die Welt in allen Bereichen zu einer Einheit zusammenwächst. Dabei ist es sinnvoll, die in den unterschiedlichen Religionen strittigen Themen und Wertungen nicht unmittelbar selbst zum Thema zu machen, sondern sich auf das ursprüngliche gemeinsame Ziel zu besinnen, die Vergöttlichung – d.h. heute: die Verabsolutierung – der Gewalt zu überwinden. Gewalt ist ja in allen Lebensbereichen, angefangen von der rücksichtslosen Ausbeutung der Naturressourcen über die unsoziale, rein profitorientierte, auf weite Strecken hin Armut erzeugende Geldwirtschaft bis hin zur Bedrohung durch Terror und Krieg, der Kern allen Übels in der Welt, gewissermaßen die „Ursünde“ der Menschheit.[183] Im gemeinsamen Bemühen, sie zu überwinden, würden auch die unterschiedlichen religiös-metaphysischen Überzeugungen ohne gegenseitigen Affront zur Sprache kommen, sodass auch die Wahrheitsfrage in diesem Dialog nicht ausgeklammert wäre.

Gewiss gibt es heute außer den fünf hier behandelten großen Weltreligionen noch eine Vielzahl anderer Religionen, die sich zum großen Teil erst in der Neuzeit gebildet haben. Auf sie kann nicht im Einzelnen eingegangen werden. Doch keine Religion, auch wenn ihr Stifter das vielleicht behauptet, fällt voraussetzungslos als Offenbarung vom Himmel. Die vielen neuen Religionen entstanden in der Regel dadurch, dass Elemente aus der hinduistisch-buddhistischen oder auch aus den Abrahamreligionen herausgegriffen, in besonderer Weise betont und mit spirituellen Zeitströmungen verbunden wurden. Auch sie haben deshalb einen – jeweils eigenen – „Ort“ innerhalb der sichtbar gewordenen Grundlinien der Religionsgeschichte der Menschheit.

Innerhalb dieser Grundlinien stehend, gilt für alle heutigen Religionen: Sie haben einen gemeinsamen vorgeschichtlichen Widerpart: die Verehrung der Gewalt als des Heiligen. Dabei wurden zwei große Linien sichtbar, die etwa zur gleichen Zeit entstanden, eine im *Fernen* Osten in Indien und eine im *Nahen* Osten in Palästina. Der geistige Aufbruch in China hängt zwar nicht geschichtlich mit der Entwicklung in Indien zusammen, ist aber durch seinen philosophischen Charakter und seine ethische Ausrichtung in Gestalt und Inhalt diesem ähnlich. Dasselbe gilt für den achsenzeitlichen Aufbruch im antiken Griechenland, der vor allem durch die in dieser Zeit entstehenden antiken Dramen auch einen personalen und ethisch-tragischen Akzent gewann; die hier entstehende Geistigkeit drang dann auch in das späte Judentum sowie in das Christentum und teilweise auch in den Islam ein. Die im Fernen Osten wirksam werdende religiöse Bewegung sucht in Meditation und mystisch-philosophischem Nachdenken die in blutigem Opferkult und religiösem Heldenwahn zum Ausdruck kommende archaische Gewaltreligiosität zu überwinden. Im Jainismus und Buddhismus tritt dabei das *ahimsa*-Ideal in den Mittelpunkt der Denk- und Lebensweise, im Buddhismus ergänzt durch das Wohlwollen gegenüber allen Lebewesen. Auch in weite Teile der hinduistischen Religionen ist dieses Element eingedrungen, besonders in die sog. *bhakti*-Frömmigkeit, die von einer liebenden Ergebenheit des Menschen gegenüber den Manifestationen des Göttlichen in der Welt geprägt ist.

Die *nahöstlichen* Abrahamreligionen versuchen – prototypisch dargestellt in der Erzählung vom nächtlichen Jakobskampf (Gen 32,23–33) – ein menschlich zugewandtes, frei ansprechbares und verlässliches Antlitz aus der dunkel-dämonischen Gottesgestalt herauszuringen. Hier wurde die Gottesmacht nicht primär in den Erscheinungen der Natur, sondern im Charisma des Stammesführers und in der immer neuen Rettung aus den vielerlei Gefahren, denen die Stämme auf ihren Wanderungen ausgesetzt waren, erfahren. Diese Gotteserfahrung hatte *El*-Charakter und trug auch ursprünglich den Gottesnamen *El* (vgl. Gen 24,12: „Der *El* Abrahams"; Gen 46,1: „Der *El* Isaaks"; Gen 31,5; u. ö.: „Der *El* deines Vaters"). Durch ihre geschichtliche Wirksamkeit und ihre Verbindung mit dem Stammesführer gewann diese *El*-Gottheit ihren stark personalen Charakter. In Jesus aus Nazareth steigerte sich dieses persönlich geprägte Gottesverhältnis zur durchgehenden Gottesanrede als *Abba*, „lieber Vater" (Mk 14,36), wobei in den Passionserzählungen dieses Gottesverhältnis auch noch den ungerecht-brutalen Tod Jesu am Kreuz gewaltfrei auffängt (vgl. Lk 23,46).

In einer Studie, die – in geschichtlicher Perspektive – die heutigen fünf großen Weltreligionen auf das in ihnen enthaltene Gewaltpotenzial hin befragt, erscheint eine Religion umso wertvoller, je geringer das in ihr enthaltene Gewaltpotenzial ist. In den fernöstlichen Religionen ist dieses geringer als in den Abrahamreligionen. Das biblische Gebot „Du sollst nicht töten" ist nicht neben das fernöstliche *ahimsa*-Ideal zu stellen, weil das im Gebot verwendete hebräische Wort *rasah* nur das heimtückische, hinterhältige Ermorden eines Menschen bedeutet, die Tötung eines Tieres oder die Tötung eines Menschen im Krieg oder im Vollzug der Todesstrafe also in keiner Weise in Frage gestellt ist.[184] Allerdings ist die größere Gewaltfreiheit in den fernöstlichen Religionen durch eine stärkere Weltflucht erkauft, die geschichtlich dazu führte, dass die aktive, vor allem auch die sozial-rechtliche Gestaltung der Welt zu stark aus dem Blickfeld geriet.

Mit dem Gewaltpotenzial einer Religion ist auch die Wahrheitsfrage verbunden. Denn Gewalt und Lüge hängen von innen her zusammen. René Girard zeigt in seiner umfassenden Analyse der Mythen auf, dass diese dem Sündenbock, der lynchmordartig getötet wird, einerseits verbrecherische Handlungen zuschreiben (ihn unter Umständen sogar zu solchen Handlungen zwingen), um damit seine Tötung zu rechtfertigen, andererseits dieses selbe Opfer aber anschließend sakralisieren und als heilig verehren. Auch im Johannesevangelium ist der Zusammenhang von Gewalt und Lüge ausgedrückt: In seiner Verteidigungsrede gegenüber den Juden, die ihn töten wollen, sagt Christus vom Teufel: „Er war ein Mörder von Anfang an. Und er steht nicht in der Wahrheit […] Er ist ein Lügner und ist der Vater der Lüge“ (Joh 8,44). Gewalt, Unwahrheit und Lüge sind stets miteinander verbunden. Wo im Handeln und im Sprechen Gewalt ausgeübt und verherrlicht wird, herrschen Unwahrheit und Lüge.

Unter „Wahrheit“ das „richtige“ Urteil über einen religiösen Sachverhalt zu verstehen, ist ein sehr verengter Begriff von Wahrheit. Wie *Martin Buber* herausgestellt hat, entspricht diese sogenannte „Satz-Wahrheit“ nicht dem in der Hebräischen Bibel verwendeten Wahrheitsbegriff. Das hebräische Wort für „Wahrheit“, *ämät*, bezeichnet vielmehr ein Geschehen zwischen Personen: Ehrlichkeit, Treue und Wahrhaftigkeit. Das im Neuen Testament verwendete griechische Wort für „Wahrheit“, *aletheia*, richtet sich zwar stärker auf ontologische Zusammenhänge und Sachverhalte, bezeichnet aber auch nicht die Übereinstimmung eines Satzes mit der Realität, sondern bedeutet „Unverborgenheit“, „Offenheit“ und „Klarheit“. Die Johannesbriefe fordern dazu auf, „in der Wahrheit zu wandeln“ und zu „leben“ (2 Joh 4; 3 Joh 3 f.). Es gilt, die Wahrheit zu „tun“ und dadurch zum Licht zu finden (Joh 3,21). „Umgürtet eure Lenden mit der Wahrheit“, heißt es im Epheserbrief (Eph 6,14): Der Christ soll im Hellen, Unverborgenen und Offenen leben. Erst im Mittelalter ist durch das lateinische Wort *veritas* das Verständnis von „Wahrheit“ als richtige Aussage über eine Sache in den Vordergrund getreten.

Im Sinne des biblischen, an der Personbeziehung orientierten Wahrheitsbegriffs hängen Gewalt und Unwahrheit konstitutiv zusammen. Eine gewalttätige Sprache und ein gewalttätiges Handeln können keine helle und klare, keine „wahre" Wirklichkeit schaffen. Die Wirklichkeit, die durch die mythische Rede vom göttlichen Raubtier, vom Höllendrachen oder von dem am Firmament dahinrasenden Himmelsstier konstituiert wird, schafft keine helle, klare, menschliche Wirklichkeit, ist also nicht „wahr" im Sinne von *aletheia*. Eine Religion mit hohem Gewaltpotenzial kann in diesem Sinne nicht „wahr" sein.

Unsere geschichtliche Betrachtungsweise zeigt dabei jedoch, dass es nicht möglich ist, eine Religion pauschal als gewaltverhaftet und „unwahr" oder als gewaltfrei und „wahr" zu bezeichnen. Religionen ändern im Laufe der Jahrhunderte ihr Gesicht und ihren Charakter. Sie können, wie das am Beispiel des Christentums zu sehen war, aus einem ursprünglichen Stadium höchster Gewaltfreiheit und Wahrheit für Jahrhunderte wieder in archaische Gewaltreligiosität zurücksinken. Das frühe Christentum mit seiner unbedingten Gewaltfreiheit war zweifellos „wahrer" als das Christentum in den Jahrhunderten der Inquisition und der Hexenverfolgung.

Auch innerhalb der Heiligen Schriften der Völker ist festzustellen, wie der – nach religiösem Glauben von Gott inspirierte – menschliche Geist um Gewaltfreiheit und Wahrheit ringt, dabei aber immer auch wieder in Gewaltverherrlichung und Unwahrheit zurücksinkt. Die Bhagavadgita in ihrem *ahimsa*-Streben und ihrer religiösen Toleranz ist ein wahres und heiliges Buch, aber sie ist gewalttätig und „unwahr", wenn sie das Töten aus Pflichtgefühl mit dem *ahimsa* für vereinbar hält. Die jüdisch-christlichen Schriften spiegeln, wie aufgezeigt, in ihrer Fülle und Verschiedenartigkeit – gipfelnd in den Erzählungen von der Passion Jesu – in überzeugender Weise das Ringen des Menschen um Gewaltfreiheit und Wahrheit wieder, wobei in ihnen aber immer wieder auch selbst die – im Ganzen des Schriftenkanons zu überwindende – archaische Gewaltreligiosität ihren Ausdruck findet. Die Lehrreden Buddhas sind „wahr" und demonstrieren ein radikal auf Gewaltfreiheit hin gerichtetes Denken, doch die logisch strenge Rede und die strategisch verfolgte Lebensweise, aufbauend auf der ersten der Vier Edlen Wahrheiten, nach der Leben in seinem Kern identisch ist mit Leiden, beinhalteten doch auch Elemente von Gewalt. Die fast auf jeder Seit auftauchende Aussage des Koran, die sog. „Ungläubigen" würden nach einer kurzen Zeit der Nutznießung des irdischen Lebens für ewig in die Hölle geworfen werden, ist gewalttätig und „unwahr". Ebenso gewalttätig und „unwahr" ist die als unfehlbares Dogma verkündete Lehrentscheidung des Konzils von Florenz aus dem Jahre 1442, in der es wörtlich heißt, „dass niemand außerhalb der katholischen Kirche weder Heide noch Jude noch Ungläubiger oder ein von der

Einheit Getrennter – des ewigen Lebens teilhaftig wird, vielmehr dem ewigen Feuer verfällt, das dem Teufel und seinen Engeln bereitet ist, wenn er sich nicht vor dem Tod ihr (der Kirche) anschließt";[185] durch die Konstruktion von der sogenannten „Begierdetaufe" musste diese gewalttätige Aussage wieder weitgehend zurückgenommen werden.

Gewalttätig und deshalb „Unwahrheit", Dunkelheit und Orientierungslosigkeit verbreitend wäre jedoch auch der Versuch, aus allen Religionen und heiligen Schriften der Völker die gewaltverhafteten und infolge dieser Gewaltverhaftetheit „unwahren" Aussagen und Erzählungen auszumerzen und synkretistisch ein gewaltfreies (und damit „wahres") Religionsgebäude aufzurichten. Eine solche logisch-abstrahierende gewalttätige Konstruktion wäre zutiefst „unwahr". Als endlichen sterblichen Menschen des winzigen Planeten Erde bleibt uns nur die Möglichkeit, uns der Geschichte des Lebens und des Denkens auf diesem Planeten (und ihrer oftmals verborgenen Tendenz) anzuvertrauen.

Wenn ich diese Hunderttausende von Jahren zurückreichende Geschichte als Ganzes überblicke, sehe ich in ihr Kräfte am Werk, die – wenn auch vom Menschen immer wieder mit brutaler Gewalt niedergehalten und verdrängt – in Richtung Wahrheit und Gewaltfreiheit tendieren. Die im zweiten Teil aufgezeigten, „geschichtlichen Befreiungsimpulse" geben davon Zeugnis. Das dem Menschen verfügbare Gewaltpotenzial hat sich im Vergleich zu den Anfängen der Menschheit zwar tausendfach vermehrt, seine Tötungsgewalt hat sich in den Atomwaffen zur Möglichkeit eines globalen Selbstmords gesteigert, aber durch diese Inflation der Gewalt beginnt diese weltweit ihren mythisch-heiligen Charakter, der ihr vom Ursprung her anhaftet, einzubüßen.

Noch baut die Politik auf dieser Gewalt auf. Seit dem Zusammenbruch der ehemaligen kommunistisch regierten Ostblockstaaten droht im Rahmen einer auswuchernden kapitalistischen Marktwirtschaft das Medium Geld zur höchsten, göttlich verehrten Gewalt aufzusteigen und über die Köpfe der Politiker hinweg die Welt zu regieren. Gewiss ist – wie die schwarzen Plastiken eines Stiers und eines Bären vor der Frankfurter Börse es treffend zum Ausdruck bringen – auch das Geld ein Stier- und Raubtiergott, der die Menschheit aufzuspalten und zu vernichten droht. Gewaltfreiheit und „Wahrheit" scheinen in unerreichbarer Ferne. Doch wenn es überhaupt eine Rettung für die Menschheit gibt, können die Kräfte, die sie bewirken, nur in der Geschichte gefunden werden.

Die moderne Naturwissenschaft neigt dazu, das Geschichtliche am Menschsein auszublenden. Menschliches Verhalten wird aus der Vorprägung durch Erbanlagen oder durch Erziehung erklärt. „Ein kaltblütiger Mörder hat eben das Pech, eine niedrige Tötungsschwelle zu haben", sagte der renommierte, mehrfach ausgezeichnete Neurowissenschaftler Wolf Singer in einem SPIEGEL-Interview;[186] die Gesellschaft müsse sich zwar vor ihm schützen, aber sie müsse auch versuchen, durch Schulungs- und Therapieprogramme seine Hemmschwelle anzuheben. In dieser ungeschichtlichen Sicht stellt sich die Frage: Waren die Mörder und Folterknechte in den Konzentrationslagern der Nationalsozialisten und ihre Hintermänner in den Parteizentralen nur bedauernswerte und zufällig sich ansammelnde Pechvögel? Der Blick auf menschliches Verhalten, insbesondere auf menschliche Gewalttätigkeit, gewinnt erst Kontur, wenn er das Phänomen aus dem Blickwinkel der Menschheitsgeschichte betrachtet. Hunderttausende von Jahren – während seiner gesamten Vorgeschichte bis hin zur achsenzeitlichen Wende (und in vielen Aspekten darüber hinaus bis in die Gegenwart) – hat der Mensch, von vereinzelten vergleichsweise winzigen „Inseln" im Geschichtsverlauf abgesehen, durch Initiationsriten, durch Hochschätzung und Einforderung der Blutrache, durch Opferrituale, durch Einübung der jeweils nachwachsenden Generation in Großwildjagd, Krieg und Heldenpathos und durch die Bildung entsprechender Sagen und Mythen systematisch daran gearbeitet, die Tötungsschwelle beim Mann als dem Jäger, Krieger und Opferpriester so weit wie möglich abzusenken und das gewaltsame Töten als gottgewollt und den Menschen in den göttlichen Seinsstatus erhebend, mit einem Wort: als „Heldentat", in das Bewusstsein zu heben. Nazi-Verbrecher, Terroristen, Gewaltverbrecher aller Couleur, auch gewaltbereite Jugendliche heute, sind, wenn auch unbewusst, von dieser vorgeschichtlichen Gefühls- und Denkströmung erfasst und praktizieren sie in gesellschaftlich heute verbotenen Bahnen. Die Gesellschaft kann erst dann glaubhaft und wirkungsvoll versuchen, beim einzelnen Gewalttäter die Tötungsschwelle anzuheben, wenn sie sich als ganze grundsätzlich von diesen vorgeschichtlichen Verhaltensmustern lossagt und darangeht, diese Unheilstraditionen systematisch abzubauen.

Die Religionen können nur in „Wahrheit" – im Sinne von *aletheia*, d.h. in Offenheit und Unverborgenheit – miteinander reden. Diese „Wahrheit" ist aber nicht im Besitz *einer* der Religionen der Menschheit – etwa als zutreffendes Urteil über metaphysische Sachverhalte –, sondern sie wirkt *zwischen* ihnen als Helligkeit, als Licht und Klarheit, die sich im Gespräch entfalten. Solche Wahrheit kann nicht von einer der Religionen als Besitz verwaltet werden.

Die Kräfte, die diesen heute so notwendigen Dialog bewirken können, liegen auch hier in der Geschichte. Indem jede Religion behutsam die geschichtlichen Linien nachzeichnet, die sie entstehen und sich entfalten ließen, kommt ihre „Wahrheit" und ihre „Unwahrheit" in den Blick.

Das Thema der Gewalt erwies sich in unserer Studie als Schlüssel, der den bis an den Anfang des Menschseins zurückreichenden Komplex der Religionsgeschichte aufschließt und deren große Linien sichtbar macht. Diese Zusammenschau der heutigen Weltreligionen ist jedoch nur dadurch möglich geworden, dass sie nicht erst bei der Entstehung der Hochkulturen ansetzt, sondern auch die Jahrhunderttausende der menschlichen Vorgeschichte mit einbezieht. Nicht selten wird dies als „unwissenschaftlich" bezeichnet, weil nur wenige wissenschaftlich gesicherte Daten aus ihr zu erheben sind; dies jedoch bedeutet, die Menschheitsgeschichte auf etwa 1% ihres geschichtlichen Verlaufs zu reduzieren. In einer Zeit, in der die Erdteile, Länder, Völker und Kulturen zu dem „Weltdorf Erde" zusammenwachsen, ist es notwendig, auch die *eine* ganze Geschichte der Menschheit in den Blick zu nehmen. Dabei reduzieren sich, wie aufgezeigt, die dogmatischen Unterschiede und Streitfragen der Religionen, die in der Geschichte zu blutigen Auseinandersetzungen geführt haben, auf die ihnen angemessene Größe. Es wird ein Raum frei, der es den Religionen ermöglicht, ohne Rivalität und Aggression aufeinander zuzugehen und gemeinsam nach Wegen zu suchen, auf denen die großen, heute anstehenden Menschheitsfragen bewältigt werden können. Wenn jede Religion sich in diesen Dialog authentisch so einbringt, wie sie geschichtlich geworden ist, kann sichtbar werden, dass sie einander ergänzen können. Es wird deutlich, dass jede Tradition unterschiedliche, aber jeweils wertvolle Aspekte der religiösen Erfahrung in besonderer Weise pflegt und in den Dialog einbringen kann. Das fernöstliche Denken lebt aus der Askese und Meditation und bekommt so das Ideal der Gewaltfreiheit *(ahimsa)* unverstellt in seinem religiösen Wert in den Blick. Die Abrahamreligionen machen in den dramatischen Erzählungen, Liedern, Gebeten und Prophetien ihrer heiligen Schriften deutlich, dass die transzendente Wirklichkeit personal ansprechbar ist und die rettende Gewaltfreiheit und Wahrheit sich in Personbeziehungen realisieren müssen. Wenn im religiösen Dialog diese unterschiedlichen Aspekte aufscheinen und – einander ergänzend – diesen Dialog prägen, entsteht „Wahrheit": Unverborgenheit, Offenheit und Helligkeit im Leben und Denken der Menschen in der einen, klein gewordenen Welt.

Anmerkungen

[1] C. G. Jung, Gesammelte Werke, 9. Bd., 1. Halbbd.: Die Archetypen und das kollektive Unbewußte, 2. Aufl. Olten–Freiburg 1976, S. 34.
[2] Ebd. S. 32 f.
[3] Ebd. S. 33.
[4] Vgl. M. Eliade, Die Religionen und das Heilige, Salzburg 1954, S. 33.
[5] N. M. Tanner, Wie wir Menschen wurden. Der Anteil der Frau an der Entstehung des Menschen, Frankfurt a. M.–New York 1994 (Original: On Becoming Human, Cambridge 1981).
[6] Vgl. R. Dart, Australopithecus africanus: The man-ape of South Africa, in: *nature* 115 (1925), S. 195–199.
[7] Vgl. U. Lüke, Noch Tier oder schon Mensch? Biologische und theologische Überlegungen zum Rubikon der Hominisation, in: Hirschberg, Ztschr. des Bundes Neudeutschland 49 (1996), Nr. 7/8, S. 752–759.
[8] Vgl. A. Portmann, Zoologie und das neue Bild des Menschen, Hamburg 1956.
[9] Vgl. Lüke, Noch Tier oder schon Mensch?, a. a. O., S. 755, These 5.
[10] Ebd. S. 753.
[11] Vgl. J. Goodall, Wilde Schimpansen, Hamburg 1.–20. Tsd. 1971, S. 285–296.
[12] Chr. Vogel, Vom Töten zum Mord. Das wirklich Böse in der Evolutionsgeschichte, München–Wien 1989, S. 81.
[13] Vgl. Lüke, Noch Tier oder schon Mensch?, a. a. O., S. 754.
[14] P. L. Berger, Auf den Spuren der Engel, Frankfurt a. M. 1970.
[15] Ebd. S. 82.
[16] Ebd.
[17] Vgl. G. Baudler, Gott und Frau. Die Geschichte von Gewalt, Sexualität und Religion, München 1991, S. 162–179.
[18] Vgl. E. Neumann, Die große Mutter. Eine Phänomenologie der weiblichen Gestaltungen des Unbewußten, Olten 2. Aufl. 1974, S. 33 ff. sowie 123 ff. und 147 ff.
[19] Vgl. G. Baudler, Dar Kreuz. Geschichte und Bedeutung, Düsseldorf 1997, S. 174–184.
[20] Vgl. C. K. Brian, Some aspects of the South African australopithecine sites and their bone accumulations, in: J. Jolly Clifford (Hrsg.), Early Huminids of Africa, London 1978, S. 131–161.
[21] K. Ziegler/W. Sontheimer (Hrsg.), Der Kleine Pauly. Lexikon der Antike in fünf Bänden, München 1979, Bd. 5, Sp. 1388.
[22] Ebd. Bd. 3, Sp. 805.
[23] Ebd. Bd. 5, Sp. 1388.
[24] Ebd. Sp. 1389.
[25] Vgl. W. F. Otto, Dionysos. Mythos und Kultus, Darmstadt 3. Aufl. 1960.
[26] Vgl. B. Ehrenreich, Blutrituale. Ursprung und Geschichte der Lust am Krieg, o. O. (Verlag Antje Kunstmann) o. J. (1998), S. 91.

[27] Vgl. ebd.
[28] Vgl. ebd. S. 92 f.
[29] P. Schebesta, Die Bambuti-Pygmäen von Ituri, Bd. II, Teil 1, Brüssel 1941, S. 114 ff.
[30] A. E. Jensen, Die getötete Gottheit. Weltbild einer frühen Kultur, Stuttgart u. a. 1966, S. 108.
[31] J. Batchelor, The Ainu and their Folklore, London 1901, S. 483–495.
[32] Vgl. Jensen, Die getötete Gottheit, a. a. O., S. 27–86.
[33] Vgl. ebd. S. 98 f.
[34] Ehrenreich, Blutrituale, a. a. O., S. 95.
[35] I. Eibl-Eibesfeldt, Grundriß der vergleichenden Verhaltensforschung, München 7. Aufl. 1987, S. 155.
[36] W. Sofsky, Traktat über die Gewalt, Frankfurt a. M. 1996, S. 67 f.
[37] Ebd.
[38] Vgl. H. Müller-Karpe, Handbuch der Vorgeschichte, 1. Bd.: Altsteinzeit, München 1966, S. 169; vgl. auch ebd. S. 234.
[39] Vgl. R. Girards Hauptwerk: Das Heilige und die Gewalt, Zürich 1987, sowie: ders., Das Ende der Gewalt. Analyse des Menschheitsverhängnisses, Freiburg i. Br. 1983.
[40] Vgl. Ehrenreich, Blutrituale, a. a. O., S. 67.
[41] Vgl. ebd. S. 68.
[42] W. Burkert, Homo Necans, Berlin 1972.
[43] W. Burkert, Structure and History in Greek Mythology and Ritual, Berkeley 1979, S. 72.
[44] R. Girard, Das Heilige und die Gewalt, a. a. O., bes. S. 9–167.
[45] Vgl. M. Eliade, Das Mysterium der Wiedergeburt. Initiationsriten, ihre kulturelle und religiöse Bedeutung, Zürich–Stuttgart 1961, S. 70.
[46] Vgl. ebd.
[47] H. Schulz, Stammesreligionen. Zur Kreativität des kulturellen Bewußtseins, Stuttgart 1993, S. 110.
[48] Vgl. dazu G. Baudler, Töten oder lieben, München 1994, S. 36–56.
[49] Genauer dazu: ebd. S. 17–36.
[50] Vgl. K. B. Leder, Todesstrafe. Ursprung, Geschichte, Opfer, Wien–München 1980, S. 35: „Die Blutrache hat nichts mit unserem heutigen Begriff von Rache gemein. Es handelt sich bei ihr nicht um jene bekannte Aufwallung von Haß, Zorn und Aggressivität, die wir Rache nennen – oder wenn, dann doch nur sehr am Rande."
[51] Ebd. S. 36.
[52] Vgl. dazu: ebd. S. 33 sowie G. Weiß, Zur Anthropologie des Todes. Konzeptionen außereuropäischer (Stammes-)Gesellschaften zu Totenkult und Jenseitsglauben, in: D. Sich/H. H. Figge/P. Hinderling (Hrsg.), Sterben und Tod. Eine kulturvergleichende Analyse, Braunschweig–Wiesbaden 1984, S. 217–226.
[53] S. Schwandtner-Sievers, Zur Logik der Blutrache in Nordalbanien, in: *Sociologicus* 46 (1996), S. 109–129, hier: S. 123.
[54] Vgl. N. Davies, Opfertod und Menschenopfer. Glaube, Liebe und Verzweiflung in der Geschichte der Menschheit, Düsseldorf–Wien 1981, S. 253.
[55] Vgl. W. Seagle, Weltgeschichte des Rechts, München 4. Aufl. 1969, S. 64.
[56] Vgl. J. J. Bachofen, Das Mutterrecht, Frankfurt a. M. 3. Aufl. 1980; H. Göttner-

Abendroth, Das Matriarchat, Stuttgart–Berlin–Köln Bd. II,1 (2. Aufl. 1999), Bd. II,2 (2000).

57 Vgl. J. G. Frazer, Der goldene Zweig. Eine Studie über Magie und Religion, Berlin 1968, S. 617–650.

58 Vgl. G. Baudler, Das Kreuz. Geschichte und Bedeutung, Düsseldorf 1997, S. 141–193.

59 Vgl. Brockhaus-Weltgeschichte Bd. 1: Anfänge der Menschheit und frühe Hochkulturen, Leipzig–Mannheim 1997, S. 65.

60 K. Jaspers, Vom Ursprung und Ziel der Geschichte, München 1949 (8. Aufl. 1988).

61 Ebd. S. 20.

62 F. Heiler, Die Religionen der Menschheit, Stuttgart 4. Aufl. 1982, S. 152.

63 H. W. Schumann, Der historische Buddha, Köln 1982, S. 55.

64 M. Eliade, Geschichte der religiösen Ideen, Bd. I, Freiburg–Basel–Wien 1978, S. 282.

65 K. Jaspers, Die großen Philosophen, München–Zürich 5. Aufl. 1989.

66 Vgl. W. Eichhorn, Die Religionen Chinas, Stuttgart 1973, S. 51.

67 Vgl. Kungfutse, Gespräche. Lun Yü, aus dem Chinesischen übertragen und hrsg. von R. Wilhelm, München 50.–52. Tausend 1990, Buch II,7; S. 44.

68 Ebd., Buch III,13; S. 54.

69 Ebd.

70 Laotse, Tao-te-king, übersetzt und kommentiert von R. Wilhelm, erw. Neuausgabe, Köln 1991, S. 41, aus Spruch 1.

71 Vgl. Girard, Das Heilige und die Gewalt, a. a. O., S. 104–132.

72 Vgl. N. Söderblom (Hrsg.), Tiele-Söderbloms Kompendium der Religionsgeschichte, Berlin-Schöneberg 6. Aufl. 1931, S 277.

73 Vgl. Laotse, Tao-te-king, a. a. O., Spruch 78.

74 Nach P. J. Jensen, Die griechische Religion, in: J. P. Asmussen/J. Laessoe/C. Colpe (Hrsg.), Handbuch der Religionsgeschichte Bd. 3, Göttingen 1975, S. 214.

75 Vgl. K. Albert, Griechische Religion und platonische Philosophie, Hamburg 1980.

76 Vgl. ebd. S. 110.

77 Ebd.

78 Aristoteles, Politik, Buch I: 1252 a, übers. v. E. Rolfes, in: ders., Philosophische Bibliothek Bd. 7, Hamburg 1990.

79 K. Jaspers, Vom Ursprung und Ziel der Geschichte, a. a. O., S. 20.

80 Ebd. S. 84.

81 Ebd. S. 22.

82 Ebd.

83 Vgl. G. Baudler, El Jahwe Abba. Wie die Bibel Gott versteht, Düsseldorf 1996.

84 B. Lang, Jahwe, der biblische Gott. Ein Porträt, München 2002, S. 43.

85 Vgl. K.-H. Ohlig, Religion in der Geschichte der Menschheit, Darmstadt 2002, S. 200.

86 Dazu G. Baudler, Jesus im Spiegel seiner Gleichnisse. Das erzählerische Lebenswerk Jesu – ein Zugang zum Glauben, Stuttgart–München 2. Aufl. 1988, S. 216–234.

87 K. Jaspers, Chiffren der Transzendenz, hrsg. von Hans Sauer, München 1970, S. 44.

88 Vgl. H.-W. Gensichen, Weltreligionen und Weltfriede, Göttingen 1985, S. 40 f.

89 Ebd. S. 41.

[90] Zitate nach: Bhagavadgita/Aschtavakragita. Indiens heilige Gesänge, übertragen und kommentiert von Leopold von Schroeder, 5. Aufl. Köln 1987.
[91] A. Becke, Gandhi. Zur Einführung, Hamburg 1999, S. 7.
[92] Vgl. O. Wolff, Mahatma Gandhi. Politik und Gewaltlosigkeit, Göttingen–Berlin–Frankfurt 1963, S. 90 f.
[93] Ebd.
[94] M. K. Gandhi, Eine Autobiographie oder die Geschichte meiner Experimente mit der Wahrheit, Gladenbach 6. Aufl. 1995, S. 21.
[95] M. Gandhi, Jung-Indien. Aufsätze aus den Jahren 1919–1922, ausgewählt von Romain und Madeleine Rolland, Erlenbach–Zürich 1924, S. 350.
[96] Vgl. A. Becke, Gandhi, a. a. O., S. 71.
[97] Vgl. ebd. S. 81.
[98] Vgl. ebd. S. 88.
[99] Vgl. ebd. S. 141.
[100] Ebd. S. 10.
[101] M. Gandhi, Jung-Indien, a. a. O., S. 135.
[102] Vgl. F. Heiler, Religionen der Menschheit, neu herausgegeben von K. Goldammar, 4. Aufl. Stuttgart 1982, S. 176 f.
[103] Ebd. S. 177.
[104] Vgl. H.-W. Gensichen, Weltreligionen und Weltfrieden, a. a. O., S. 59.
[105] S. Radhakrishnan, Religion und Gesellschaft, Darmstadt o. J., S. 202.
[106] E. Conze, Der Buddhismus. Wesen und Entwicklung, Stuttgart 2. Aufl. 1956, S. 68.
[107] H.-W. Gensichen, a. a. O., S. 66.
[108] Vgl. ebd., S. 74.
[109] Vgl. F. Heiler, Die Religionen der Menschheit, a. a. O., S. 200.
[110] Vgl. ebd., S. 128.
[111] Vgl. Art. *Lin Chi-I Hsüan*, in: J. Bowker (Hrsg.), Oxford-Lexikon der Weltreligionen, Düsseldorf 1999, S. 602.
[112] Vgl. F. Heiler, Die Religionen der Menschheit, a. a. O., S. 172.
[113] Vgl. Gensichen, a. a. O., S. 76.
[114] F. Heiler, a. a. O., S. 221.
[115] Vgl. ebd., S. 178.
[116] Vgl. H. Göttner-Abendroth, Das Matriarchat II, 1, a. a. O., S. 58–75.
[117] Vgl. V. u. V. Trimondi, Der Schatten des Dalai Lama. Sexualität, Magie und Politik im tibetischen Buddhismus, Düsseldorf 1999.
[118] H.-W. Gensichen, a. a. O., S. 119.
[119] Vgl. z. B. G. Fohrer, Jesaja 40–66. Deuterojesaja – Tritojesaja, Zürcher Bibelkommentare, Zürich 2. Aufl. 1986.
[120] M. Buber, Zwei Glaubensweisen, Zürich 1950, S. 93.
[121] S. Ben-Chorin, Bruder Jesus. Der Nazarener in jüdischer Sicht, München 3. Aufl. 1979.
[122] Ebd. S. 10.
[123] Ebd. S. 24.
[124] Vgl. G. Baudler, „Gib uns heute das Zionsbrot". Überlegungen zur Brotbitte des Vaterunsers (Mt 6,11), in: Katechetische Blätter 123 (1998), S. 220–229.

[125] Vgl. H.-W. Kuhn, Jesus als Gekreuzigter in der frühchristlichen Verkündigung bis zur Mitte des 2. Jahrhunderts, in: Zeitschrift für Theologie und Kirche 72 (1975), S. 1–46; hier: S. 34.
[126] Vgl. ebd.
[127] Vgl. G. Baudler, Das Kreuz, a. a. O., S. 141–193.
[128] K. Lehmann, Auferweckt am dritten Tag nach der Schrift, Freiburg 1968.
[129] G. Barth, Der Tod Jesu Christi im Verständnis des Neuen Testaments, Neukirchen-Vluyn 1992, vgl. Inhaltsverzeichnis.
[130] Vgl. J. Roloff, Anfänge der soteriologischen Deutung des Todes Jesu (Markus X,45 und Lukas XII,27), in: New Testament Studies 19 (1972/73), S. 38–64.
[131] Vgl. G. Barth, Der Tod Jesu Christi im Verständnis des Neuen Testaments, a. a. O., S. 98 (Kap. 8).
[132] Vgl. zu diesen Deutungen des Kreuzestodes Jesu G. Baudler, Das Kreuz, a. a. O., S. 194–265.
[133] Tertullian, Über den Götzendienst, 19, in: Bibliothek der Kirchenväter (BKV), 2. Auflage Bd. 7, S. 168.
[134] Tertullian, Vom Kranze des Soldaten, 11, in: BKV, Bd. 24, S. 253.
[135] Hippolyt, Traditio Apostolica 16; Textrekonstruktion nach B. Botte/A. Gerhards, La Tradition apostolique de Saint Hippolyte, Münster 5. Aufl. 1989, S. 36.
[136] Cyprian, Vom Segen der Geduld, 14, in: BKV, Bd. 24, S. 302.
[137] Traditio apostolica 16, a. a. O., S. 36.
[138] Cyprian, An Donatus, 6, in: BKV, Bd. 34, S. 45.
[139] Origenes, Gegen Celsus, VIII, 73, in: BKV, Bd. 53, S. 392.
[140] Vgl. W. Rordorf, Tertullians Beurteilung des Soldatenstandes, in: Th. Mohrmann u. a. (Hrsg.), Vigiliae christianae, Bd. 23, Amsterdam 1969, S. 105–141.
[141] Erster Brief des Clemens an die Korinther, 37, in: BKV, Bd. 35, S. 50.
[142] Vgl. Tertullian, An die Märtyrer, 1, in: BKV, Bd. 7, S. 216.
[143] Vgl. ebd., S. 179.
[144] Vgl. R. Kottje/B. Moeller (Hrsg.), Ökumenische Kirchengeschichte 1, Alte Kirche und Ostkirche, Mainz–München 1970, S. 133.
[145] Vgl. A. Franzen, Kleine Kirchengeschichte, Freiburg i. Br. 1965, S. 96.
[146] Vgl. K. Deschner, Abermals krähte der Hahn. Eine Demaskierung des Christentums von den Evangelisten bis zu den Faschisten, Hamburg 1972, S. 487.
[147] Vgl. J. Meier, Art. *Conquista*, in: Lexikon für Theologie und Kirche Bd. 2, Freiburg u. a. 1994, Sp. 1298.
[148] Ebd.
[149] Koranzitate nach: Der Koran. Übersetzung von R. Paret, 6. Aufl. Stuttgart–Berlin–Köln 1993.
[150] Gesprächsbeitrag von A. Schimmel, in: A. Bsteh (Hrsg.), Der Islam als Anfrage an christliche Theologie und Philosophie, Mödling 1994, S. 357.
[151] Vgl. ebd.
[152] W. M. Watt/A. T. Welch, Der Islam I, Stuttgart u. a. 1980, S. 131.
[153] W. Sofsky, Paradies der Grausamkeit. Was ist es, das im Mensch sticht, schießt, prü-

gelt und mordet? Eine Anatomie der Gewalt, in: Frankfurter Allgemeine Zeitung vom 2. 2. 1999, Nr. 27, S. 51.

[154] W. Sofsky, Traktat über die Gewalt, Frankfurt a. M. 1996, S. 67 f.

[155] Vgl. R. Paret, Mohammed und der Koran, 7. Aufl. Stuttgart–Berlin–Köln 1991, S. 155.

[156] Vgl. K. Senocak, Islam. Idee und Lehre, Köln 3. Aufl. 1987, S. 87.

[157] DER SPIEGEL, Nr. 40 (2001).

[158] Vgl. W. M. Watt/M. Marmura, Islam II, Stuttgart 1985, S. 13–14.

[159] Vgl. John Bowker (Hrsg.), Das Oxford-Lexikon der Weltreligionen, a. a. O., S. 902.

[160] Vgl. G. Barth, Der Tod Jesu im Verständnis des Neuen Testaments, S. VII, Inhaltsverzeichnis.

[161] John Bowker (Hrsg.), Das Oxford-Lexikon der Weltreligionen, a. a. O., S. 42.

[162] O. Marquard, Lob des Polytheismus. Über Monomythie und Polymythie, in: ders., Abschied vom Prinzipiellen. Philosophische Studien, Stuttgart 1981, S. 91–116.

[163] Dazu: J. Manemann, Götterdämmerung. Politischer Anti-Monotheismus in Wendezeiten, in: ders. (Hrsg.), Monotheismus, Münster–Hamburg–London 2003, S. 28–49.

[164] J. Assmann, Moses der Ägypter. Entzifferung einer Gedächtnisspur, München–Wien 1998; sowie ders., Die Mosaische Unterscheidung. Oder der Preis des Monotheismus, München–Wien 2003.

[165] J. Kardinal Ratzinger, Glaube – Wahrheit – Toleranz. Das Christentum und die Weltreligionen, Freiburg i. Br. 2003, S. 170–186.

[166] B. Lang, Jahwe, der biblische Gott. Ein Porträt, München 2003, S. 157.

[167] J. Assmann, Die Mosaische Unterscheidung, a. a. O., S. 64–71.

[168] Vgl. die Beiträge von R. Rendtorff, E. Zenger, K. Koch, G. Kaiser und K.-J. Kuschel im Anhang zu R. Assmann, Die Mosaische Unterscheidung, a. a. O., S. 193–286.

[169] E. Zenger, Was ist der Preis des Monotheismus?, in: ebd. S. 209–220; hier S. 215.

[170] Ebd.

[171] Assmann, Die Mosaische Unterscheidung, a. a. O., S. 61.

[172] R. König, Familie und Familiensoziologie, in: W. Bernsdorf (Hrsg.), Wörterbuch der Soziologie, Frankfurt a. M. 1972, S. 217.

[173] K. Rahner, Die Ignatianische Mystik der Weltfreudigkeit, in: ders., Schriften zur Theologie Bd. III, Einsiedeln–Zürich–Köln 2. Aufl. 1957, S. 329–348.

[174] Ebd. S. 338.

[175] K. Rahner, Passion und Askese, in: ders., Schriften zur Theologie Bd. III, a. a. O., S. 73–104; hier: S. 104.

[176] Vgl. oben Kap. C.II.2. den 3. und 4. Abschnitt.

[177] F. Altheim, Konstantins Triumph von 312, in: Zeitschrift für Religions- und Geistesgeschichte Nr. 9 (1957), S. 221–231, hier S. 223.

[178] Assmann, Die Mosaische Unterscheidung, a. a. O., S. 11 f.

[179] Ebd., S. 53 u. ö.

[180] G. Gäde, Christus in den Religionen. Der christliche Glaube und die Wahrheit der Religionen, Paderborn u. a. 2003, bes. S. 131–190.

[181] Vgl. H. Küng, Projekt Weltethos, München–Zürich 1991; dazu: ders./K.-J. Kuschel (Hrsg.), Erklärung zum Weltethos. Die Deklaration des Parlamentes der Weltreligionen, München 1993.

[182] Vgl. M. Böhme, B. Neumann, W. Ratzmann, J. Ziemer (Hrsg.), Mission als Dialog. Zur Kommunikation des Evangeliums heute, Leipzig 2003.
[183] Vgl. G. Baudler, Ursünde Gewalt. Das Ringen um Gewaltfreiheit, Düsseldorf 2001.
[184] Vgl. F.-L. Hossfeld, „Du sollst nicht töten!" Das fünfte Dekaloggebot im Kontext alttestamentlicher Ethik, Stuttgart 2003.
[185] J. Neuner/H. Roos (Hrsg.), Der Glaube der Kirche in den Urkunden der Lehrverkündigung, 5. Aufl. Regensburg 1958, Nr. 350, S. 222.
[186] SPIEGEL-Special Nr. 4/2003, Die Entschlüsselung des Gehirns, S. 25.

Bibliographie

Quellen

Bhagavadgita/Aschtavakragita – Indiens heilige Gesänge, übertragen und kommentiert von Leopold von Schroeder. 5. Aufl. Köln 1987.

Bibliothek der Kirchenväter – Eine Auswahl patristischer Werke in deutscher Übersetzung, hrsg. von O. Bardenhewer u. a. – I. Reihe: 61 Bände und 2 Registerbände; II. Reihe: 20 Bände. Kempten–München 2. Auflage 1911–1938 (abgekürzt: BKV).

Der Koran. Übersetzung von R. Paret. 6. Aufl. Stuttgart–Berlin–Köln 1993.

Die Fragmente der Vorsokratiker (Griechisch–Deutsch). Hrsg. von W. Kranz. Berlin 6. Aufl. 1951.

Einheitsübersetzung der Heiligen Schrift. Stuttgart 1980.

Gandhi, M., Jung-Indien – Aufsätze aus den Jahren 1919–1922. Ausgewählt von Romain und Madeleine Rolland, Erlenbach–Zürich 1924.

Kungfutse: Gespräche (Lun Yü). Aus dem Chinesischen übertragen und hrsg. von R. Wilhelm. München 50.–52. Tausend 1990.

Laotse: Tao-te-king. Übersetzt und kommentiert von R. Wilhelm, erw. Neuausgabe, Köln 1991.

Der Glaube der Kirche in den Urkunden der Lehrverkündigung. Hrsg. J. Neuner/ H. Roos. 5. Aufl. Regensburg 1958.

Philosophische Bibliothek, hrsg. und übersetzt von E. Rolfes. Hamburg 1999.

Traditio apostolica 16. Textrekonstruktion nach B. Botte und A. Gerhards: La Tradition apostolique de Saint Hippolyte. Münster 5. Aufl. 1989.

Monographien, Aufsätze, Artikel

Albert, K.: Griechische Religion und platonische Philosophie. Hamburg 1980.

Altheim, F.: Konstantins Triumph von 312. In: Zeitschrift für Religions- und Geistesgeschichte Nr. 9 (1957).

Assmann, J.: Die Mosaische Unterscheidung. Oder der Preis des Monotheismus. München–Wien 2003.

Bachofen, J. J.: Das Mutterrecht. Frankfurt a. M. 3. Aufl. 1980.

Barth, G.: Der Tod Jesu Christi im Verständnis des Neuen Testaments. Neukirchen-Vluyn 1992.

Batchelor, J.: The Ainu and their Folklore. London 1901.

Baudler, G.: Gott und Frau. Die Geschichte von Gewalt, Sexualität und Religion. München 1991.

Baudler, G.: Töten oder lieben. München 1994.

Baudler, G.: Das Kreuz. Geschichte und Bedeutung. Düsseldorf 1997.

Baudler, G.: Jesus im Spiegel seiner Gleichnisse. Das erzählerische Lebenswerk Jesu. München–Stuttgart 2. Aufl. 1988.

Baudler, G.: El Jahwe Abba. Wie die Bibel Gott versteht. Düsseldorf 1996.

Baudler, G.: „Gib uns heute das Zionsbrot". Überlegungen zur Brotbitte des Vaterunsers (Mt 6,11); in: Katechetische Blätter 123 (1998), S. 220–229.

Baudler, G.: Ursünde Gewalt. Das Ringen um Gewaltfreiheit. Düsseldorf 2001.

Becke, A.: Gandhi. Zur Einführung. Hamburg 1999.

Ben-Chorin, S.: Bruder Jesus. München 3. Aufl. 1979.

Berger, P. L.: Auf den Spuren der Engel. Frankfurt a. M. 1970 (Originaltitel: A Rumor of Angels).

Böhme, M./Neumann, B./Ratzmann, W./Ziemer, J. (Hrsg.): Mission als Dialog – Zur Kommunikation des Evangeliums heute. Leipzig 2003.

Brian, C. K.: Some aspects of the South African australopithecine sites and their bone accumulations; in: J. Jolly Clifford (Hrsg.): Early Humanoids of Africa. London 1978, S. 131–161.

Bsteh, A. (Hrsg.): Der Islam als Anfrage an christliche Theologie und Philosophie, Mödling 1994.

Buber, M.: Zwei Glaubensweisen. Zürich 1950.

Burkert, W.: Homo Necans. Berlin 1972.

Burkert, W.: Structure and History in Greek Mythology and Ritual. Berkeley 1979.

Conze, E.: Der Buddhismus. Wesen und Entwicklung. Stuttgart 2. Aufl. 1956.

Dart, R.: Australopithecus africanus: The man-ape of South Africa; in: *nature* 115 (1925), S. 195–199.

Davies, N.: Opfertod und Menschenopfer. Glaube, Liebe und Verzweiflung in der Geschichte der Menschheit. Düsseldorf–Wien 1981.

Deschner, K.-H.: Abermals krähte der Hahn. Eine Demaskierung des Christentums von den Evangelisten bis zu den Faschisten. Hamburg 1972.

Ehrenreich, B.: Blutrituale. Ursprung und Geschichte der Lust am Krieg. o. O. (Verlag Antje Kunstmann) o. J. (1998).

Eibl-Eibesfeldt, I.: Grundriß der vergleichenden Verhaltensforschung. München 7. Aufl. 1987.

Eichhorn, W.: Die Religionen Chinas. Stuttgart 1973.

Eliade, M.: Die Religionen und das Heilige. Salzburg 1954.

Eliade, M.: Das Mysterium der Wiedergeburt. Initiationsriten, ihre kulturelle und religiöse Bedeutung. Zürich–Stuttgart 1961.

Eliade, M.: Geschichte der religiösen Ideen. Bd. I. Freiburg–Basel–Wien 1978.

Fohrer, G.: Jesaja 40–66. Deuterojesaja – Tritojesaja. Züricher Bibelkommentare. Zürich 2. Aufl. 1986.

Franzen, A.: Kleine Kirchengeschichte. Freiburg i. Br. 1965.

Frazer, J. G.: Der goldene Zweig. Eine Studie über Magie und Religion. Berlin 1968.

Gäde, G.: Christus in den Religionen. Der christliche Glaube und die Wahrheit der Religionen. Paderborn u. a. 2003.

Gandhi, M. K.: Eine Autobiographie oder die Geschichte meiner Experimente mit der Wahrheit. Gladenbach 6. Aufl. 1995.

Gensichen, H.-W.: Weltreligionen und Weltfriede. Göttingen 1985.

Girard, R.: Das Heilige und die Gewalt. Zürich 1987.

Goodall, J.: Wilde Schimpansen. Hamburg 1.–20. Tsd. 1971.

Göttner-Abendroth, H.: Das Matriarchat II, 1.: Stammesgesellschaften in Ostasien, Indonesien, Ozeanien. Stuttgart 2. Aufl. 1999.

Hentig, H. v.: Die Strafe. Berlin 1954.

Heiler, F.: Die Religionen der Menschheit. Stuttgart 4. Aufl. 1982.

Hossfeld, F.-L.: „Du sollst nicht töten!" Das fünfte Dekaloggebot im Kontext alttestamentlicher Ethik. Stuttgart 2003.

Jaspers, K.: Hoffnung und Sorge. Schriften zur deutschen Politik 1945–1965. München 1965.

Jaspers, K.: Chiffren der Transzendenz. Hrsg. von Hans Sauer. München 1970.

Jaspers, K.: Vom Ursprung und Ziel der Geschichte. München–Zürich 9. Aufl. 1988.

Jensen, A. E.: Die getötete Gottheit. Weltbild einer frühen Kultur. Stuttgart u. a. 1966.

Jensen, P. J.: Die griechische Religion. In: Asmussen, J. P./Laessoe, J./Colpe, C. (Hrsg.): Handbuch der Religionsgeschichte Bd. 3. Göttingen 1975, S. 214.

Jung, C. G.: Gesammelte Werke, 9. Bd., 1. Halbbd.: Die Archetypen und das kollektive Unbewusste. 2. Aufl. Olten–Freiburg 1976.

König, R.: Familie und Familiensoziologie. In: W. Bernsdorf (Hrsg.): Wörterbuch der Soziologie. Frankfurt a. M. 1972.

Kottje, R./Moeller, B. (Hrsg.): Ökumenische Kirchengeschichte 1 – Alte Kirche und Ostkirche. Mainz–München 1970.

Küng, H.: Projekt Weltethos. München–Zürich 1991.

Küng, H./Kuschel, K.-J. (Hrsg.): Erklärung zum Weltethos. Die Deklaration des Parlamentes der Weltreligionen. München 1993.

Kuhn, H.-W.: Jesus als Gekreuzigter in der frühchristlichen Verkündigung bis zur Mitte des 2. Jahrhunderts; in: Zeitschrift für Theologie und Kirche 72 (1975), S. 1–46.

Lang, B.: Jahwe, der biblische Gott. Ein Porträt. München 2002.

Leder, K. B.: Todesstrafe. Ursprung, Geschichte, Opfer. Wien–München 1980.

Lehmann, K.: Auferweckt am dritten Tag nach der Schrift. Freiburg 1968.

Lüke, U.: Noch Tier oder schon Mensch?. Biologische und theologische Überlegungen zum Rubikon der Hominisation. In: Hirschberg. Ztschr. des Bundes Neudeutschland 49 (1996), Nr. 7/8, S. 752–759.

Manemann, J.: Götterdämmerung. Politischer Anti-Monotheismus in Wendezeiten; in: ders. (Hrsg.): Monotheismus. Münster–Hamburg–London 2003, S. 28–49.

Marquard, O.: Lob des Polytheismus. Über Monomythie und Polymythie; in: ders.: Abschied vom Prinzipiellen – Philosophische Studien. Stuttgart 1981, S. 91–116.

Müller-Karpe, H.: Handbuch der Vorgeschichte, Bd. 1 (Altsteinzeit). München 1966.

Neumann, E.: Die große Mutter – Eine Phänomenologie der weiblichen Gestaltungen des Unbewußten. Olten 2. Aufl. 1974.

Ohlig, K.-H.: Religion in der Geschichte der Menschheit. Darmstadt 2002.

Otto, W. F.: Dionysos – Mythos und Kultus. Darmstadt 3. Aufl. 1960.

Paret, R.: Mohammed und der Koran. 7. Aufl. Stuttgart–Berlin–Köln 1991.

Radhakrishnan, S.: Religion und Gesellschaft. Darmstadt o. O. o. J.

Rahner, K.: Die Ignatianische Mystik der Weltfreudigkeit; in: ders.: Schriften zur Theologie Bd. III. Einsiedeln–Zürich–Köln, 2. Aufl. 1957, S. 329–348.

Rahner, K.: Passion und Askese; in: ders.: Schriften zur Theologie Bd. III, a. a. O., S. 73–104.

Ratzinger, J. (Kardinal): Glaube – Wahrheit – Toleranz. Das Christentum und die Weltreligionen. Freiburg i. Br. 2003.

Roloff, J.: Anfänge der soteriologischen Deutung des Todes Jesu (Markus X und Lukas XII,27); in: New Testament Studies 19 (1972/73), S. 38–64.

Rordorf, W.: Tertullians Beurteilung des Soldatenstandes; in: Mohrmann, Th. u. a. (Hrsg.): Vigilae christianae. Bd. 23, Amsterdam 1969, S. 105–141.

Schebesta, P.: Die Bambuti-Pygmäen von Ituri. Bd. II, Teil 1. Brüssel 1941.

Schulz, H.: Stammesreligionen. Zur Kreativität des kulturellen Bewusstseins. Stuttgart 1993.

Schumann, H. W.: Der historische Buddha. Köln 1982.

Schwandtner-Sievers, S.: Zur Logik der Blutrache in Nordalbanien; in: *Sociologicus* 46 (1996), S. 109–129.

Senocak, K.: Islam – Idee und Lehre. Köln 3. Aufl. 1987.

Söderblom, N. (Hrsg.): Tiele-Söderbloms Kompendium der Religionsgeschichte. Berlin-Schöneberg 6. Aufl. 1931.

Sofsky, W.: Traktat über die Gewalt. Frankfurt a. M. 1996.

Sofsky, W.: Paradies der Grausamkeit. Was ist es, das im Mensch sticht, schießt, prügelt und mordet? Eine Anatomie der Gewalt; in: Frankfurter Allgemeine Zeitung 2. 2. 1999, Nr. 27, S. 51.

SPIEGEL-Gespräch mit dem Neurowissenschaftler Wolf Singer über die Illusion des freien Willens; in: SPIEGEL-special Nr. 4/2003: Die Entschlüsselung des Gehirns, S. 20–25.

Stolz, E.: Das erste und zweite Buch Samuel. Zürich 1981.

Tanner, N. M.: Wie wir Menschen wurden. Der Anteil der Frau an der Entstehung des Menschen. Frankfurt a. M.–New York 1994 (Original: On Becoming Human. Cambridge 1981).

Trimondi, V. u. V.: Der Schatten des Dalai Lama. Sexualität, Magie und Politik im tibetischen Buddhismus. Düsseldorf 1999.
Vogel, Chr.: Vom Töten zum Mord. Das wirklich Böse in der Evolutionsgeschichte. München–Wien 1989.
Watt, M. W./Welch, A. T.: Der Islam I, Mohammed und die Frühzeit. Islamisches Recht – Religiöses Leben. Stuttgart u.a. 1980.
Watt, M. W./Welch, A. T.: Der Islam II, Politische Entwicklungen und theologische Konzepte. Stuttgart u.a. 1985.
Weiß, G.: Zur Anthropologie des Todes. Konzeptionen außer-europäischer (Stammes-)Gesellschaften zu Totenkult und Jenseitsglauben; in: Sich, D./Figge, H. H./Hinderling, P. (Hrsg.): Sterben und Tod. Eine kulturvergleichende Analyse. Braunschweig–Wiesbaden 1984, S.217–226.
Wolff, O.: Mahatma Gandhi. Politik und Gewaltlosigkeit. Göttingen–Berlin–Frankfurt 1963.
Zenger, E.: Was ist der Preis des Monotheismus?; in: Assmann, J.: Die Mosaische Unterscheidung, a.a.O., S.209–220.

Benützte Nachschlagewerke

Brockhaus-Weltgeschichte. 6 Bände. Leipzig–Mannheim 1997–1999.
Der Kleine Pauly. Lexikon der Antike in fünf Bänden, hrsg. von K. Ziegler und W. Sontheimer. München 1979.
Lexikon für Theologie und Kirche. 12 Bde., hrsg. von W. Kasper. Freiburg 3., völlig neu bearbeitete Aufl. 1996.
Lexikon der Religionen, hrsg. von König, F./Waldenfels, H., Freiburg–Basel–Wien 1987.
Oxford-Lexikon der Weltreligionen, hrsg. von Bowker, J. Düsseldorf 1999.